新しい時代の教育課程

第5版

田中耕治・水原克敏・三石初雄・西岡加名恵［著］

第5版に寄せて

PISAの実施に代表されるグローバリズムの影響を強く受け，ICTの革新（とりわけAI技術の高度化）による知識基盤社会を見据えて，2017年3月に，学習指導要領が改訂されました。続いて，新型コロナ感染症の未曽有のパンデミックの最中に，2021年1月に中教審より「『令和の日本型学校教育』の構築を目指して～全ての子供たちの可能性を引き出す，個別最適な学びと，協働的な学びの実現～」（答申）が発出されました。あらためて，学校教育における教育課程のあり方が問われようとしています。

本書は，教育課程の基本テキストとして，その歴史・思想・政策・実践という多角的な視点から，教育課程をめぐる問題や論点について丹念に書き込み，教育課程を編成する力量の形成を図ろうとしています。幸いにも，本書は，多数の読者を得て版を重ねることになりました。ここに第5版を上梓することで，教育課程の新しい動向を踏まえて，より充実したテキストになるように努めました。

本書が，直面する教育課程の課題を読み解き，子どもたちの未来を切り拓く一助になれば幸いです。なお，最後になりましたが，この改訂作業においても，私たち著者をあたたかくサポートしていただきました有斐閣ならびに担当編集者の中村さやか氏にあらためて深く感謝申し上げます。

2023年11月

著者一同

はじめに

「教育課程」に焦点を当てて，その理論と実践を問い直し，さらには学校を基礎にして「教育課程」を編成する力量が，今ほど求められている時代はないでしょう。なぜならば，危機と称される学校教育を再生するためには，「授業改善」を積み重ねる努力だけでなく，何よりも「教育課程」を改革する展望が必要とされているからです。

しかしながら，複雑で重層的な性格をもつ「教育課程」を読み解き，編み直すことは，それほど容易な作業ではありません。そこで，本書では歴史・思想・政策・実践という多角的な視点から，またそれぞれのアプローチを専門とする著者によって，「教育課程」の基礎的な理解から現代的な課題への挑戦に至るまで丹念に書き込もうとしました。

本書が，「教育課程」の時代を拓き，文字通り学校教育の復権に役立つならば著者一同望外の喜びです。なお最後になりましたが，編集会議を繰り返し設定していただき，粘り強く本書の誕生を応援して下さった有斐閣ならびに担当編集者の茅しのぶ氏に深く感謝申し上げます。

2005年2月

著者一同

著者紹介

田中 耕治（たなか　こうじ）

〔序章，第4章，第7章，第8章第4節，第9章第1節〕

1952年生。京都大学大学院教育学研究科博士課程。

現　在，佛教大学客員教授・京都大学名誉教授。

著作に，『時代を拓いた教師たち』Ⅰ・Ⅱ・Ⅲ（編著，日本標準，2005・2009・2023），『教育評価』（岩波書店，2008），『戦後日本教育方法論史』上，下（編著，ミネルヴァ書房，2017）。

水原 克敏（みずはら　かつとし）

〔第1章，第2章，第8章第1節，第9章第3節〕

1949年生。東北大学大学院教育学研究科博士課程（教育学博士）。

現　在，東北大学名誉教授。

著作に，『近代日本教員養成史研究』（風間書房，1990），『現代日本の教育課程改革』（風間書房，1992），『近代日本カリキュラム政策史研究』（風間書房，1997），『学習指導要領は国民形成の設計書』増補改訂版（東北大学出版会，2017）。

三石 初雄（みついし　はつお）

〔第3章，第8章第3節，第9章第4節〕

1948年生。東京都立大学大学院人文科学研究科教育学専攻博士課程。

現　在，東京学芸大学共同研究員・東京学芸大学名誉教授。

著作に，『小学校の環境教育実践シリーズ』（全4巻，共編，旬報社，1998），『教師教育改革のゆくえ』（共編著，創風社，2006），『理科教育』（共編著，一藝社，2016）。

西岡加名恵（にしおか　かなえ）

〔第5章，第6章，第8章第2節，第9章第2節〕

1970年生。京都大学大学院教育学研究科博士課程。バーミンガム大学にてPh.D.（Ed）取得。

現　在，京都大学大学院教育学研究科教授。

著作に，『教科と総合学習のカリキュラム設計』（編著，図書文化社，2016），『「資質・能力」を育てるパフォーマンス評価』（編著，明治図書，2016），『カリキュラム研究事典』（共監訳，ミネルヴァ書房，2021），『新しい教育評価入門』増補版（共編，有斐閣，2022）。

INFORMATION

◎本書の目的　本書は，教職科目の「教育課程の意義及び編成の方法（カリキュラム・マネジメントを含む。）」に対応するテキストです。教職をめざしてはじめて教育課程について学ぶ人にはもちろん，教育課程についてさらに理解を深めたい現職教員の方にも役立つものとなっています。

◎本書の構成　本書は大きく3つのパートから構成されています。順番に読み進めても，興味あるパートから読み進めてもよいでしょう。

第1・2章で日本の教育課程の歴史を解説します。第3章は現在日本で取り組まれている教育課程の実験的な取り組みを紹介します。この3つの章を読むことで，近代学校が成立して以降の日本の教育課程の変遷と現代の姿を理解できます。第4章で教育課程を支える基本的な考え方と仕組みを解説し，第5・6章で，教育課程編成の方法原理とカリキュラム・マネジメントや教育評価のあり方を提示します。第7章で教育課程を社会，政治的なパースペクティブから眺め，その実相に迫ります。この4つの章を読むことで，教育課程編成のための基礎的な能力を獲得できます。さらに第8章で現代社会の課題に挑戦している教育課程の試みを分析し，第9章で，欧米やアジアの国々で取り組まれている教育課程の改革動向を紹介します。今後の教育課程を展望するために役立つでしょう。

◎読書案内　巻末には，学習をさらに深め，発展させるうえで参考になる図書を章ごとに数点あげ，簡単な内容の解説をつけました。

◎資料　巻末に，「戦後学習指導要領の特徴」の資料を付しています。

◎文献　引用・参考文献，図表等の出所は章末に一覧として，50音順→アルファベット順で載せています。本文中では，基本的に（著者名，出版年）で表示しています。

●その他各種資料を，有斐閣 HP 内の本書誌情報ページにて提供いたします
https://www.yuhikaku.co.jp/books/detail/9784641222281
（右の QR コードからもご覧いただけます）

新しい時代の教育課程　第5版：目　次

序章　今なぜ「教育課程」なのか　1

1 「教育課程」という問い……1
2 「学力問題」と「教育課程」……4
学力水準（6）　学力格差（8）　学力構造（9）　学習意欲（11）
3 「教育課程」の拡張と深化……12
概念の拡張（12）　教育課程の次元（15）
4 本書の構成……16

第1章　近代日本の教育課程の歩み　19

1 近代学校創設と教育課程の確立……20
教育課程の模索（20）　最初の「小学教則」（20）　儒教主義の「小学校教則綱領」（23）　ペスタロッチーの開発主義（23）　森文相の兵式体操重視（25）　1891年「小学校教則大綱」と教育課程の確立（26）　教育勅語（26）　教育課程の構成（27）　教育内容の体系性（28）
2 教育課程の近代化と年限延長……29
1900年小学校令施行規則（29）　国語教育の近代化（31）　ヘルバルト主義（31）　1907年義務教育6年制（32）　高等小学校は完成教育（32）　臨時教育会議（35）　国民性の教育と教練（35）　高等小学校での選択幅拡大（37）　大正自由教育（38）　1926年改正（39）　初等「後」教育のニーズ（40）
3 戦時下国民学校の教育課程……40

皇国民錬成と5大教科 (42) 「行」的活動の重視 (44) 綜合授業 (44) 実業科重視 (45)

第2章 現代日本の教育課程の歩み 47

1 経験主義からの影響……48
軍国主義から民主主義の時代へ (48) 1947年・1951年改訂学習指導要領 (48) 社会科・家庭科・自由研究 (51) 教科以外の活動 (51) コア・カリキュラム (53) 中学校の選択教科 (53) 教科構成の整理と特別教育活動 (53) 高等学校の種類 (54) 青年の共通教養 (55)

2 系統性重視への転換……56
教育課程政策の転換 (56) 学力論争 (56) 系統的学習と基礎学力 (58) 特設道徳 (58) 中学校の進路・特性に応ずる教育 (59) 国民性陶冶と科学技術教育 (59) 改訂への批判 (60) 高等学校教育課程の3領域構成 (60) 高等学校のコース類型 (62) 道徳教育と科学技術教育の充実 (62) 改訂方針への批判 (63)

3 教育の現代化……63
学力テストと能力論争 (63) 教育の現代化 (64) 3領域構成の教育課程 (64) 現代数学と理科 (65) 特別活動の重視 (65) 時間数増加の中学校 (66) 学業不振児への対応 (66) 儀式による教育 (67) 教育内容精選と現代化 (67) 調和的発達を志向する高等学校 (67) 公民的資質形成 (69) 多様化の教育課程 (70) 教育内容の現代化 (70) 差別教育批判 (70)

4 人間性重視への転換……72
現代化路線の見直し (72) 全人としての児童・生徒 (73) 基準の大綱化とゆとり (73) 知・徳・体の調和と教育内容の精選 (74) 国旗掲揚・国歌斉唱 (74) 中学校のゆとり教育 (75) 高等学校の弾力化 (76) 肯定的な世論と批判 (77)

5 「新学力観」の追求……78

新学力観 (78)　小学校の改善 (81)　合科的指導と体験的な活動 (81)　中学校の選択制拡大 (82)　高等学校の選択的な教育課程 (83)　情報教育の重視 (86)　課題研究 (86)　単位制と総合学科 (86)

6 「生きる力」と「確かな学力」……87
小学校での合科的な指導 (88)　総合的な学習の時間 (88)　中学校の基礎・基本の教育 (90)　中学校での個性伸張の教育 (91)　高等学校のねらい (92)　基礎・基本重視と選択的な学習 (92)　総合的な学習 (94)　2003年学習指導要領改正 (95)

7 「生きる力」と「活用能力」……96
教育基本法と学校教育法の改正 (96)　幼稚園の教育 (97)　活用能力重視と3層構造の学力観 (98)　国際的水準のリテラシーとコミュニケーション能力の重視 (100)　教育課程全体の道徳化 (102)　共通教育課程と選択教科の枠外化 (103)　高等学校学習指導要領の趣旨 (104)　特別の教科 道徳 (106)

8 主体的・対話的で深い学び……107
コンピテンシーを育む (107)　「主体的・対話的で深い学び」(108)　資質・能力の3つの柱 (108)　指導と評価の一体化 (109)　幼小接続のスタートカリキュラム (109)　外国語教育の早期化と教科化 (110)　プログラミング教育 (111)　時代的な諸課題への対応 (112)　中学校の基本方針 (112)　外国語教育の水準アップ (113)　理数教育の充実 (114)　部活動と生徒指導 (114)　大改訂した高等学校学習指導要領 (115)　各学科共通教科・科目の課程表 (115)　「令和の日本型学校教育」―普通科改革 (117)　専門学科の課程 (118)　総合学科の課程 (118)　定時制および通信制の課程 (119)　まとめ (119)

第3章　教育課程開発の新しい動き　121

1 学習指導要領の改訂と研究開発学校制度 ……122

2 教育課程再編の先がけとしての生活科……………………124
生活科創設と小学校教育課程の再編で問われたこと (124)
生活科をめぐる論点 (124)

3 1990年代中盤の教育課程再編構想………………………126
「総合的な学習」と研究開発学校制度 (126) 機能に着目した「記号科」の新設 (127) 生活・活動を柱とした教科再編 (128) 教育課程の枠組みの再編――選択学習の導入 (129) 「社会の変化への対応」と小学校英語教育 (131) 領域としての「総合学習」設置の試み (132) 中学校における教育課程改革 (133)

4 「新しいタイプ」の研究開発学校の模索 ………………133
「新しいタイプ」の研究開発学校の登場 (133) 「新しいタイプ」の研究開発学校での実践的研究開発 (135) 中等教育段階での教育課程開発 (137)

5 「競争的」環境のもとでの研究開発学校 ………………138
地方分権と教育課程行政 (138) 学習指導要領によらない教育課程行政施策の模索 (139) 2010年前後の研究開発学校での試み (140) 現行学習指導要領改訂前後にみるSSHでの教育課程開発 (142) 「令和の日本型学校教育」構想の具体化と授業時数特例校 (143) 現行高校学習指導要領改訂議論での「教育のイメージ」(144)

第4章 教育課程の思想と構造 149

1 思想的な基盤としての「生活と科学」…………………150
生活を重視する思想 (150) 教育と生活の結合 (151) 経験主義批判 (153) 科学を重視する思想 (155) 教育と科学の結合 (157) 系統主義批判 (159)

2 学力とモラル――領域論 I ………………………………161
教育課程における「領域」(161) 特設道徳をめぐる論争 (161) 生活指導は領域か機能か (163)

3 分化と統合――領域論 II ………………………………166

総合的な学習の主張 (166)　総合学習批判 (167)　総合学習の特質 (169)

4 教育課程における「履修原理」……173
履修主義 (173)　修得主義 (173)　年数（年齢）主義と課程主義 (174)

第5章 教育課程の編成 179

1 教育目標論の変遷 ……180
タイラー原理 (180)　デューイとブルーナー (181)　ブルームの教育目標論 (181)　到達度評価論 (182)　「真正の学力」(183)　コンピテンシー論 (184)　「資質・能力」の3つの柱 (185)　「資質・能力」をとらえる枠組み (186)

2 教育課程の構造 ……188
学校教育目標 (188)　スタンダード (188)　スコープとシーケンス (189)　領域 (189)

3 教科教育 ……192
「逆向き設計」論 (192)　「知の構造」と評価方法 (193)　「本質的な問い」(195)　パフォーマンス課題のシナリオ (196)　ルーブリック (199)

4 教科外教育 ……201
総合学習 (201)　ポートフォリオ評価法 (204)　特別活動 (206)

第6章 カリキュラム・マネジメント 213

1 カリキュラム・マネジメントとは何か……214
教育課程編成の構成要件 (214)　教育課程編成の基本要件 (214)　学習指導要領と指導要録 (216)　カリキュラム・マネジメント (217)

2 教育課程編成論の変遷……220
マスタリー・ラーニングと到達度評価 (220) 羅生門的接近 (222) 鑑識眼と批評 (224) カリキュラム評価 (224) ゴール・フリー評価 (225) 学力調査 (225) 学校の教育課程改善のための評価 (227)

3 カリキュラム・マネジメントの進め方……230
カリキュラム・マネジメントの主体と側面 (230) 実態把握と課題の設定 (231) 改善策の実施 (232) 点検・評価から改善へ (233) 「チームとしての学校」(233)

4 入試と接続……234
学校間の接続 (234) 6・3・3制の出発 (235) 「適格者主義」に基づく選抜への転換 (235) 選抜の多様化・多元化 (238) 選抜入試から資格試験へ (241)

第7章 社会における教育課程 245

1 近代学校批判と教育課程 Ⅰ……246
脱学校論 (246) 銀行型教育批判 (248)

2 近代学校批判と教育課程 Ⅱ……250
対応理論 (250) 教育課程のポリティックス (252)

3 教育課程における平等と質……255
能力主義 (255) 「機会の平等」と「結果の平等」(256)

4 教育課程における共通と個性……259
文化的リテラシー (259) 批判的リテラシー (260) 共通と個性の関係 (261)

5 社会階層と教育課程……263
言語コード (264) 文化資本 (265)

6 「隠れたカリキュラム」の問題……267

第8章　今日的課題への挑戦　271

1　いのち，生きることの教育……………………………………272
学校の防災マニュアル（272）　教員の判断力（272）　困難な情報収集（273）　苦しい避難所生活への支援（274）　教育課程での防災教育（274）　「命を守る」姿勢の教育と内面支援（276）　自殺予防教育の合意形成（277）　教育内容の開発とフォローアップ（277）　キャリア教育（277）　育成すべき4つの能力（278）　3つのステージ（280）　進路実現ノートと30歳のレポート（280）

2　市民性教育……………………………………………………281
市民性教育とは何か（281）　日本における課題（282）　徳目主義の問題点（284）　市民性教育の構想（284）

3　環境教育・ESD・SDGs……………………………………288
問題提起型から「持続可能な社会」へ（288）　in, about, for の環境教育（288）　発達の視点からの構想（290）　教育課程と授業づくりと教師の役割（291）　主権者を育てる価値選択的な環境教育の創造（292）　ESD から SDGs へ（293）

4　メディア・リテラシーの教育………………………………294
リテラシーの意味（294）　メディア・リテラシーの起点（295）　メディア・リテラシーの定義と批判的思考力の形成（297）　メディア・リテラシーの構造と実践例（298）　デジタル・シティズンシップの育成の時代（300）

第9章　諸外国の教育課程改革　307

1　アメリカ合衆国…………………………………………………308
公教育システムとその転換（308）　「優秀性」を求める改革（308）　改革の内容（311）　「教育的スタンダード」をめぐって（313）　アファーマティブ・アクションの揺らぎ（315）

2 イギリス ……………………………………………………………317
学校制度 (317)　ナショナル・カリキュラム (319)
資格試験 (322)

3 中　国 ……………………………………………………………325
義務教育制度 (325)　教育課程基準法 (326)　「中国教育の改革と発展に関する要綱」(328)　素質教育の提唱 (328)　「21 世紀に向かう教育振興行動計画」(329)　「課程標準」と新課程の実験 (330)　総合実践活動 (330)

4 韓　国 ……………………………………………………………334
日本に類似した教育課程改訂サイクル (334)　教育課程の概要 (336)　義務教育学校での新しい取り組み (337)
韓国の高校入試と平準化政策 (339)　「水準別」教育課程の導入 (341)

読書案内 (347)　**資料** (353)
事項索引 (356)　**人名索引** (365)

Column

① コア・カリキュラム連盟の活動　154
② もう 1 つの現代化――民間教育研究団体の成果　156
③ 教科学習と総合的な学習の関係――3 類型　168
④ 学力モデルと「資質・能力」　172
⑤ 授業の構成要素　190
⑥ 学力評価の 4 つの立場　229
⑦ 実践例「生野南小学校の学校づくり」　286

序章　今なぜ「教育課程」なのか

1 「教育課程」という問い

「教育課程」の原語にあたる「カリキュラム」という言葉は，16世紀後半にカルヴァン派の影響を受けたライデン大学（オランダ）やグラスゴー大学の文書に登場するといわれています（ハミルトン，1998〔原著1989年〕）。「カリキュラム」の語源を定評のあるオックスフォード辞典で調べてみますと，2つの意味があることがわかります。そのひとつは，学校や大学で「学習する正規のコース」であり，もうひとつはcurriculum vitae（履歴書）に象徴されるように「人生のコース」であり，学生がそれに沿って進む課程であるとともに，それによって学びとった課程という意味が含まれています。「カリキュラム」を定義する場合，教える立場を重視する立場からは前者（教育意図の計画性）に，学ぶ立場を重視する立場においては後者（学習経験の全体像）に力点がおかれることになります（クライデル，2021〔原著2010〕）。

しかしながら，日本では「カリキュラム」の研究は，例外的な時期を除いて，必ずしも活発であったとはいえません。その大きな理由は，日本ではナショナル・カリキュラムの制度が長く続き，しかも法的な拘束力をもったカリキュラムであったことから，そこに研究が立ち入ることを規制していたのです。このことは，

「カリキュラム」と「教育課程」という本来は原語と翻訳語の関係が，前者は研究的な用語として，後者は公式の用語として，使い分けられていたことに象徴されています。本書では，「教育課程」を研究の対象とするという意味を込めて，あえて「教育課程」という用語を基本的に使用します。

さて，先に「例外的な時期を除いて」と指摘したように，日本において「教育課程」が意識され，それが研究や実践の関心を呼んだ時期がありました。第二次世界大戦後に限っても，戦後直後のいわゆる「新教育」期，高度経済成長に呼応した「現代化」期，それが終息に向かい「ゆとり教育」政策が提起される1970年代後半といった時期です。さらに，現代の「教育課程」問題に直結する，2000年前後に起こった「学力低下論争」と引き続き話題となった04年の「PISAショック」は記憶に新しいところです。それらに共通するのは，「教育課程」という問いは，まさしく学校教育の問い直しと共振しているということです。そして，今日再び三たび，「教育課程」が俎上(そじょう)に載せられ，2008年3月の学習指導要領改訂と17年3月の学習指導要領の改訂と続きます。とりわけ，17年の改訂には，PISAに象徴される急速なグローバル化やICTの革新（AI技術の高度化）の影響と高大接続（大学入試改革）との連動に特徴があるといえます（表序-1）。

ところで，今日の学校教育の問い直しは，今までよりもかなり深刻な様相を帯びています。「学力格差」「不登校」「いじめ，自殺」「学級崩壊」といった言葉がマスコミに取り上げられない日がないほどです。学校は子どもたちが安心できる居場所ではなくなり，学校こそが子どもたちを疎外する元凶であるかのような様相を示しています。「教育は学校で行うもの，学校では教育が行

表序-1　学習指導要領改訂をめぐるロードマップ

年度	内容
2014 年度	中教審に諮問―教育課程企画特別部会設置決定，中教審答申「新しい時代にふさわしい高大接続の実現に向けた高等学校教育，大学教育，大学入学者選抜の一体的改革について」
2015 年度	教育課程企画特別部会「論点整理」，先行実施（『私たちの道徳』使用），（国立教育政策研究所・教育課程研究センター長）高口努『資質・能力を育成する教育課程の在り方に関する研究報告書 1 ～使って育てて 21 世紀を生き抜くための資質・能力～』発行
2016 年度	**小・中学校学習指導要領告示，** 東京大学，京都大学で特色入試始まる，高大接続システム改革会議「最終報告」，文科省「教職課程コアカリキュラムの在り方に関する検討会」設置，国立教育政策研究所編『資質・能力』東洋館出版社より出版
2017 年度	高校・特別支援学校学習指導要領告示，**文科省大学入試実施方針（「大学入学共通テスト」と名称変更）策定・公表（受験生の「学力三要素〔ⅰ知識・技能，ⅱ思考力・判断力・表現力，ⅲ主体性をもって多様な人々と協働して学ぶ態度〕」について，多面的・総合的に評価する入試に転換）**
2018 年度	小学校で検定教科書（「特別な教科　道徳」）による授業実施
2019 年度	確認プレテストの実施，最後の大学入試センター試験（2020 年 1 月実施），GIGA スクール構想
2020 年度	**新学習指導要領小学校で全面実施，大学入学共通テスト開始**（2021 年春実施），中教審「『令和の日本型学校教育』の構築をめざして」（中間まとめ）
2021 年度	新学習指導要領中学校で全面実施，**中教審「『令和の日本型学校教育』の構築を目指して～全ての子供たちの可能性を引き出す，個別最適な学びと，協働的な学びの実現～（答申）」**
2022 年度	高校 1 年生から全面実施
2023 年度	中教審「次期教育振興基本計画について」（答申）
2024 年度	高校（全日制）完成年度，新学習指導要領に対応した「実施大綱」の策定・公表

（出所）『教職研修』2015 年 11 月号と「大学入試改革」『日本教育新聞』17 年 6 月 5 日付を参考にして筆者作成。

われている」という至極当然にみえた命題が，その根底から揺らぎ始めています。いまや様々なメディアの発達や塾や予備校の繁栄によって，学校は唯一の情報発信源ではなくなりました。それ以上に，学校よりもマス・メディアや SNS のほうが子どもたちに大きな影響を及ぼしています。さらには，進展する知識基盤社会（knowledge based society）が求める人的資源（human capital）の立場から，現代の学校教育の立ち遅れが指摘されています。まさしく，このような状況の中で，「教育課程」が今まで以上に真剣に問い直されようとしているのです。

その上で，日本政府による様々な「規制緩和」政策の一環として，「教育の地方分権化」政策が推進されています。そこでは，中央集権モデルの典型とされたトップダウン式の教育行政に歯止めをかけて，地方教育委員会の裁量権をある程度認めたり，さらには株式会社が学校経営を行うことを可能にしています。このような動向に対しては，従来の「教育課程」の画一化を打破できる「教育の自由化」であり，地域社会や学校の活性化につながると賛意を表明する意見と，競争原理に基づく市場原理に地域社会や学校教育が蹂躙（じゅうりん）されるのではないかと危惧を表明する意見とに対立しています。いずれにせよ，従来のトップ・ダウン式の「教育課程」の編成ではなく，学校を基礎にしたボトム・アップ式の「教育課程」の自主的編成を行うことが求められ，その編成能力が教師の重要な資質になろうとしているのです。

2 「学力問題」と「教育課程」

学校における教育課程を考える場合に，学力問題はその中心テーマの１つです。先に指摘した教育課程が意識された時期とは，その背景には常に学力問題が存在し，学力問題によって学習指導要領の性格が大きく転換していくという経緯を示しています。

学習指導要領の改訂と学力論争の関係をまとめた表序-2 を眺

表序-2 学力論争と学習指導要領の改訂

指導要領の改訂時期と特徴	学力論争
1946年，1951年 経験主義教育課程	
	1950年前後 基礎学力論争・問題解決学習論争
1958年，1968年 教科主義教育課程・学問中心教育課程	
	1975年前後 たのしい授業論争・科学と生活をめぐる論争
1977年，1989年，1998年 人間中心教育課程・ゆとり教育政策	
	2000年前後 学力低下論争
2008年，2017年 確かな学力 資質・能力の育成	

（出所）筆者作成。

めますと，そのことが如実にわかります。1950（昭和25）年前後に「『基礎学力』論争」「『問題解決学習』論争」，1975（昭和50）年前後に「『たのしい授業』論争」「『科学と生活をめぐる学力』論争」，2000（平成12）年前後に活発化した「『学力低下』論争」と展開されています。およそ25年単位で「学力」をめぐる大きな論争が起こり，それらを起点として，学習指導要領の性格が大きく転換してきたといえます。吉見俊哉によれば，「25年単位説」には，人口学的経済学的根拠があるとされています（吉見，2017)。

次に，現代の教育課程が直視すべき学力問題を 4 つの視点からみていきましょう。

学力水準

まず，「学力水準」の問題があります。「学力水準」とは，学力調査によって当該集団における「平均値」を算出したものです。「学力水準」に関しては，学力の国際比較調査である IEA（国際教育到達度評価学会）が実施した TIMSS（国際数学・理科教育動向調査）でも，OECD が実施した PISA（国際学習到達度調査）でも，当初においては日本の子どもたちは世界のトップクラスに位置していました。この点については，日本の教師たちが取り組んできた「授業研究」にこそ大きな成功の原因があるという指摘は傾聴に値するでしょう（スティグラー＝ヒーバート，2002〔原著 1999 年〕）。

ただし，その後の TIMSS と PISA の調査結果をみると，その水準や順位が経年変化していることがわかります（図序-1）。あくまでも国際調査であり，その変動の要因を特定することは困難です。PISA ショックの原因ともなり，それゆえに対策が重視された「読解力」項目に着目してみると，近年回復傾向にありましたが，2015 年調査の得点は 12 年調査よりも 22 点低く，統計的な有意差があるとされています（2018 年調査と比較すると 12 点有意に低下しています）。さらには，PISA の問題を念頭に作問された全国学力・学習状況調査について，2017 年調査の結果として，「考えまとめる力や記述式問題」に課題があると指摘され（17 年 8 月 29 日付『朝日新聞』『讀賣新聞』『毎日新聞』とも同様の指摘。なお，全国格差は縮小傾向にあるとも指摘），2023 年調査結果についても，「小 6 と中 3 の共通の課題として『複数の情報を比較して関係性

図序-1　PISA と TIMSS の調査結果

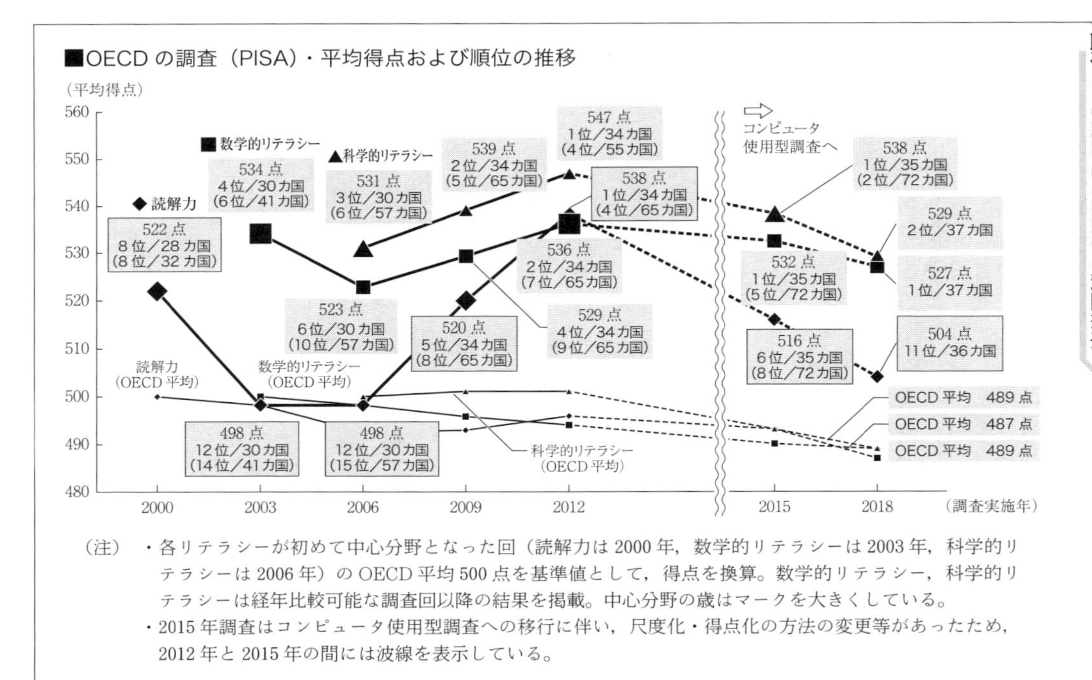

（注）・各リテラシーが初めて中心分野となった回（読解力は 2000 年，数学的リテラシーは 2003 年，科学的リテラシーは 2006 年）の OECD 平均 500 点を基準値として，得点を換算。数学的リテラシー，科学的リテラシーは経年比較可能な調査回以降の結果を掲載。中心分野の歳はマークを大きくしている。

・2015 年調査はコンピュータ使用型調査への移行に伴い，尺度化・得点化の方法の変更等があったため，2012 年と 2015 年の間には波線を表示している。

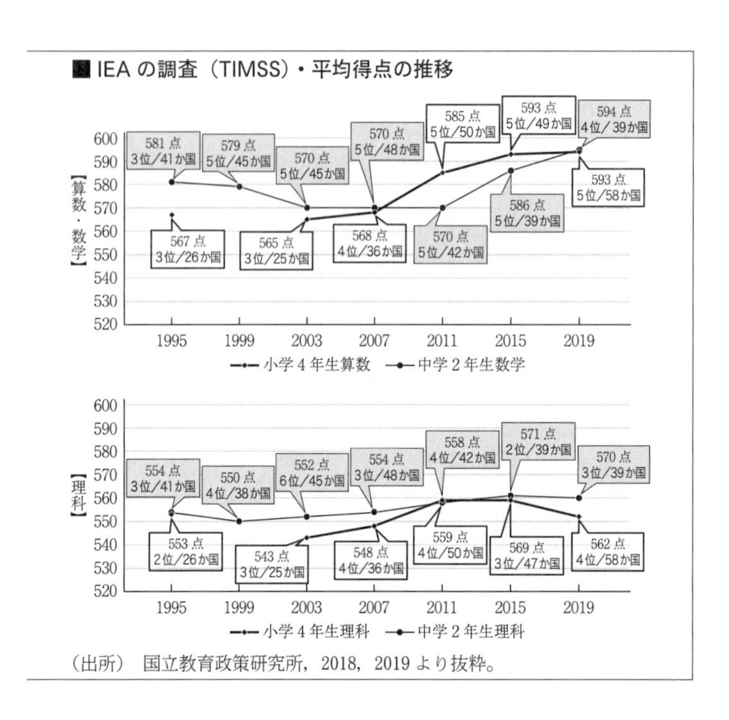

■ IEA の調査（TIMSS）・平均得点の推移

（出所） 国立教育政策研究所，2018，2019 より抜粋。

を理解し，整理して表現する力が弱い』」と指摘されています（23 年 8 月 1 日付『朝日新聞』）。これらの結果を概観すると，日本の子どもたちの学力水準は国際的にみても高い水準ではありますが，課題となっている「思考力・判断力・表現力等の育成」については，なお残された課題があると考えてよいでしょう。

学力格差

ただし，「学力水準」が高いということは，調査に参加したすべての子どもたちの学力が高いとは限りません（川口，2022）。「学力水準」とは，あくまでも「平均値」を意味するにすぎないものであり，「できる子」によって「平均値」が維持される可能性があるからです。つまり，「学力水準」の視点では，「学力格差」の問題がみえてこないのです。この点では，かつての国立教育研究所が行った精密な調査によりますと，小学校4年生あたりから学力格差が顕在化し，小学校6年生では国語で24.8%，算数で16.9%の学習遅滞（その児童の学年より下の学年の平均得点を下回る場合）が生じ，追跡調査の結果，中学生になっても遅滞状況は改善されずに継続していると指摘されています（天野・黒須，1992）。この「学力格差」の問題については，TIMSSやPISAの調査でも，日本は世界の国々と比較しても，学力格差が大きいことが問題視されています。

また，最近の「学力低下論争」では，この学力格差が子どもたちの家族の階層間格差と対応しているという指摘もなされています。つまり，「できる子」と「できない子」の学力格差は，その子どもたちが属している家族の経済格差や文化格差（例えば，親の学歴などですが，それらを総称して「ペアレントクラシー」といいます）に対応するようになったということです（耳塚，2014）。このような家族の階層間格差の問題は「機会の平等」を重視する日本ではあまり問題にならなかったことから，学力格差と階層間格差が対応しているという指摘は「機会の平等」を崩壊させるものとして深刻に受け止められるようになっています（苅谷ほか，2002）。

学力構造

「学力格差」の問題は，主に「できない子ども」「成績が低い子どもたち」の問題であったのに対して，この「学力構造」の視点は「できる子」「いわゆる学校秀才」の問題として指摘され，「病める学力」や「学校知」の問題を顕在化させました（中内，1983）。また，この視点は「学力低下論争」に対して，「低下した学力とはどのような性格のものか」「学力調査ではどのような評価方法が採用されたのか，その解像度はどの程度のものなのか」（田中，2008）を問うことでもあります。この「学力構造」の問題は1970年代頃から指摘されるようになります。例えば，最近の子どもたちは「4本足のにわとりを書くようになった」という問題です。この問題は，子どもたちの中に豊かな生活経験が失われていることを象徴する事件として大きな問題となりました。つまり，自然や人々の中で多様な体験をしないままに学力が形成されるとしたら，その学力は「ことば」という記号を操作するだけの脆弱なものになると批判されたのです。他方，それゆえに学校では「進化論」をしっかりと教えることによって，そのような誤りを克服すべきだとも指摘され，大きな学力論争に発展しました（原・山内，2010）。

また，次のような教育学者の家庭でのエピソードも紹介されました。試験勉強をしていた中学生の息子に対して，「三権分立とは何か」と聞いたところ，息子は「司法，立法，行政」と答えたということです。それでは，「この三権はどういう関係になるのだ」と聞くと，「お父さん，そんなことは試験に出ないよ」と反発されました。つまり，学力とは「試験に答えるためにできるだけ効率よく暗記すること」と考えられて，その事象の意味や関係をじっくりと考え，世界がよりよくみえるようになる力とは考えられていないのです（大田，1969）。

このように学力は「暗記力」であるとする学力観は，西洋文明を吸収することが急務であった明治時代から存在していたもので，それは現在においても強調されています。しかし，このように学力は「暗記力」と考えると，それこそ学力を身につけることは

「重荷」となり，結局のところ「暗記」した知識も試験が終わると剝落（はくらく）していくのです。もとより，この学力は「受験学力」といわれるように，まさに激しい受験競争によって助長されたものなのです。したがって，「学力低下」を克服するためには，受験競争を強化し，「暗記力」を機械的に訓練すべきであるという考え方は誤りであることが理解できるでしょう。

学習意欲

学力水準の低下傾向，学力格差の増大，知識の棒暗記に走る勉強，これらが複合的に作用する中で，子どもたちの中に確実に「学習意欲」の喪失状況が進行していることが明らかになっています。それは，「勉強ぎらい」「学校ぎらい」ひいては「学習拒否」を生み出しているのです。この事態を総称して「学びからの逃走」とも表現されます（佐藤，2000）。

この「学習意欲」の問題について，興味深いデータを提供しているのが，実は1980年以前のIEAの第2回報告書です。この調査では，学力面のみならず，数学に関する「関心・態度」について詳細な質問項目を設定しています。しかし，日本の子どもたちの場合，その結果は高い学力水準に匹敵する「関心・態度」の高い反応を示さなかったばかりか，むしろほとんどの項目について調査国中最下位に甘んずるものとなりました。例えば，日本の子どもたちは，「数学の勉強に時間を取られるのはいやで，できることならこれ以上数学を習いたいと思わない」「数学の問題を解いている時は，いつも気が落ち着かず楽しくない」「数学の体系は固定して変化に乏しい」「将来，数学に関する仕事をしたいとは思わず，数学は日常生活に役立たない」などという否定的な反応を示したのです。2019年のTIMSSにおいても,「算数・数学の勉強は楽しい」と答えた児童生徒の割合は前回調査よりも増加していますが,国際平均よりも下回っていると指摘されています。このような「学習意欲の喪失」は,受験圧力が弱まるとたちまち勉強しなくなる大学生や成人に象徴されるものです。

以上のように,学力調査に重層的な分析を加えることによって,教育課程の研究と実践に多くの課題を投げかけています。例えば,「平等と質」に関わる課題です。それは子どもたちの学力が平等であることを重視して,そのためには学力の質や構造は不問にするのか,または学力の質や構造を重視して,それを達成する能力をもった子どもたち(エリート)のみに充実した教育を行うのかという,2つの選択肢があると考えられてきました。この問題をどのように考えたらよいでしょうか。また,「学力低下論争」の中では,「総合的な学習」をやれば学力が低下すると主張されました。その場合,低下する学力とは「読・書・算」に代表される基礎学力が想定されています。教育課程において,基礎学力を重視するのか,「総合的な学習」を重視するのか,それこそ教育課程の思想と構造に関わる古くて新しい問題です。これらの課題は,本書の全体を通じて考えてみたいと思います。

3 「教育課程」の拡張と深化

概念の拡張

学力問題に代表される学校教育の深刻な問い直しに基づく教育課程の意識化と,学校現場における教育課程の自主的な創造が焦眉の課題となってくると，「教育課程」の概念も吟味される必要が生じてきました。「教育課程」は第二次世界大戦前の日本では「教科課程」（小学校），「学科課程」（中等学校・専門学校）と呼ばれていたように，主に学校で教えられる国語や歴史のような教科コースや一次方程式や独立戦争などの教科内容を組織した教育計画と考えられていました。

これに対して，第二次世界大戦後になると「教育課程」は子どもたちが学校でもつところの学習経験の総体と広くとらえられるようになり，以前には「課外活動」として第二義的に考えられていた自治活動やクラブ活動等に正当な位置が与えられるようになって，まさしく教科課程ではなく「教育課程」という用語が定着するようになりました。しかしながら，「教育課程」を子どもたちの学校における学習経験の総体とすると，今度はその意図的な計画性が看過されるおそれがあります（大谷，2009）。そこで，本書では次に説明する最近の研究成果も踏まえて，「教育課程」を「子どもたちの成長と発達に必要な文化を組織した，全体的な計画とそれに基づく実践と評価を統合した営み」と広義に定義しておきたいと思います。

この定義には「教育課程」を単なる「計画」にとどめておくことでは不十分であるとする教育経営の見解を投影しています。すなわち，経営活動のプロセスは，一般的には「P」（企画・立案としての plan），「D」（実践・実行としての do），「C」（点検・評価としての check），「A」（点検・評価に基づく改善をめざす action）として分析されます。そして，これらの活動要素は相互に連関して一まとまりの単位（PDCA サイクル）を構成しています。教育課程を教育経営の対象としてみた場合には，明らかに教育課程を学校における教育計画の立案とのみとらえるのでは不十分であることがわかります。また，どの活動要素も一まとまりの単位を構成する必要不可欠なものであって，いうまでもなく「P」なき教育課程は存在することはありません。また，このような活動サイクルのかなめとして，教育評価としての「C」やそれに基づく「A」が重要な役割を演ずることも理解できるでしょう。このように「教育課程」概念に教育評価行為を含ませることは，例えば最近の中央教育審議会や教育課程審議会が「学習指導要領」だけでなく，「児童・生徒指導要録」の改訂を答申することにも象徴されています（教育課程審議会答申「児童生徒の学習と教育課程の実施状況の評価の在り方について」2000 年 12 月 4 日参照)。

このように教育課程に教育評価行為を位置づけることは，意図的な計画性に基づいて設計された教育課程から，子どもたちは実際には何を学んだかというリアルな視点をもつことを要請するものです。すると，教育課程の明示的なメッセージだけではなく(「顕在的〔manifest〕カリキュラム」)，「隠れた（hidden）カリキュラム」が射程に入ってきます。「隠れたカリキュラム」とは，学校や教師が意図しないのに，暗黙のうちに子どもたちの学習活動や人間形成に働きかけ，時には目的意識的な「顕在的カリキュラム」の影響を凌駕(りょうが)する力をもつものです。例えば，その学校の校風や教室の雰囲気，教師や子どもたちを取り巻く人間関係，また学校建築や学校施設などの物理的な環境などがあげられます。このように「隠れたカリキュラム」の提唱は，教育課程の研究をよりリアルなものにすることになりました。ただし，「隠れたカリキュラム」の影響力が大きいからといって，「顕在的カリキュラム」の意義が低下するのではなく，そのような潜在的な影響力を射程に入れた教育課程の研究と実践が求められているのです。

教育課程の次元

実際に運用されている教育課程をよりリアルにみるためには，その次元に着目しておくことも大切です。ここでは，IEA が学力の国際調査 TIMSS で使用している，教育課程の３つの次元を紹介しましょう。

① 意図したカリキュラム（Intended Curriculum） 国家または教育制度の段階で決定された数学や理科の内容であり，教育政策や法規，国家的な試験の内容，教科書，指導書などに示されており，数学や理科の概念，手法，態度などで記述されている。

② 実施したカリキュラム（Implemented Curriculum） 教師が解釈して生徒に与える数学や理科の内容であり，実際の指導，教室経営，教育資源の利用，教師の態度や背景などが含まれる。

③ 達成したカリキュラム（Attained Curriculum） 生徒が学校教育の中で獲得した数学や理科の概念，手法，態度などである。

つまり，①「意図したカリキュラム」とは，国または教育制度の段階で決定される内容であって，日本では学習指導要領によって代表されるものです。②「実施したカリキュラム」とは，そのような①「意図したカリキュラム」を念頭におきながら，学校や地域，担当する子どもたちの諸条件を勘案して，教師が実際に子どもたちに与える内容のことです。そして，③「達成したカリキュラム」とは，そのように②「実施したカリキュラム」を通じて，子どもたちが獲得する内容のことです。

このように教育課程を3つの次元で意識化するということは，それぞれの次元には他の次元に解消されることのない固有な課題があるということを示しています。したがって，「意図」から「実施」を経て「達成」に向かうベクトルは直線的で垂直的なもの（トップ・ダウン）ではなく，それぞれのレベル間には「ずれ」の発生が予想され，そのための調整機能（PDCAの中のAの役割）が必要とされます。もとより，この調整は各次元の内部においてなされるとともに，下方のみならず上方に向かっても発揮されなくてはなりません。先の経営モデルを用いると，「意図したカリキュラム＝P」「実施したカリキュラム＝D」「達成したカリキュラム＝C」というかたちで機能するとともに，それぞれの次元（国・行政レベル，学校・教師レベル，子どもレベル）においても「PDCA」が機能するというように，重層的な関係になっているのです。

4 本書の構成

本書は，次のように編集されています。まず，第1章と第2章では，日本の第二次世界大戦前から戦後にかけての教育課程の歴史が詳しく解説されています。そして，第3章では，現在日本において取り組まれている教育課程の注目すべき取り組みを精力的に紹介しています。読者は，この3つの章を読むことで，近代学校が成立して以降の日本の教育課程の変遷と現代の姿をダイナミックに把握することができるでしょう。

第4章では，教育課程を支えている基本的な考え方とそれに基づく仕組みを解説しています。第5章と第6章では，それこそ実際に教育課程を編成するための方法原理や教育評価のあり方が具体的に提示されています。さらに第7章では，教育課程を社会，政治的なパースペクティブから眺めることによって，その実相に迫ろうとしています。読者は，この4つの章を読むことで，教育課程編成のための基礎的な能力を獲得することができるでしょう。

第8章では，子どもたちが生きる現代社会の課題に果敢に挑戦している教育課程の試みを分析しています。また，第9章では，欧米やアジアの国々で取り組まれている教育課程の改革動向を紹介しています。この2つの章を読むことによって，読者は未来の教育課程にイマジネーションを働かすことができるでしょう。

本書はこのように大きくは3部構成となっています。読者は順番に読み進めてもよいし，興味あるパートから読み進めてもよいでしょう。本書を通じて，教育課程の重要性が理解され，教育課程編成への意欲が喚起されることを期待します。

●引用・参考文献

天野清・黒須俊夫，1992，『小学生の国語・算数の学力』秋山書店。
市川伸一，2002，『学力低下論争』筑摩書房。
大田堯，1969，『学力とはなにか』国土社。
大谷良光，2009，『子どもの生活概念の再構成を促すカリキュラム開発論――技術教育研究』学文社。
苅谷剛彦・志水宏吉・清水睦美・諸田裕子，2002，『調査報告「学力低下」の実態』岩波書店。
川口俊明編，2022，『教育格差の診断書――データからわかる実態と処方箋』岩波書店。
クライデル，C.／西岡加名恵・石井英真・藤本和久・田中耕治監訳，2021，『カリキュラム研究事典』ミネルヴァ書房。

国立教育政策研究所編，2016，『資質・能力——理論編』東洋館出版社。
国立教育政策研究所，2019，「OECD 生徒の学習到達度調査（PISA 2018）のポイント」
国立教育政策研究所，2019，「国際数学・理科教育動向調査（TIMSS 2019）のポイント」明石書店。
国立教育政策研究所編，2019，『OECD 生徒の学習到達度調査（PISA）2018 年調査国際結果報告書』（生きるための知識と技能 7）明石書店。
国立教育政策研究所編，2021，『TIMSS 2019 算数・数学教育／理科教育の国際比較——国際数学・理科教育動向調査の 2019 年調査報告書』明石書店。
佐藤学，2000，『「学び」から逃走する子どもたち』岩波書店。
スティグラー，J. W.＝J. ヒーバート／湊三郎訳，2002，『日本の算数・数学教育に学べ——米国が注目する jugyou kenkyuu』教育出版。
田中耕治，1996，『学力評価論入門』法政出版。
田中耕治編，2008，『新しい学力テストを読み解く——PISA／TIMSS／全国学力・学習状況調査／教育課程実施状況調査の分析とその課題』日本標準。
中内敏夫，1983，『学力とは何か』岩波書店。
ハミルトン，D.／安川哲夫訳，1998，『学校教育の理論に向けて——クラス・カリキュラム・一斉教授の思想と歴史』世織書房。
原清治・山内乾史編著，2010，『日本の学力問題』上巻，日本図書センター。
松尾知明，2016，「知識社会とコンピテンシー概念を考える——OECD 国際教育指標（INES）事業における理論的展開を中心に」『教育学研究』第 83 巻第 2 号。
耳塚寛明編，2014，『教育格差の社会学』有斐閣。
文部科学省，2006，『読解力向上に関する指導資料——PISA 調査（読解力）の結果分析と改善の方向』東洋館。
吉見俊哉，2017，『大予言「歴史の尺度」が示す未来』集英社新書。

第1章　近代日本の教育課程の歩み

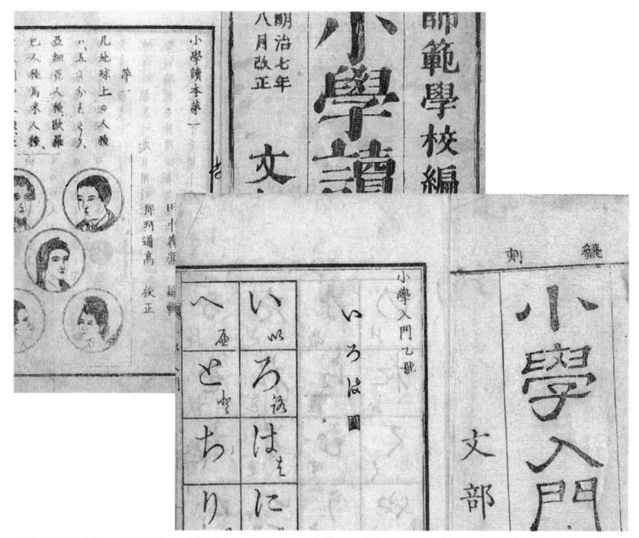

▲明治時代の小学校の教科書（左上：師範學校編・文部省刊『小學讀本 巻一』1878年。右下：文部省『小學入門 2號』1875年。）

明治維新によって近代国家が成立し，まもなく近代学校が創設されました。その学校で教える内容・配列のことは，学科課程，教科課程あるいは教育課程といわれましたが，すべて教育課程に統一し，庶民教育を対象としてその基準の歴史を説明します。第1節では，明治前期における近代学校創設と教育課程の確立，第2節では，明治後期から大正期にかけて，教育課程の近代化と年限延長，そして高等小学校での選択的な教育課程，第3節では，昭和戦時下の教育課程について説明します。

1 近代学校創設と教育課程の確立

教育課程の模索

1872（明治5）年9月5日，学制が頒布され近代学校が発足しました。大学・中学・小学という制度で，そこでは近代的な国民形成が目的とされ，従来の身分に関係なく国民全員が小学校で学ぶという国民皆学の方針が出されました。従来の四書五経の思弁的な知識が虚学として否定され，新たに欧米の近代的知識・技術が移入され，科学と生産に結びつく実学として尊重されました。啓蒙主義の時代といわれています。また，封建的身分制社会から資本主義的能力社会への転換がなされ，競争原理が学校に導入されました。能力とは学校の成績＝学歴で，身分ではなく能力（学歴）によって人を選別することになりました。

最初の「小学教則」

最初の教育課程は1872年学制の「小学教則」で，その内容は，庶民が日常生活に必要な知識・技術というよりも，中学・大学へ進学するための洋学中心の内容でした。特徴の第1は，国語科に相当する教科が著しく分化し，綴字・習字・単語・会話・読本・書牘（しょとく）・文法の7科となっていたことで，いかにも外国の翻訳と模倣が感じられます。第2に，今日的観点からみると，教科の全体的バランスが著しく近代自然科学に傾斜し，人文・社会科学的教育内容が少なかったことです。知・徳・体のバランスでみると，知育偏重の構成で，道徳や体育あるいは芸術・情操教育などは軽視されていまし

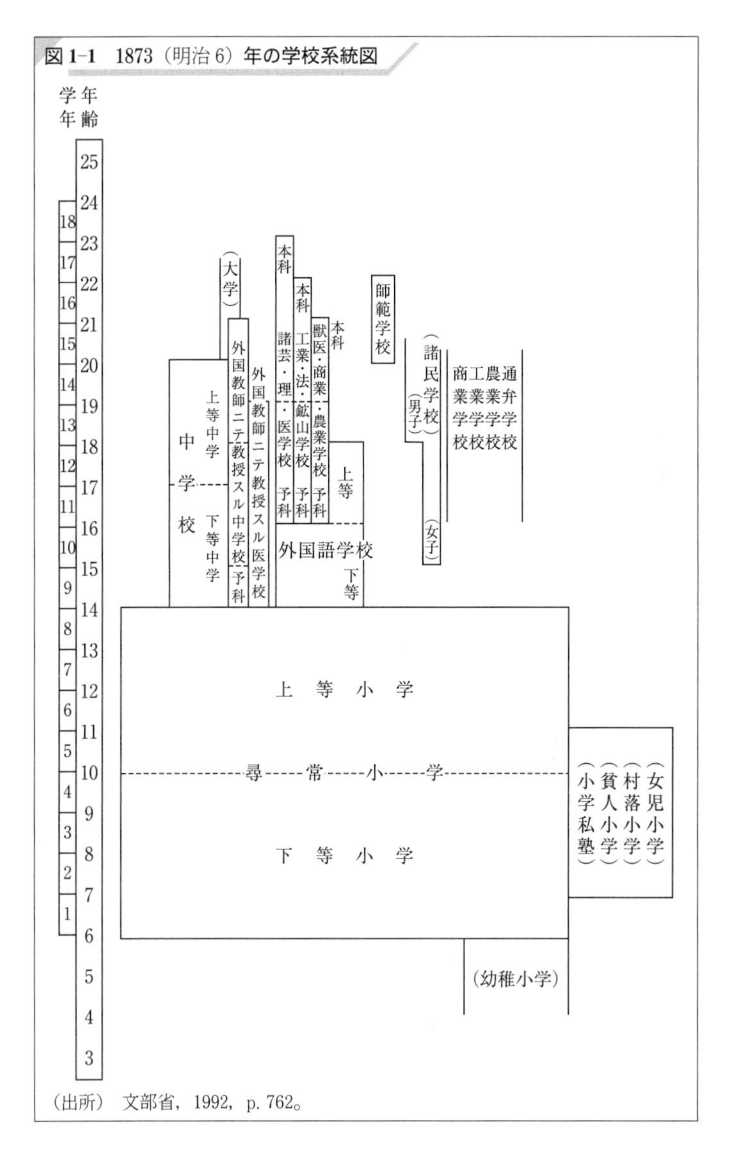

図1-1　1873（明治6）年の学校系統図

（出所）　文部省，1992，p. 762。

表 1-1　1872（明治 5）年「学制」改正教科構成表

下等小学 4 年	上等小学 4 年
綴字	綴字
習字	習字
単語	単語
会話	会話
読本	読本
修身	修身
書牘	書牘
文法	文法
算術	算術
養生法	養生法
地学大意	地学大意
究理学大意	究理学大意
体術	体術
唱歌	唱歌
	史学大意
	幾何学大意
	罫画大意
	博物学大意
	化学大意
	生理学大意
	外国語 1. 2（随）
	記簿法（随）
	図画（随）
	政体大意（随）

（注）1. 1872 年 8 月誤謬訂正し，かつ同年 11 月改正。
2. 唱歌は「当分之ヲ欠ク」。
3.（随）は，地方によっては「教ルコトアルベシ」の教科。
（出所）教育史編纂会，1964，第 1 巻，pp. 283-87。

た。第 3 に，当時の国民一般の生活とは遊離した，あまりに高水準の内容で，かなり学習困難な教科が配置されました。教科という教育固有の概念が成立していないので，諸学の名称がそのまま並べられたからです。そして第 4 に，等級制の教育課程で，等級ごとの卒業試験に合格すれば飛び級も可能でしたが，合格しない場合には，いつまでも原級留置となるシステムでした。なお，同一学年で学級を編成する「学年制」は1885（明治18）年からで，91（明治24）年の「学級編制等ニ関スル規則」で確立します。

儒教主義の「小学校教則綱領」

「明治14年政変」前後から，教育政策は一変し，1881（明治14）年の「小学校教則綱領」では儒教主義を中核にして編成されました。近代科学の教育は開発主義の教授理論によって地理や博物等で志向されましたが，多くの庶民には儒教主義の「修身＋3R's」（読・書・算）の教育が施されることになりました。明治維新以降，秩序の乱れた社会に対処するために，修身科で儒教道徳が採用され，歴史科では，天皇の直接指示を受けるかたちで尊皇愛国の精神形成が目的となりました。翻訳的な内容は後退し，下等小学の教育課程は，当時の国民水準に合わせて「修身＋3R's」となりました。

ペスタロッチーの開発主義

教育課程政策は儒教主義に転換されましたが，教育理論研究では，ペスタロッチー（Pestalozzi, J. H. ; 1746–1827年）の開発主義が東京（高等）師範学校から広められました。開発主義の教育理論とは，児童の「心の能力」開発を目的とし，当時の連合心理学を基礎にしたものです。提唱者のジョホノット（Johonnot, J. ; 1823–1888年）は，すべての優れた教授方法について，「心意ノ諸力（Faculties of mind），其ノ作用ノ方法，其ノ開発ノ順序及其ノ作用ヲ警醒スベキ方便等ヲ講究シテ得タル所ノ諸原則

図1-2　1892（明治25）年の学校系統図

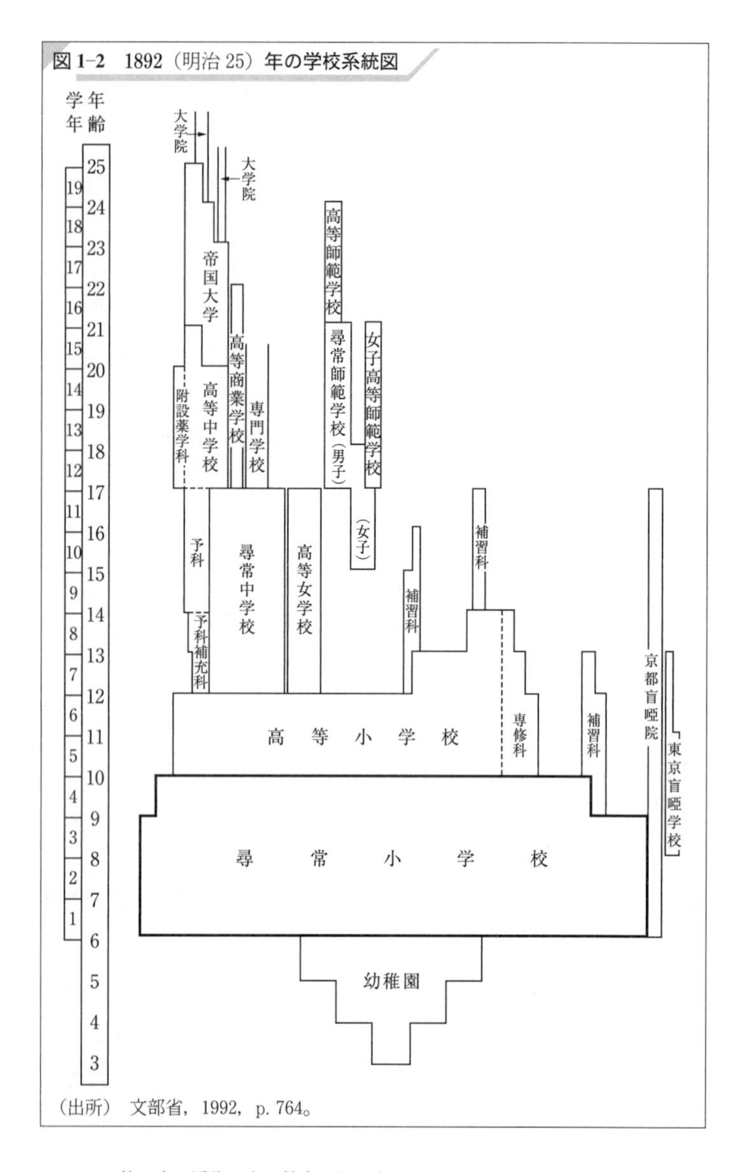

（出所）文部省，1992，p. 764。

ニ基カザルベカラズ」といいました。「心意ノ諸力」とは，知覚力・想像力・推論力・弁決力・比較力・概念力などで，人間の心理を諸能力の連合としてとらえる考え方です。

この理論を基礎に，東京師範学校助教諭若林虎三郎・附属小学校訓導白井毅篇『改正教授術』全5巻が1883年から翌年にかけて出版されました。その特徴は次の教育原則にうかがわれます。

一　活発ハ児童ノ天性ナリ動作ニ慣レシメヨ手ヲ練習セシメヨ
二　自然ノ順序ニ従ヒテ諸心力ヲ開発スベシ，最初，心ヲ作リ後之ニ給セヨ
三　五官ヨリ始メヨ，児童ノ発見シ得ル所ノモノハ決シテ之ヲ説明スベカラズ
四　諸教科ハ其元基ヨリ教フベシ，一時一事
五　一歩一歩ニ進メ，全ク貫通スベシ，授業ノ目的ハ教師ノ教ヘ能フ所ノ者ニ非ズ生徒ノ学ビ能フ所ノ者ナリ
六　直接ナルト間接ナルヲ問ハズ各課必ズ要点ナカルベカラズ
七　観念ヲ先ニシ表出ヲ後ニスベシ
八　已知ヨリ未知ニ進メ，一物ヨリ一般ニ進メ，有形ヨリ無形ニ進メ，易ヨリ難ニ及ベ近ヨリ遠ニ及ベ，簡ヨリ繁ニ進メ
九　先ヅ総合シ後分解スベシ

上記の9項目は，児童の感性を尊重する近代的な教育原則であり，当時の教師たちにいかに驚きと感動とを与えたか，一読しただけで推測することができます。また儒教主義教育政策との不一致も容易に推察できます。

森文相の兵式体操重視

しかし，1885年，森有礼文相が就任するとたちまち教育政策は転換し，小学校

令下，86（明治19）年「小学校ノ学科及其程度」によって，儒教主義の道徳教育は排除され，その教科書使用まで禁止となりました。教師による口授法を採用することで新しい時代の息吹を伝えようとしたのです。森文相が最も重視したのは兵式体操と実用的な作文・算数教育でした。尋常小学科の教育課程は，「修身＋3R's」のほか，兵式体操の体操科が必置科目とされました。高等小学科では，さらに地理・歴史・理科・裁縫が付加されました。従来に比して，博物・物理・化学・生理の4科を統合して実用的な理科1科とされ，高度な幾何と経済が削除され，また随意科目として英語・農業・手工・商業が加えられました。森文相は英語を含めた実業教育を重視しました。彼独自の実用的な合理主義の考え方によるもので，自ら「経済主義」と称していました。

1891年「小学校教則大綱」と教育課程の確立

教育課程の全体構造を確立したのが，1891（明治24）年の「小学校教則大綱」です。①教育目的，②教科構成，③各教科の教育内容，④時間配分，⑤教育制度（義務教育3〜4年）からみて判断できます。

教育勅語

教育課程にとって最も大切なことは教育目的です。欧米的な市民社会の倫理によるべきか儒教主義によるべきか，あるいは特定の宗教がよいか，などの論争がありましたが，1890年に教育勅語（図1-3）が渙発（かんぱつ）され，めざすべき日本人像が，ようやく確定されました。

古事記・日本書紀を踏まえ，かつ日常的な儒教道徳も採用して，天皇制を支える家族国家観的な道徳思想が練り上げられました。

図 1–3　教育勅語

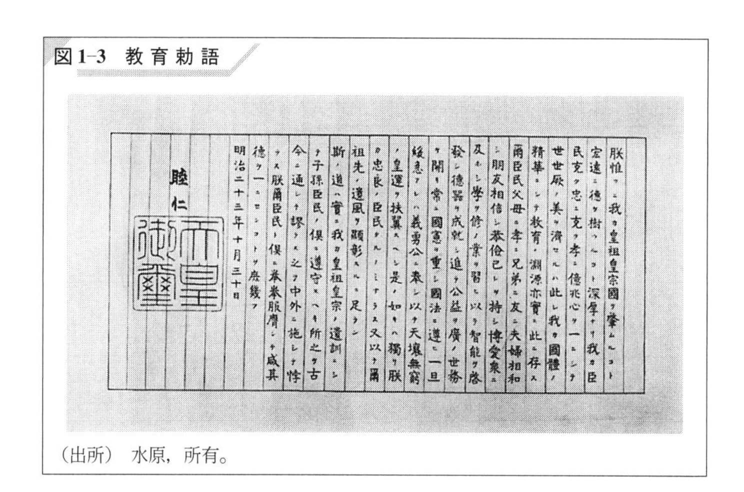
朕惟フニ我カ皇祖皇宗國ヲ肇ムルコト
宏遠ニ德ヲ樹ツルコト深厚ナリ我カ臣
民克ク忠ニ克ク孝ニ億兆心ヲ一ニシテ
世世厥ノ美ヲ濟セルハ此レ我カ國體ノ
精華ニシテ教育ノ淵源亦實ニ此ニ存ス
爾臣民父母ニ孝ニ兄弟ニ友ニ夫婦相和
シ朋友相信シ恭儉己レヲ持シ博愛衆ニ
及ホシ學ヲ修メ業ヲ習ヒ以テ智能ヲ啓
發シ德器ヲ成就シ進テ公益ヲ廣メ世務
ヲ開キ常ニ國憲ヲ重シ國法ニ遵ヒ一旦
緩急アレハ義勇公ニ奉シ以テ天壤無窮
ノ皇運ヲ扶翼スヘシ是ノ如キハ獨リ朕
カ忠良ノ臣民タルノミナラス又以テ爾
祖先ノ遺風ヲ顯彰スルニ足ラン
斯ノ道ハ實ニ我カ皇祖皇宗ノ遺訓ニシ
テ子孫臣民ノ倶ニ遵守スヘキ所之ヲ古
今ニ通シテ謬ラス之ヲ中外ニ施シテ悖
ラス朕爾臣民ト倶ニ拳拳服膺シテ咸其
德ヲ一ニセンコトヲ庶幾フ
明治二十三年十月三十日
睦仁
天皇御璽

（出所）　水原，所有。

神勅を受けて天孫降臨した天皇は全徳の人として臣民を慈しみ，臣民はその徳に同化すべく日々精進し反省する存在として位置づけられ，その道徳の実践が祖先と家族を守り，宗家である天皇を翼賛することになるという趣旨でした。

教育課程の構成

教育目的は教育勅語渙発で確定しましたが，教育課程構成をみると，尋常小学校が，「一般国民ニ必須ノ教育」を施す学校と位置づけられ，修身・読書・作文・習字・算術の 5 科目で基本的内容を設定すること，また，様々な進路の生徒と地域のニーズに対しては随意科目で対応するという構成原則が確定されました。高等小学校は，基本的内容の 5 科目と日本地理・日本歴史・理科のほかに図画・体操・裁縫（女子のみ）を加えて 11 科目を必須科目とし，随意科目として，外国地理・唱歌・幾何初歩・外国語・農業・商業・手工が付加されました。ただし，教育課程は必須科目と随意科目とい

表 1-2　1891（明治 24）年「小学校教則大綱」教科構成表

尋常小学 3〜4 年	高等小学 2〜4 年
修身 読書 作文 習字 算術 - - - - - 体操（欠） 日本地理（加） 日本歴史（加） 図画（加） 唱歌（加） 手工（加） 裁縫（女）(加)	修身 読書 作文 習字 算術 日本地理 日本歴史 理科 図画 体操 裁縫（女） - - - - - 外国地理（欠） 唱歌（欠） 幾何初歩（加） 外国語（加） 農業（加） 商業（加） 手工（加）

（注）1.（欠）は「欠クコトヲ得」の科目。
2.（加）は「加フルコトヲ得」の科目。
3.（女）は「女子ノ為」の設置科目。
（出所）教育史編纂会，1964，第 2 巻，pp. 56-57。

う二重構成の原則がとられるにしても，基本は，「普通教育ハ成ルヘク全国一様」の原則をとるとされました。

教育内容の体系性

これを教育内容の側面からみると，従来になく児童生徒の発達程度を重視し，かつ道徳教育と国民教育そして普通の知識技能教育のねらいを各教科に分担させるという，教育内容の体系性も整えられました。例えば，知識技能をねらいとする教科においても，「天然物ヲ愛スルノ心ヲ養フ」(理科),「清潔ヲ好ミ綿密ヲ尚フノ習慣ヲ養ハン」(図画),「徳性ヲ涵養スル」(唱歌),「規律ヲ守ルノ習慣ヲ養フ」(体操),等々道徳教育と関連づけられ,かつ修身教育では,「尊王愛国ノ志気」と「国家ニ対スル責務」とが強調され,そして,地理科で「愛国ノ精神ヲ養フ」こと,日本歴史で「国民タルノ志操」を形成することが目的にされるなど,教育勅語の教育目的を中心とした構造化が図られました。そういう意味で,従来に比してかなり体系性の高い教育内容となりました。

2 教育課程の近代化と年限延長

1900 年小学校令施行規則

1900(明治 33)年小学校令施行規則は教育課程の近代化がねらいで,その中心は国語科新設による教育内容改革にありました。それは,世界資本主義の本格的な発達とそれへの日本の本格参入そして植民地争奪戦争という国際競争がいっそう激しさを増し,現実的な人材開発競争が国運を決定するという新しい時代に対応するための改革でした。日本の民度を踏まえ,限られた修業年限の中で,いかに効率的な教育を展開するかが課題とされました。

欧米諸国の 26 文字に比して,日本は多数の漢字・平仮名・片仮名を習得することが不可欠で,道具的教科の学習に膨大な時間をかけざるをえないという基本的課題がありました。

図 1-4　1908（明治 41）年の学校系統図

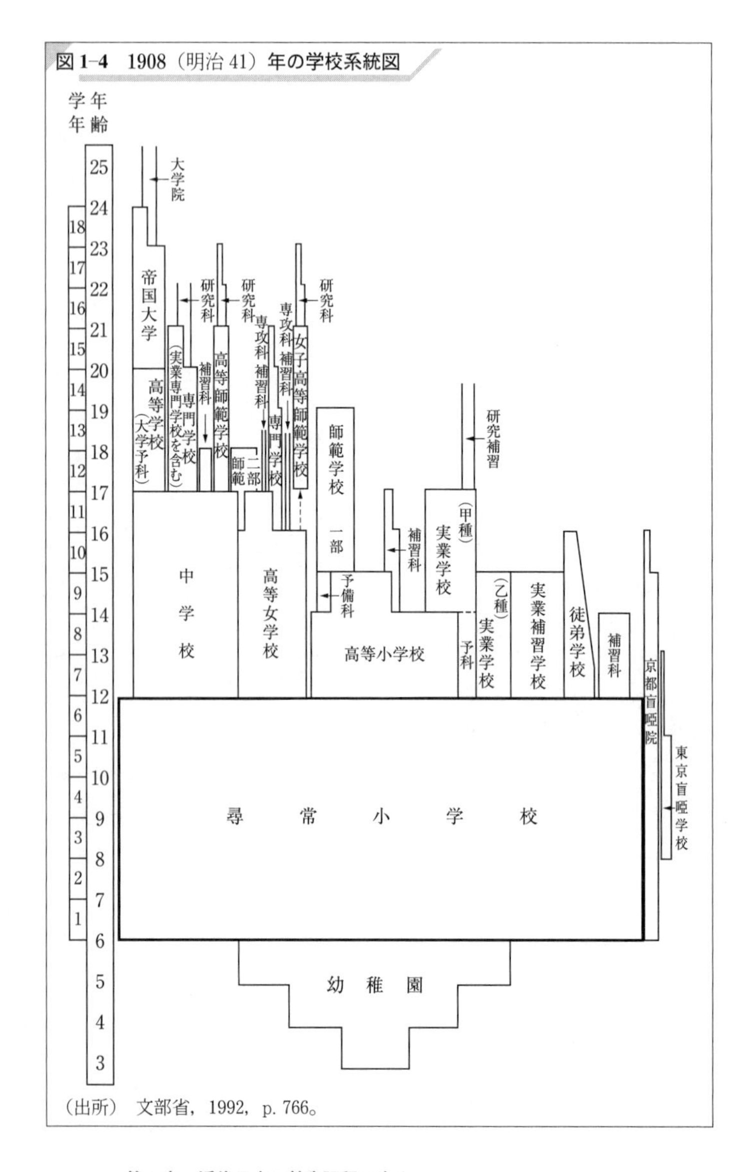

（出所）　文部省，1992，p. 766。

国語教育の近代化

これに対する方策の第1は，字体の統一です。字体は楷書・行書・草書の3書体を教育することが原則とされてきましたが，小学校教育用の文字としては，楷書による平仮名・片仮名の書体に限定されました。第2は，習字教育の内容が「楷書行書ノ一種若ハ二種」に限定され，芸術的な書道教育ではなく実用的な国語教育の一環に位置づけられました。第3は，字音仮名遣いの導入です。言葉は，本来，語源や意味が違う分だけ発音と表記が違いますが，これに対して発音を基準にして仮名遣いを統一する改正がなされました。いわゆる棒引き仮名の採用で，例えば，「けふ」は「きょー」とされました。第4は，漢字が1200字に制限されたことです。従来，教科書で採用される漢字には基準がなく，教科書によって様々でしたので，児童の発達を踏まえて具体的な漢字表が規定されました。

ただし，この国語改革は日本文化を破壊するものとして実施されませんでした。それにしても，教育課程の近代化は教科目全体の傾向で，国語・算術・理科などは，生活上必須の知識教育が重視されるようになりました。特に，理科では近代化の傾向が著しく，「実験」をすることが求められました。

ヘルバルト主義

教育理論史的には，1890（明治23）年小学校教則大綱までは，ペスタロッチーの開発主義教育理論が優位でしたから，「心力」開発を求めて，比較的，形式陶冶が重視される傾向にありましたが，それ以降は，ヘルバルト主義教育学の影響下にあり，知識技能の内容そのものを重視する実質陶冶論が優位な段階にありました。経済史的にみても，教育要求の基底をなす日本資本主義が飛躍的発展を遂げつつあり，これに対応した実際的な知識技能の教育が要請されたことは当然といえます。

1900（明治33）年の教育課程改革は，この後，07（明治40）年の義務教育延長，26（大正15）年の高等小学校の改善など小さな修正がなされますが，基本的には41（昭和16）年国民学校令の改革まで大きな変化はありませんでした。戦前日本を支配した重要な改革でした。

1907年義務教育6年制

日本資本主義の急速な進展がみられ，工業関係のみならず農業においても，新しい技術が必要とされ，国民全体の資質向上を求めて義務教育が6年に延長されました。工場労働者の学歴が上がり始め，尋常小学校卒業程度そして高等小学校中退以上の者が急激に増加しました。

もはや4年制の修業年限が短すぎることは明白でした。1907（明治40）年に義務年限が6年に延長され，かつ，10（明治43）年には，実用的で生活的な教育を与える機関として高等小学校改善が進められました。例えば，農業科を加設しながら，実習地の設備が欠如している学校があるので，農業地設置と教員の模範的な農業従事とが要請されました。また，商業科の場合には，土地の情況に適切に対応すると同時に，商業道徳の涵養（かんよう）に努めることも求められました。

高等小学校は完成教育

さらに1911（明治44）年7月31日小学校令が改正され，農業・商業の「一課目ヲ課スルモノトス」と改められ，他方，「英語」が削除されまし

表 1-3　1907（明治 40）年尋常小学校教育課程表

学年＼教科目	修身	国語	算術	日本歴史	地理	理科	図画	唱歌	体操	裁縫	手工	計
毎週授業時数	二	一〇	五					四				二一
第一学年	道徳ノ要旨	発音仮名及近易ナル普通文ノ読ミ方、書キ方、綴リ方、話シ方	二十以下ノ数ノ範囲内ニ於ケル数へ方、書キ方及加減乗除				単形（簡単ナル形体）	平易ナル単音唱歌	遊戯		簡易ナル細工	
毎週授業時数	二	一二	六					四				二四
第二学年	道徳ノ要旨	仮名、日常須知ノ文字及近易ナル普通文ノ読ミ方、書キ方、綴リ方、話シ方	百以下ノ数ノ範囲内ニ於ケル数へ方、書キ方及加減乗除				単形（簡単ナル形体）	平易ナル単音唱歌	遊戯 普通体操		簡易ナル細工	
毎週授業時数	二	一四	六				一	一	三	一		男二七 女二八
第三学年	道徳ノ要旨	日常須知ノ文字及近易ナル普通文ノ読ミ方、書キ方、綴リ方、話シ方	通常ノ加減乗除				単形 簡単ナル形体	平易ナル単音唱歌	遊戯 普通体操	運針法 通常ノ衣類ノ縫ヒ方	簡易ナル細工	
毎週授業時数	二	一四	六				一	一	三	二		男二七 女二九
第四学年	道徳ノ要旨	日常須知ノ文字及近易ナル普通文ノ読ミ方、書キ方、綴リ方、話シ方	通常ノ加減乗除及少数ノ呼ヒ方、書キ方及簡易ナル加減乗除（珠算加減）				簡単ナル形体	平易ナル単音唱歌	遊戯 普通体操	通常ノ衣類ノ縫ヒ方、繕ヒ方	簡易ナル細工	
毎週授業時数	二	一〇	四	三		二	男二 女一	二	三	三		男二八 女三〇
第五学年	道徳ノ要旨	日常須知ノ文字及普通文ノ読ミ方、書キ方、綴リ方、話シ方	整数 小数 諸等数（珠算加減）	日本歴史ノ大要	日本地理ノ大要	植物、動物、鉱物及自然ノ現象、通常ノ物理化学上ノ現象	簡単ナル形体	平易ナル単音唱歌	普通体操 遊戯 男兵式体操	通常ノ衣類ノ縫ヒ方、繕ヒ方	簡易ナル細工	
毎週授業時数	二	一〇	四	三		二	男二 女一	二	三	三		男二八 女三〇
第六学年	道徳ノ要旨	日常須知ノ文字及普通文ノ読ミ方、書キ方、綴リ方、話シ方	分数 歩合算（珠算加減乗除）	前学年ノ続キ	前学年ノ続キ韓国及満洲其ノ他外国地理ノ大要	植物、動物、鉱物及自然ノ現象、通常ノ物理化学上ノ現象、人身生理ノ初歩	簡単ナル形体	平易ナル単音唱歌	普通体操 遊戯 男兵式体操	通常ノ衣類ノ縫ヒ方、裁チ方、繕ヒ方	簡易ナル細工	

図画ハ第一学年第二学年ニ於テハ毎週一時之ヲ課スルコトヲ得
手工ハ第一学年第二学年第三学年ニ於テハ毎週一時、第四学年第五学年第六学年ニ於テハ毎週二時之ヲ課スルコトヲ得
（ ）及手工ノ各欄ハ朱書トス

（出所）　教育史編纂会，1964，第 5 巻，pp. 38–39。

表 1-4　1907（明治 40）年 3 年制高等小学校教育課程表

教科目＼学年	毎週教授時数	第一学年	毎週教授時数	第二学年	毎週教授時数	第三学年
修身	二	道徳ノ要旨	二	道徳ノ要旨	二	道徳ノ要旨
国語	八	日常須知ノ文字及普通文ノ読ミ方、書キ方、綴リ方	八	日常須知ノ文字及普通文ノ読ミ方、書キ方、綴リ方	八	日常須知ノ文字及普通文ノ読ミ方、書キ方、綴リ方
算術	四	分数 歩合算 比例 (珠算　加減乗除)	四	比例 (珠算　加減乗除)	男四 女三	前各学年ノ補習 求積 (日用簿記) (珠算　加減乗除)
日本歴史	三	日本歴史ノ大要	三	前学年ノ続キ	二	維新以来ノ事歴
地理		外国地理ノ大要		地理ノ補習		地理ノ補習
理科	二	植物、動物、鉱物及自然ノ現象、通常ノ物理化学上ノ現象、元素及化合物、簡易ナル器械ノ構造、作用、人身生理衛生ノ大要	二	自然ノ現象、通常ノ物理化学上ノ現象、元素及化合物、簡易ナル器械ノ構造、作用、人身生理衛生ノ大要	二	理科ノ補習
図画	男二 女一	諸般の形体	男二 女一	諸般の形体 (簡易ナル幾何画)	男二 女一	諸般の形体 (簡易ナル幾何画)
唱歌	二	単音唱歌 (簡易ナル複音唱歌)	二	単音唱歌 (簡易ナル複音唱歌)	一	単音唱歌 (簡易ナル複音唱歌)
体操	三	普通体操 遊戯 男　兵式体操	三	普通体操 遊戯 男　兵式体操	三	普通体操 遊戯 男　兵式体操
裁縫	四	通常ノ衣類ノ縫ヒ方、裁チ方、繕ヒ方	四	通常ノ衣類ノ縫ヒ方、裁チ方、繕ヒ方	六	通常ノ衣類ノ縫ヒ方、裁チ方、繕ヒ方
手工	男二 女一	簡易ナル細工	男二 女一	簡易ナル細工	男四 女二	簡易ナル細工
農業	二	農事　農事ノ大要 水産　水産ノ大要	二	農事　農事ノ大要 水産　水産ノ大要	男二 女一	農事　農事ノ大要 水産　水産ノ大要
商業	二	商業ノ大要	二	商業ノ大要	男四 女二	商業ノ大要
英語		読ミ方、書キ方、綴リ方、話シ方		読ミ方、書キ方、綴リ方、話シ方		読ミ方、書キ方、綴リ方、話シ方
計	男{三〇 二八 女{三二 三〇		男{三〇 二八 女{三二 三〇		男{三二 二八 女{三二 三〇	

（ ）及英語ノ各欄ハ朱書トス

（出所）教育史編纂会，1964，第 5 巻，pp. 41–43。

た。改正の趣旨は明らかです。高等小学校の非進学・実務的性格が明確に打ち出されたのでした。手工・農業・商業の実業課目を設置している学校は，その施設設備が整えられましたので，今回の改正では，随意課目ではなく必修課目とされ，3科のうち1科目は必ず課すこととされました。また教授時数も大幅に増加され，「高等小学校本来ノ目的ヲ貫徹」させることがめざされました。こうして，高等小学校は国民大衆の完成教育機関として位置づけられたのでした。

大正期半ば以降は，明治末期からの高度経済成長が行き詰まり，大正成り金といわれたバブルが崩壊することで，発展しつつあったデモクラシーも転換期を迎え，歴史の曲がり角にさしかかることになりました。その結果，知識技能の高度化と同時に，兵式教練や国体明徴など国家主義の教育が要請されることになりました。

臨時教育会議

1917（大正6）年に開催された臨時教育会議では，教育課程に関して，第1に，国史教育に重きをおくこと，第2に，高等小学校の教科目は選択幅を広げること，第3に，「国民教育及道徳教育」の徹底を期すること，などが答申され，19（大正8）年に小学校令施行規則が改正されました。

国民性の教育と教練

まず，前項で示した第1の国史教育と第3の国民教育の点から，日本歴史と地理において，尋常小学校では，両教科合わせて6時間から8時間に増加されました。高等小学校でも，同様に別々に4時間が最終学年まで課されることになり，日本歴史と地理への教育が従来より

表 1-5　1919（大正 8）年小学校令施行規則の教科構成表

尋常小学校 6 年	高等小学校 2 年	高等小学校 3 年
修身	修身	修身
国語	国語	国語
算術	算術	算術
日本歴史	日本歴史	日本歴史
地理	地理	地理
理科	理科	理科
図画	唱歌	唱歌
唱歌	体操	体操
体操	裁縫（女）	裁縫（女）
裁縫（女）	手工（随）（選）	手工（随）（選）
手工（加）	農業（随）（選）	農業（随）（選）
	商業（随）（選）	商業（随）（選）
	家事（女）（随）（選）	家事（女）（随）（選）
	図画（加）（随）（選）	図画（加）（随）（選）
	外国語（加）（随）（選）	外国語（加）（随）（選）

（注）1.（加）は「加フルコトヲ得」の科目。
2.（女）は「女子ノ為」の設置科目。
3.（随）は「随意科目トナスコトヲ得」の科目。
4.（選）は「選択科目トナスコトヲ得」の科目。
（出所）教育史編纂会，1964，第 5 巻，pp. 120-30。

も重視されるようになりました。

また，同じく第 3 の「国民教育及道徳教育」重視の点から，体操では，教育内容に「教練」が明確に位置づけられました。従来でも，尋常小学校第 5 学年から高等小学校最終学年まで「兵式体操」が課されていましたが，今回は，兵式体操重視の臨時教育会議建議を受けて，尋常小学校第 1 学年から「教練」として設定されました。

高等小学校での選択幅拡大

そして第2の選択幅拡大の点では，高等小学校において，図画が随意科目に変更され，女児のために家事科が付加され，土地の情況により外国語が付加されました。要するに，家事科設置による女子教育の強化と，新しい時代に対応するための外国語が設置可能な科目とされ，図画・手工・農業・商業科も含めて，選択幅が広げられることになりました。

高等小学校の外国語科設置は，高等小学校が大衆化しつつも相変わらず進学の予備校的性格を有しているという二重の役割を担っていたことによります。1919（大正8）年段階でも中学校入学者のうち高等小学校を経由する者は40%の割合を占めており，進学希望者向けの英語教育が必要とされていたのでした。

1911（明治44）年以来，高等小学校における実業教育重視の路線は確定されましたが，それでも初等「後」教育へのニーズは一様ではなく，むしろ，時代の進展によって，ようやく高等小学校水準の労働者が本格的に必要とされ，様々なニーズに応えるべく，英語あるいは実業科目など選択幅拡大の施策が推進されたのでした。

この時期の教育課程の特徴は，やはり臨時教育会議での審議結果を反映したものといえます。個性と経済性そして国際化をキーワードとして新しい時代に対応しようとしたものでしたが，他方では，兵式教練および国体明徴の建議を受けて，教練・修身・地理・歴史等の国民教育と道徳教育が重視されるようになり，暗い時代に向けて，それが拡大されていったのでした。

表 1-6　1923（大正 12）年成城小学校各科学習時間表

学科＼学年	修身	読方	聴方	読書	綴方	書方	美術	音楽	体操	数学	理科	地理	英語	特別研究	合同	総時間数
6	一	四	×	一	二	一	三	二	二	五	三	三	二	二	一	三二
5	一	四	×	一	二	一	三	二	二	五	三	三	二	二	一	三二
4	一	四	×	一	二	一	三	二	二	五	三	三	二	二	一	三二
3	×	五	二	一	二	一	三	二	二	五	二	×	二	×	一	二八
2	×	五	二	一	二	一	三	二	二	五	二	×	二	×	一	二八
1	×	国語 一二					三	二	三	×	二	×	二	×	一	二五

備考　イ、五十分を以て一限とし、その間に学習と休憩の時間を置くものとする。
ロ、高学年に於いては同一学科を二限連続して学習せしめることもある。
ハ、合同とは小学芸会、小体育会を隔週に行なふのである。

（出所）　成城学園六十年史編集委員会，1977，p. 60。

大正自由教育

他方，臨時教育会議とは性格を異にする，いわゆる児童中心主義の観点から新たな実験的追究がみられました。例えば，1917（大正 6）年に澤柳政太郎（1865-1927 年）が創設した成城小学校では，入学児童の語彙調査を行い，その成果を踏まえて 23（大正 12）年に表 1-6 の教育課程が作成されました。「聴方」を設置すべきこと，「修身」は 4 年生からが適切であること，自然現象に関心が深いので「理科」を 1 年生から，また，「英語」も 1 年生から教える必要があること，唱歌ではなく音楽，図画ではなく美術にすべきこと，そして総合学習である特別研究が必要であることなど，教育課程に関する実験的追究が展開されました。デューイ（Dewey, J.；1859-1952 年）やダルトン・プランを提唱したパーカースト（Parkhurst,

図1-5　合科学習

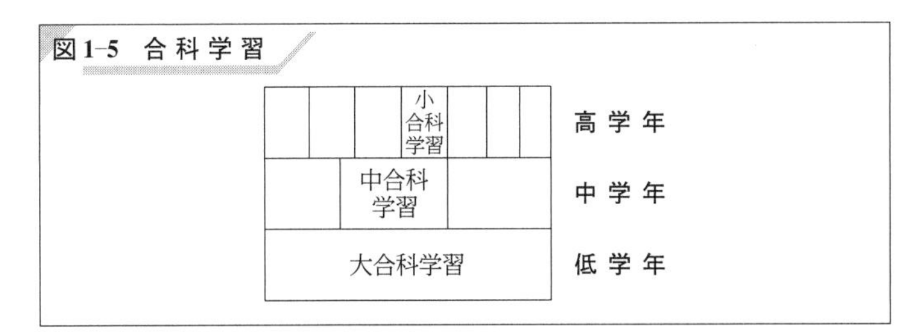

H.；1887-1973年）の影響が大きかったようです。

また，奈良女子高等師範学校附属小学校の木下竹次（1872-1946年）は，1920（大正9）年から合科学習を展開しました（図1-5）。「大合科学習」は，低学年を対象に，「人生全体」を生活単位で学習を進め，中学年の「中合科学習」では，文科・理科・技術などの範囲で合科し，高学年に至って「小合科学習」で，各科を教えるという教育課程でした。

教育課程の構想ではこの2つの実験的研究が注目されますが，この時期は「大正自由教育」「大正新教育」の時代といわれ，多くの新課程が編み出されました。世界的にも新教育の理念による教育改革の時代でした。

1926年改正

教育課程政策に戻しますと，1926（大正15）年に小学校令施行規則が改正され，時代の進展を受けて，高等小学校の教育課程だけが改善されました。第1に，手工科・農業科・商業科で，知識よりも技能重視の教育が求められました。第2に，手工科で，製図教育の重視と女子に対する手芸教育の採用がなされました。第3に，工業の項目も付加され，知識技能の教育，勤勉綿密な態度，創意工夫の習慣形成が目的とされ，その内容は，木工・竹工・金工・塗工・染織の5領域で，材料の性質・用法と工具の使用法そして保存法についてでした。教授する際には，地理・理科・図画・手工科と関係づけ，また，土地の情況に応じて実際の工場を見学させ，かつ実際の業務と密接な関係を結ぶよう規定されました。また，実業科目ではありませんが，教育の実際化を図る観点から算数の教育内容も改正され，土地の情況によって日用簿記と珠算を課すことが求められました。

初等「後」教育のニーズ

高等小学校では，大正末期に至って実業教育重視の教育課程が本格的に展開されることになりました。それだけ初等「後」教育を受けた水準の工場労働者・農業および商業従事者が大量に必要とされる産業の発達段階に至ったからでした。

このとき，文部省は，世界の教育改革を調査研究して，新しい高等小学校のあり方，すなわち，高等小学校を中等教育の一環に組み込む構想をたてました。しかし，結局，それは未発に終わり，旧来の枠組みから抜けきれない高等小学校観によって教育課程を改正しました。国民全体の教育に中等教育が導入されるのは，第二次世界大戦後の6・3・3・4制を待たねばなりませんでした。

3 戦時下国民学校の教育課程

第二次世界大戦下，1941（昭和16）年，従来の尋常・高等小学校は国民学校初等科・高等科と改称され，その教育課程も皇国民錬成という天皇制・軍国主義教育を徹底する観点から，大胆に教

図1-6　1944（昭和19）年の学校系統図

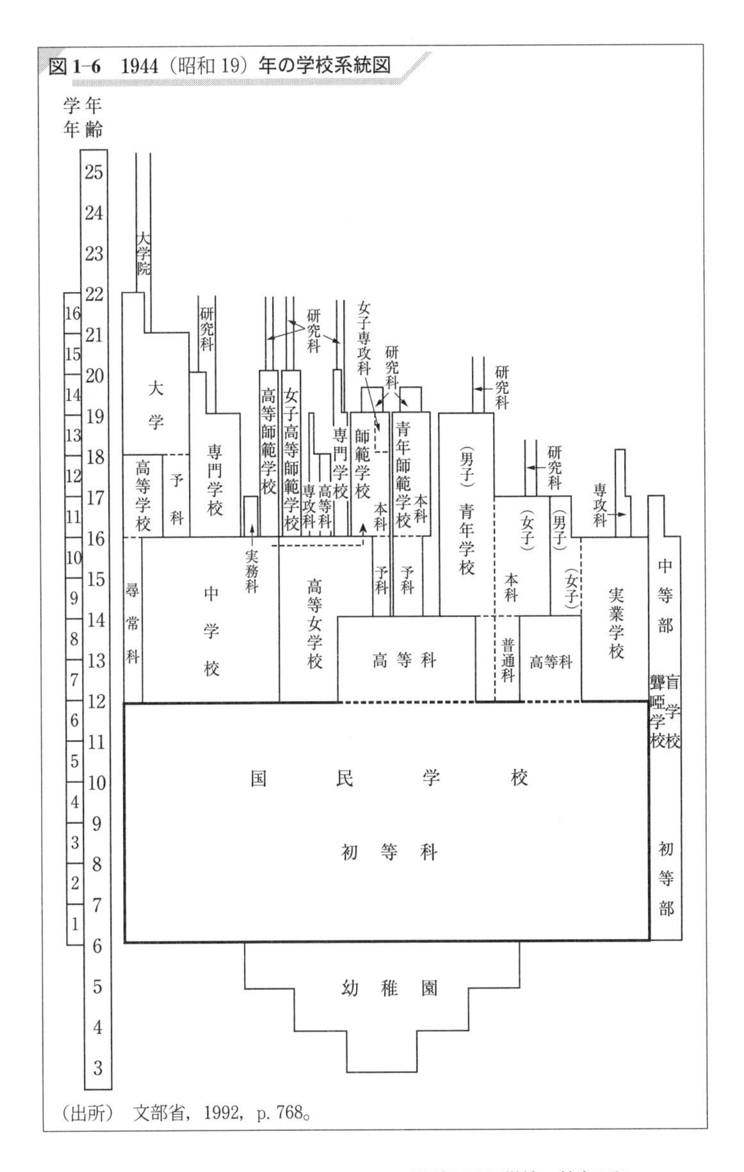

（出所）　文部省，1992，p. 768。

育課程が構造改革されました。

皇国民錬成と5大教科

第1の特徴は，教育課程の構成原理についてです。従来の教科目は，学問系統の分科から編成されたものでしたが，この改革では，皇国民錬成を目的として，その皇国民として必須な資質とは何かという観点から構成されました。その構成要素は，①皇国の使命の自覚，②日進の科学の修得，③献身奉公の実践力，④芸術的技術的な表現能力，⑤職業従事の能力，という5点で，この資質形成の観点から，そのまま国民科・理数科・体錬科・芸能科・実業科とされました。5教科は，皇国民錬成の目的に向けて密接に連結させられ，各教科の中に旧来の各科目が設置されました。戦時下という特有の事態が，各教科優先の慣行を打破し，目的原理からの編成をもたらしたのでした。

教育課程の構成原理は，個々人の生活から組み立てる生活経験主義や科学・学問の体系を重視した系統主義のあり方ではなく，皇国民錬成という目的から演繹的に導かれたものになりました。修身・国語・国史・地理がどうして国民科という教科になるのか，その説明は皇国民錬成という目的をもってしか説明がつかないという意味で「目的原理主義」といえます。

皇国民錬成の目的を5領域に分類し，そこに目的に向けた課題を設定して，その課題から教育内容を割り振る発想です。従来も天皇制教育が目的とされていましたが，それは必ずしも構成原理にまでは至りませんでした。ところが今回の改正では，皇国民錬成という目的が，単に目的だけにとどまらないで教科再編の原理にまで貫かれたことが注目されます。

表 1-7　1941（昭和 16）年国民学校教科構成表

初等科6年		高等科2年	
国民科	修身 国語 国史 地理	国民科	修身 国語 国史 地理
理数科	算数 理科	実業科	農業 工業 商業 水産 外国語（加） 其ノ他（加）
体錬科	体操 武道（女欠）	理数科	算数 理科
芸能科	音楽 習字 図画 工作 裁縫（女）	体錬科	体操 武道
		芸能科	音楽 習字 図画 工作 家事（女） 裁縫（女）

（注）1.（女）は女児だけに課す科。
2.（女欠）は女児だけ「欠クコトヲ得」の科。
3.（加）加設科目。
（出所）近代日本教育制度史料編纂会，1956，p. 225。

ただし，全体的な原理は「目的原理主義」であるとしても，個別科目の教育内容レベルになると，その原理が貫徹しているものと，むしろかなり科学的系統性を認めることができる科目（理科）があるなど様々でした。

「行」的活動の重視

第2の特徴は，錬成のために「行」的活動重視の教育課程となったことです。教科外の施設に関する但書においても，「高等科に於て実業科農業を課せざる場合は，毎週適当な時数を農耕的戸外作業又は園芸に充つることとした。是は勤労の習慣を養ひ，身体的作業を楽しみ，且つ土に親しましめ，自然に対する興味を喚起せんが為であって，固より実業科としての農業を課するのではない」と注文が付されました。さらには，施行規則第31条に，「各教科及科目ノ毎週授業時数以外ニ於テ毎週凡ソ三時ヲ限リ行事，団体訓練等ニ充ツルコトヲ得」と，やはり「行」的訓練のための時間が正規の教育課程外にも確保されたのでした。

皇国民錬成の観点から「行」的方法が採用されましたが，他方，大正新教育運動の成果を受けて合科教授法や観察・実験重視の方法も取り入れられましたので，教育課程の「目的原理主義」が，個別科目の内容・方法に浸透するまでには熟していませんでした。

綜合授業

第3の特徴は，「綜合授業」の採用です。施行規則第27条に「第一学年ニ在リテハ学校長ニ於テ地方長官ノ認可ヲ受ケ全部又ハ一部ノ教科目及科目ニ付綜合授業ヲ為スコトヲ得」と，部分的ながら「周到なる監督の下」という条件において「綜合授業」が認められました。

文部省説明では，大正新教育運動時代に花開いた合科教授法研究を一応評価しながらも，そのままは肯定されず，「之が実施には十分な注意を必要とし，若し教育者其の人を得ず，施設宜しきを得ざるときは，綜合教授の長所を発揮し得ないのみか，却て悪結果を来すのおそれがある」と，用心深い条件がつけられました。

この用心深さの意味は，すでに教育審議会で慎重審議されたことですが，自由主義思想を活気づけ，ひいては共産主義思想に至ることが懸念されたのでした。自由主義教育を文部省が肯定したことになり，その結果，教育課程の自由化が全学校に招来して，国家治安上，大変なことになるのではないか，という懸念がありました。それで「合科学習」ではなく「綜合授業」「綜合教授」という造語がなされたのでした。

実業科重視

第4の特徴は，主知的な教科の時間数が減少して，実業的・技能的教科の時間数が増大したことです。国民科は皇民科という教科名が原案で，中心的教科であるにもかかわらず，実質は時間数が大幅減少し，その分だけ，従来随意科目とされてきた実業教科および唱歌・図画・手工などの技能教科に時間数がかなり回されました。時間数でみるかぎり，理数科もやや減少し体錬科と芸能科そして実業科を重視した編成となりました。戦時体制に即応する人材育成が優先されたからでした。

このような皇国民錬成をめざす教育課程の基準が決定されましたが，その模索を開始したところで敗戦となり，第二次世界大戦後は民主主義社会の形成を目的とする経験主義の教育課程へと大転換されます。

●引用・参考文献

板倉聖宣，1968，『日本理科教育史』第一法規。

稲垣忠彦，1966，『明治教授理論史研究——公教育教授定型の形成』評論社。

梅根悟・海老原治善・中野光編，1979，『資料日本教育実践史』第1・

2・3巻，三省堂。
海老原治善，1975,『現代日本教育実践史』明治図書。
笠間賢二，2003,『地方改良運動期における小学校と地域社会――「教化ノ中心」としての小学校』日本図書センター。
梶山雅史，1988,『近代日本教科書史研究――明治期検定制度の成立と崩壊』ミネルヴァ書房。
教育史編纂会，1964,『明治以降教育制度発達史』第1・2・5巻，教育資料調査会。
近代日本教育制度史料編纂会編，1956,『近代日本教育制度史料』第2巻，大日本雄弁会講談社。
国民精神文化研究所編，1938・1939,『教育勅語渙発関係資料集』全3巻。
国立教育研究所編，1974,『日本近代教育百年史』第3・4・5巻，教育研究振興会。
成城学園六十年史編集委員会編，1977,『成城学園六十年』成城学園。
戦後日本教育課程研究会，1996,『我が国の教育課程及び学力観に関する調査研究』(平成7年度文部省委嘱研究「教育課程に関する基礎的調査研究」報告書)。
中野光，1968,『大正自由教育の研究』黎明書房。
日本思想研究会編，1968,『教育勅語を仰ぐ』皇学館大学出版部。
水原克敏，1997,『近代日本カリキュラム政策史研究』風間書房。
文部省，1992,『学制百二十年史』ぎょうせい。
文部省総務局調査課，1943,『国民学校並に幼稚園関係法令の沿革』。

第2章　現代日本の教育課程の歩み

▲戦後の教育の出発点となった『新教育指針』と『学習指導要領』（左：文部省『新教育指針　第一部　前ぺん』1946年。右：文部省『学習指導要領　一般編』1947年。）

現代日本の教育課程は，どのような人づくりをめざして編成されてきたのでしょうか。本章では，1947年から2017年までの8次にわたる学習指導要領改訂を対象にして，その編成原理を明らかにします。その特徴を表題にして，第1節「経験主義からの影響」，第2節「系統性重視への転換」，第3節「教育の現代化」，第4節「人間性重視への転換」，第5節「『新学力観』の追求」，第6節「『生きる力』と『確かな学力』」，第7節「『生きる力』と『活用能力』」，そして第8節「主体的・対話的で深い学び」という順に説明します。

1 経験主義からの影響

軍国主義から民主主義の時代へ

第二次世界大戦後の社会は，戦前の軍国主義から民主主義へと大きく変貌しました。天皇制から国民主権へ，中央集権から地方分権へ，そして戦争放棄の平和主義が基本となり，教育の領域では，教育基本法・学校教育法・教育委員会法が新たに制定されました。

学校系統は複線型から単線型教育制度となり，個人の人格が尊重され，男女平等と教育の機会均等が求められ，民主主義の基盤である主権者への政治教育も認められました。一言でいえば，アメリカン・デモクラシーをモデルにした教育の時代といえます。

1947年・1951年改訂学習指導要領

当時の文部省の説明をみると，経験主義的な教育課程論がうかがわれます。「本来，教育課程とは，学校の指導のもとに，実際に児童・生徒がもつところの教育的な諸経験，または，諸活動の全体を意味している」と説明され，児童・生徒のより豊かな生活経験を組織することが要請されました。

教育課程は，「教育的な諸経験」と「諸活動の全体」であると定義され，その根底に，デューイの「教育とは経験の再構成」であるという考え方がありました。児童・生徒が地域社会で経験してきたことを，組織的に整えた環境（学校）によって豊かなものに拡大成長させ，その結果，地域社会の問題を解決できる市民を

図 2-1　1950（昭和 25）年の学校系統図

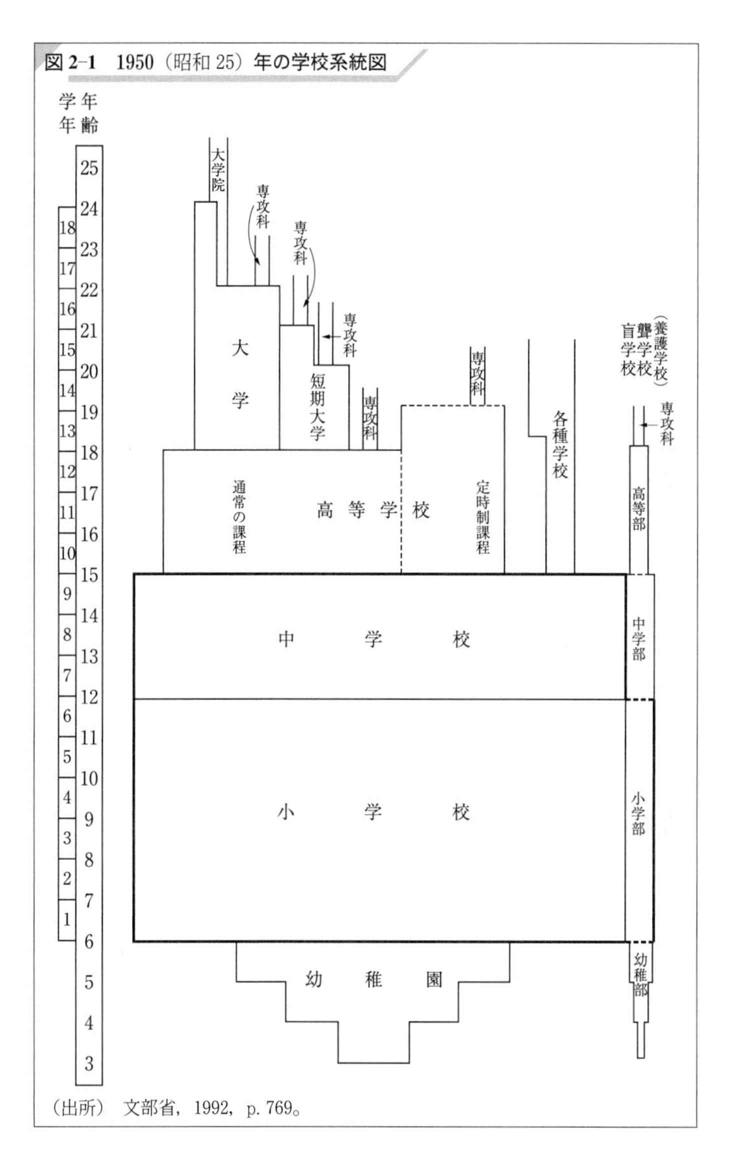

（出所）　文部省，1992，p. 769。

表 2-1　小学校の教科課程と時間数（1947 年）

教科＼学年	1	2	3	4	5	6
国　語 [1260〜1365]	175（5）	210（6）	210（6）	245（7）	210〜245 (6〜7)	210〜280 (6〜8)
社　会 [980〜1050]	140（4）	140（4）	175（5）	175（5）	175〜210 (5〜6)	175〜210 (5〜6)
算　数 [805〜910]	105（3）	140（4）	140（4）	140〜175 (4〜5)	140〜175 (4〜5)	140〜175 (4〜5)
理　科 [525〜595]	70（2）	70（2）	70（2）	105（3）	105〜140 (3〜4)	105〜140 (3〜4)
音　楽 [420〜525]	70（2）	70（2）	70（2）	70〜105 (2〜3)	70〜105 (2〜3)	70〜105 (2〜3)
図画工作 [525〜560]	105（3）	105（3）	105（3）	70〜105 (2〜3)	70（2）	70（2）
家　庭 [210]					105（3）	105（3）
体　育 [630]	105（3）	105（3）	105（3）	105（3）	105（3）	105（3）
自由研究 [210〜420]				70〜140 (2〜4)	70〜140 (2〜4)	70〜140 (2〜4)
総時間 [5565〜5915]	770(22)	840(24)	875(25)	980〜1050 (28〜30)	1050〜1190 (30〜34)	1050〜1190 (30〜34)

（注）1.（　）内の数字は，1 週間の平均授業時間数。総時間は年間 35 週の計算。
2.［　］内の数字は，筆者が合算したもの。

育成することが教育課程の目的とされており，経験主義教育による民主主義への志向が，この時期の学習指導要領の特質でした。

『学習指導要領　一般編（試案）昭和 22 年度』で，戦後日本の小学校教科は，国語・社会・算数・理科・音楽・図画工作・家庭・体育・自由研究の 9 教科となりました。戦前の修身・公民・地理・歴史は廃止され，社会科・家庭科・自由研究の 3 科が新しく設定されました。

社会科・家庭科・自由研究

学習指導要領の説明では，社会科については，従来の修身・公民・地理・歴史を，ただ一括して社会科という名前をつけたのではなく，新しい時代の「社会生活についての良識と性格とを養うことがきわめて必要であるので」，その目的から新たに設けると説明されました。また家庭科は，これまでの家事科と違って，「男女ともにこれを課すること」が原則とされ，自由研究は，「児童の個性によっては，その活動が次の活動を生んで」さらに発展させる場合を想定したと説明されています。

時間表を見ると，社会科と自由研究の総時間数に占める割合が，6年生の場合30〜20%もあり，いかに民主主義社会を志向し，両科を重視した教育課程であったかがわかります。

教科以外の活動

1951（昭和26）年改訂では，①時間配当が%表示に変更され，かつ裁量の余地が広げられたこと，②全教科が4領域に分けて表示されたこと，③自由研究が見当たらないこと，が特徴です。①②で合科的なカリキュラムが可能とされ，③は自由研究が廃止されて新たに「教科以外の活動」が設定されました。元来，自由研究のあり方として，a）教科の発展としての自由な学習，b）クラブ組織による活動，c）当番や学級委員の仕事などがあげられていましたが，a）の点は各教科の学習の時間内にその目的を果たすほうが「教育的に健全な考え方」であるという理由で削除されました。

残るb)c)は，児童会・委員会・学芸会・展覧会・音楽会・クラブ活動などで，子どもの社会的・情緒的・知的・身体発達の，教育的価値があり，「教育課程のうちに正当な位置をもつべき」で

表 2-2　新制中学校教科課程の時間数（1947年）

教科＼学年		7	8	9
必修科目	国　語	175（5）	175（5）	175（5）
	習　字	35（1）	35（1）	
	社　会	175（5）	140（4）	140（4）
	国　史		35（1）	70（2）
	数　学	140（4）	140（4）	140（4）
	理　科	140（4）	140（4）	140（4）
	音　楽	70（2）	70（2）	70（2）
	図画工作	70（2）	70（2）	70（2）
	体　育	105（3）	105（3）	105（3）
	職　業 （農業，商業，水産，工業，家庭）	140（4）	140（4）	140（4）
	必修科目計	1050（30）	1050（30）	1050（30）
選択科目	外国語	35～140 （1～4）	35～140 （1～4）	35～140 （1～4）
	習　字			35（1）
	職　業	35～140 （1～4）	35～140 （1～4）	35～140 （1～4）
	自由研究	35～140 （1～4）	35～140 （1～4）	35～140 （1～4）
	選択科目計	35～140 （1～4）	35～140 （1～4）	35～140 （1～4）
総　計		1050～1190 （30～34）	1050～1190 （30～34）	1050～1190 （30～34）

（注）（　）内の数字は，1週間の授業時間数。1年は35週。

あるとして，「教科以外の活動」として新設されたのでした。

コア・カリキュラム

この時期は，社会科や教科以外の活動をコアにしたコア・カリキュラムの教育実践が数多く展開されました。桜田小学校の「郵便ごっこ」は，文部省とCIE（GHQの民間情報教育局）のモデル授業で「桜田プラン」としてよく知られていますが，この種のプランは，そのほかにも，コア・カリキュラム連盟など民間教育研究団体を中心に開発されました。例えば，明石プラン，福山東プラン，須賀プラン，奈良吉城プランそして本郷プランなどがあります。多くの教員と生徒たちはこれらの学習に熱中したのでした。

中学校の選択教科

中学校は，1947（昭和22）年の学習指導要領で，国語・習字・社会・国史・数学・理科・音楽・図画工作・体育・職業（農業・商業・水産・工業・家庭）の10科目が必修科目で，外国語・習字・職業・自由研究の4科目が選択科目となりました。

選択科目は4教科ですが，職業科の科目も含めるとのべ8科目であり，広い範囲の中から，生徒の選択が認められることになりました。外国語2時間と職業科2時間を選択できますし，自由研究に4時間をあててもよいのです。これは当時，中学校を卒業してただちに就職する生徒が多かった事情を反映しています。

教科構成の整理と特別教育活動

1951（昭和26）年改訂学習指導要領では，教科構成が整理されました。必修教科として習字と国史が整理され，国語・社会・数学・理科・音楽・図画工作・保健体育・職業家庭（実業5科目から1科目に）の8科目と，外国語・職業家庭・その他の教科の3種の選択科目，そして特別教育活動という構成となりました。

自由研究は，「その他の教科」と「特別教育活動」とに分化されました。「その他の教科」とは，「表にかかげられてはいないが，生徒の必要によって学校で教科として課するのが適当であると考えられるものとの両者を含む」と説明されているので，いわば，「学校設定教科」の前身です。

特別教育活動の意義も説明されました。「特別教育活動は，生徒たち自身の手で計画され，組織され，実行され，かつ評価されねばならない」。そのような活動によって，「生徒はみずから民主的生活の方法を学ぶことができる」と説明され，主要なものとして，ホーム・ルーム，生徒会，クラブ活動そして生徒集会の4本柱がたてられました。

高等学校の種類

高等学校については，『学習指導要領一般編（試案）昭和22年度』では省略され，ようやく1948（昭和23）年1月27日に「高等学校設置基準」が制定されました。そこでは，「普通教育を主とする普通科」と「専門教育を主とする学科」とに分類されました。そして「専門教育を主とする学科」は大きく10種類設定されました。①農業（農業科・林業科・蚕業科・園芸科・畜産科・農業土木科・農産製造科・造園科・女子農業科），②水産（漁業科・水産製造科・水産増殖科），③工業（機械科・造船科・電気科・電気通信科・工業化学科・紡織科・色染科・土木科・建築科・採鉱科・冶金科・金属工業科・木材工芸科・金属工芸科・窯業科），④商業（商業科），⑤家庭（被服科・食物科），⑥厚生，⑦商船，⑧外国語，⑨美術，そして⑩音楽に関する学科です。

青年の共通教養

1951（昭和26）年改訂によれば，「次の教科は，すべて生徒が，これを履修しなければならない」とあり，「青年に共通に必要とされる最低限度の教養」として位置づけられました。それは，①国語，一般社会，体育，②社会（一般社会を除く），数学，理科の教科群から各1教科でした。具体的には，国語9単位，一般社会5単位，保健体育9単位が①の内容で，②は「一般社会」以外の社会科1科目5単位，数学1科目5単位，理科1科目5単位が内容で，合計38単位でした。学習指導要領では，「学校種別や普通課程，職業課程の別を問わず，すべての生徒は必ず履修しなければならない」と説明されました。

普通科の教科課程表を概括するなら，その特徴の第1は，教科構成が整理されたことであり，戦後的な問題として日本史のあり方が論議され，社会科に位置づけられました。第2は，選択の単位数に幅が広げられ70〜210時間のように設定されました。第3は，家庭科が充実し，実業教科から独立して多くの科目を擁する独立した教科となりました。そして第4は，学習指導要領の表には時間数は記述されませんでしたが，「特別教育活動の時間としては，週あたり少なくとも，ホーム・ルーム1単位時間，生徒集会1単位時間，クラブ活動1単位時間をとることが望ましい」という目安が明示されました。

専門の職業課程は，農業・工業・商業・水産・家庭技芸などで，「広く深く専門的に学習し，卒業後，それを自己の職業として選択しようとする生徒によって選ばれる課程」と位置づけられました。共通教養38単位のほかに，自分の能力・必要・興味に応じて47単位選択とされ，合計して卒業85単位となりますが，そのうち職業関係の科目は最低30単位とされました。

2 系統性重視への転換

教育課程政策の転換

1950年代になると，文部省が指導力を強め，高度経済成長政策と連動しながら，その科学技術を担う人材育成を進めるために系統性を重視する，いわゆる系統主義の教育課程が採用されました。

第二次世界大戦後の改革で，学習指導要領編成権は都道府県教育委員会にあるのが本来のあり方とされていたにもかかわらず，その準備が整うまでの間，文部省が代行の最中に，1952（昭和27）年7月に文部省設置法の改正で，結局，文部省にのみ権限が属するように改正されました。同様に，1953（昭和28）年8月には学校教育法が一部改正され，教科書検定の権限が文部省に属することも確定されました。さらに，文部省は，1956（昭和31）年6月に教育委員会法を廃止し，新たに「地方教育行政の組織及び運営に関する法律」を制定しました。以後，学習指導要領は告示形式で改訂されることになりました。

学力論争

経験主義から系統主義への転換には，政策の転換のみならず，基礎学力の低下問題がありました。経験主義は，系統的な知識よりも児童生徒の経験を大切にする考え方でしたから，調べて討論するということが重視されました。しかし，その成果をだすにはそれだけの条件整備が必要でした。当時の貧しい環境においては，かなりの困難が

図 2-2　1962（昭和 37）年の学校系統図

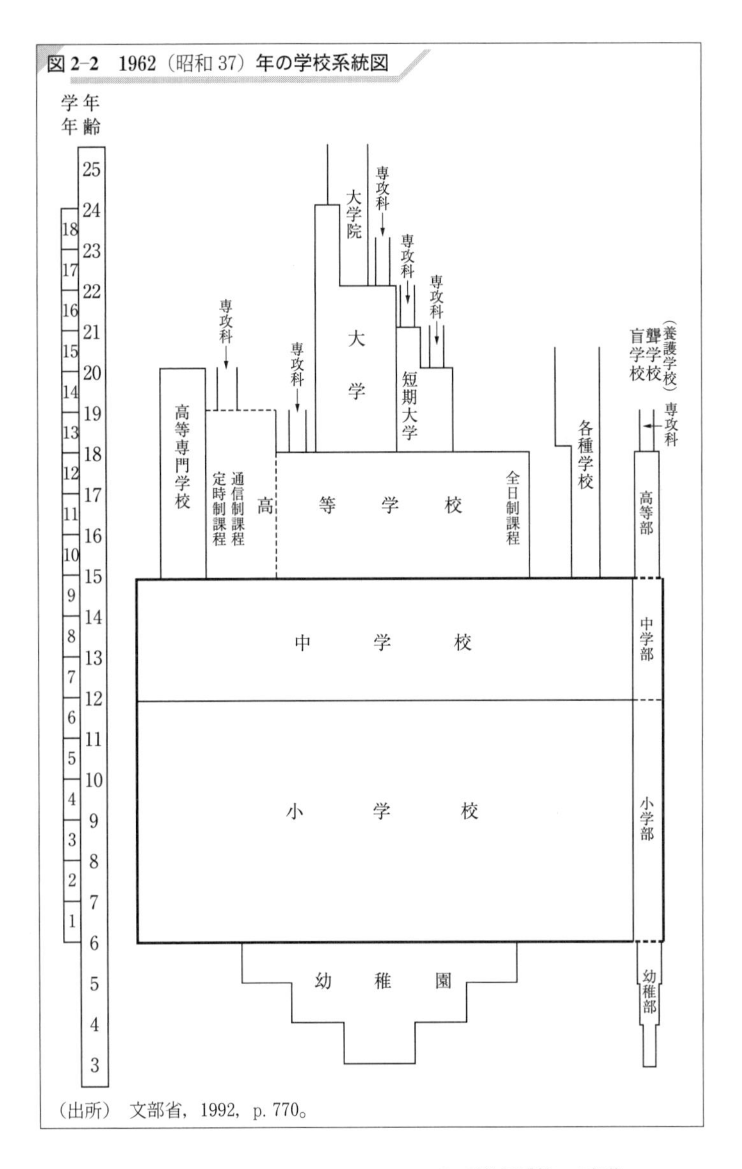

（出所）　文部省，1992，p. 770。

あり，結局，第二次世界大戦前に比して1〜2年分の基礎学力の低下が問題となり，「はいまわる経験主義」として批判されました。古い学力観から経験主義の学力を測れば低くなるのは当然ですので，何をもって本来の学力というのか，という論争に発展しました。

読・書・算重視の論，国民的教養のミニマム・エッセンシャルズ論，「三層四領域」の学力論，プラグマティズム批判，生活力としての学力論，そして能力測定論など，実に様々な観点から，学力とは何かが論じられました。

系統的学習と基礎学力

1958（昭和33）年改訂の学習指導要領は，GHQ廃止後，日本がはじめて独自に実施した全面的改訂でした。改訂の第1の特徴は，経験主義を否定して系統性重視の原則で教育課程が編成されたことです。学習指導要領解説では，「子どもたちの身辺にあるところの事柄を雑然と教えるのではなく」「もう少し系統的に」「原理，原則あるいは基本的なものをしっかり身につけていく」と説明されました。

第2の特徴は基礎学力の重視です。時間数が増加したのは国語科でした。小学校での「いっさいの学習能率向上」にとって「いちばん基礎となる」という考え方にたって，「特に低学年において強化」されました。算数も，基礎学力の充実という観点から，中・高学年での指導時間数が増加されました。

特設道徳

第3の特徴は，道徳教育の徹底です。学校教育全体で進めている道徳教育をさらに深く掘り下げたり，あるいは断片的なものを統合したりするという意味で道徳を特設したと説明されました。道徳特設の背景には，学校教育内の問題だけでなく，戦後復興期の社会的荒廃と対共産主義との冷戦という時代状況がありました。その他の改訂では，国民統合のシンボルとして，「君が代」をはじめとした文部省唱歌が積極的に位置づけられたことも注目されます。

中学校の進路・特性に応ずる教育

中学校学習指導要領の特徴は，第1に，「生徒の進路，特性に応ずる教育」で，中学校3年生からの選択制が大幅に採用され，選択教科が9教科に及び，外国語はもちろんのこと，農業・工業・商業・水産・家庭科，さらには，数学・音楽・美術など，進路に応じて，かなり大胆に選択できる科目が設置されたのでした。以後，中学校では，進学・就職組の2コースが実態として進行することになりました。

国民性陶冶と科学技術教育

特徴の第2点は，日本人としての国民性を陶冶する観点から，地理・歴史・古典(国語)・君が代の教育などが重視されたことです。中でも歴史的分野の説明が注目されます。「日本史の学習に重点をおきまして，世界史のあらましに触れるように，特に近代史については，あまり細かいことに立ち入らないで，大きな筋をつかむ」程度にとどめることと説明され，以後，近代史を深く教えない歴史教育が展開されました。

特徴の第3点は，科学技術教育の向上を図る観点から，数学・理科・技術家庭科の系統主義的改善がされたことです。例えば，数学の場合，「従来は，生活の類型」でしたが，「今度は内容を数学的な系統」によって示されました。その結果，程度を一段高めることが可能になり，中学校では二次方程式まで加えられました。

改訂への批判

改訂に対する世論の動向をみると，『毎日新聞』社説「拙速に過ぎた新教育方針」（1958年3月19日付）は，基礎学力と系統的知識の不足をもたらした経験主義をやめて，系統性重視の教育課程に改善したことは当然であると肯定していますが，他面，中学校3年で，進学組と就職組とに分ける教育に疑問を呈し，かつ，準備不足のまま道徳教育を開始したことも批判しました。

日本教職員組合はより強い批判を展開しました。第1は，文部省の「系統主義」への疑念で，教科の真理に根ざした真に科学的な系統性とはいえない。第2は，社会科の改訂内容が，民主主義教育の根底をなす社会科学の認識を薄弱にさせるものである，と批判しました（『日教組教育新聞』1958年4～5月）。

高等学校教育課程の3領域構成

高等学校学習指導要領は，1960（昭和35）年に改訂となり，学校教育法施行規則第57条で，高等学校の教育課程は「教科」「特別教育活動」「学校行事」の3領域とされ，第2項では，小・中学校と同様に学習指導要領が教育課程の基準とされました。また，85単位が卒業の最低単位と規定された高等学校では，各教科の「標準」単位を踏まえ，学校独自に卒業単位数を確定するものと規定され，一定程度，各高等学校の裁量を尊重する方針がだされました。

表 2-3　高等学校全日制課程普通科の基本的類型の例（1960年）

教科	科目	単位数	A類型〔どの教科にも比較的片寄らないもの〕1年	2年	3年	計	B類型〔国・社・数・理・外の5教科に重点をおくもの〕1年	2年	3年	計
国語	現代国語	7	3	2	2		3	2	2	
	古典甲	2				12				15
	古典乙Ⅰ	5	2	3			2	3		
	古典乙Ⅱ	3							3	
社会	倫理・社会	2		2				2		
	政治・経済	2			2				2	
	日本史	3			3				3	
	世界史A	3		3		13				15
	世界史B	4						2	2	
	地理A	3	3							
	地理B	4					4			
数学	数学Ⅰ	5	5				5			
	数学ⅡA	4		2	2					
	数学ⅡB	5				9		5		15
	数学Ⅲ	5							5	
	応用数学	6								
理科	物理A	3			3					
	物理B	5						3	2	
	化学A	3		3		12				15
	化学B	4						2	2	
	生物	4	4				4			
	地学	2	2				2			
保健体育	体育	7	男4女2	3	2	男11	男4女2	3	2	男11
	保健	2		1	1	女9		1	1	女9
芸術	音楽Ⅰ	2								
	音楽Ⅱ	4								
	美術Ⅰ	2								
	美術Ⅱ	4	2	2	2	6	2	2		4
	工芸Ⅰ	2								
	工芸Ⅱ	4								
	書道Ⅰ	2								
	書道Ⅱ	4								
外国語	英語A	9	3	3	3					
	英語B	15								
	ドイツ語	15				9	5	5	5	15
	フランス語	15								
	その他の外国語の科目	15								
家庭	家庭一般	4	女2	女2		女4	女2	女2		女4
	以下略									
農業	〃									
工業	〃									
商業	〃			男6 女4	9	男15 女13				
水産	〃									
音楽	〃									
美術	〃									
その他の教科	〃									
特別教育活動（ホームルームの週当たり時間）		3	1	1	1	3	1	1	1	3
計			29	31	30	90	32	31女33	30	93女95
増加単位			5	3	4	12	2	3(女1)	4	9(女7)

（出所）文部省，1960，p. 388。

高等学校のコース類型

高度経済成長の政策と連動して，改訂学習指導要領ではコースの基本的類型が付録に掲載されました。高等学校生徒の60%が在籍している普通課程が問題で，能力・適性・進路に応じたコース分けが提案されたのでした。コース類型と同時に必修科目増加の措置がとられ，かつ，教科内が細分化されました。例えば古典甲・乙（I，II），世界史A・B，地理A・B，数学IIA・IIB，物理A・B，化学A・Bと分けられ，「Aの科目はゼネラルな内容，Bの科目はややアカデミックな内容」とされました。

職業課程では，その教育を充実させるために，専門科目の必修単位を30単位から35単位に，普通科目も39単位から44単位まで引き上げられ，「中堅産業人」養成が図られました。

道徳教育と科学技術教育の充実

また道徳教育の充実策として「倫理社会」が新設され，その内容は，①民主主義社会における社会集団と人間関係，②青年期の問題を中心とした人間の心理，③古今東西の先哲を素材とした人生観，④現代社会の特色と文化，などがあげられました。高等学校では，高校生の発達段階を考慮し，専門的教養のある教師が倫理思想史的背景のもとに指導をすることが効果的であると考えられたからでした。小・中学校とは違って道徳なしの3領域となり，ホーム・ルーム指導の週1時間が設定されました。

科学技術教育の充実策としては，普通課程で，理科が現行の2倍の12単位必修とされ，また基礎学力の充実策として「現代国語」新設と「外国語」必修化という方策がたてられました。

改訂方針への批判

このような改訂に対して，教職員組合は次のように批判しました。「能力・適性・進路に応じた教育を志向しているが，その実は階層的差別教育」である。「就職組にはやさしく実用的なA系列，進学組には入試準備のための理論的体系的なB系列」という差別教育である。また，「男女の差別もあり，祝祭日の儀式を強制し，『君が代』を歌わせるなど全教育活動にわたって復古反動的統制を加えようとしている」と批判しました（東京都高教祖，1960年4月）。

3 教育の現代化

学力テストと能力論争

高度経済成長政策を支える人材育成の長期教育計画が1960年に策定され，かつ，人材の能力開発を求めて全国中学校学力一斉テスト（学力調査）が翌年から展開されました。その目的は，①能力・適性等に応じて進学させ，教育を受けさせる資料とすること，②選抜時の学力テストと，学校差を無視した内申書依存の選抜方式を改善する資料とすること，③民間会社等における就職時の学力テストの無駄を省くこと，④平常時の勉学を奨励し，受験勉強の弊を除くこと，⑤各学校における生徒の学力水準を正確に把握し，教育水準の向上を図ること，という5点でした。

日本教職員組合はただちに「学テ反対闘争」を宣言し，中学校を予備校化すると批判しました。『朝日新聞』は，「『学力』とはなにか」と疑問を投げかけ，いわゆる主要5科目だけを試験する学力の考え方を批判しました（「社説」1961年8月30日付）。また，教育学者の大田堯は，公教育の「ものさし」的学力観と批判し，勝田守一・広岡亮蔵・東洋は，能力モデルなど学力および能力をとらえるための仮説を提案しました。

教育の現代化

そのような批判や理論的課題が提起されましたが，政策としては，所得倍増計画と高度経済成長路線を具体化する教育計画を遂行する時代にありましたので，より高度で科学的な教育を展開するために「教育の現代化」が打ち出されました。

改訂のための基本的課題として4項目がたてられました。第1・2項目ともに学習・身体・生活の基礎基本を重視し「調和と統一」ある人間形成が求められました。高度経済成長の過程でテスト主義の競争が熾烈（しれつ）に展開された結果，人間的ゆがみが生じたとして，それを是正するために，十全の成長発達を求める「調和」の理念が打ち出されたのです。また，「統一」というのは，国家的国民的統合性の問題で，高度経済成長過程での階層分化と反社会的行為の増大に対応した理念です。その意味で，第3項目で正しい判断力，第4項目で，国家社会への「責任感と協力の精神」が強調されたのでした。

3領域構成の教育課程

この改善方針を受けた1968（昭和43）年7月11日の小学校学習指導要領改訂では，教育課程は，国語・社会・算数・理科・音楽・図画工作・家庭および体育の各教科，道徳ならびに特別活動とされ，従来の4領域から3領域に構成されました。

「総則」で，第1に教育課程一般が述べられ，特に第2項目で道徳教育，第3項目で体育があげられていることは，道徳教育と体育とが「調和と統一」をテーマとする改善方針にとって，大変重要な位置にあることを示していました。

当時，多くの論議をよんだのが，歴史教育における神話の扱いでした。例えば『朝日新聞』は，神話の教育が「科学としての歴史」を殺し「政治の具」となる危険性を警告しました（「社説」1968年7月30日付）。

現代数学と理科

「教育の現代化」を最も反映したのは，数学と理科でした。算数は，「現代の数学教育の発展を考慮して数学的な考え方」を育成することが目標とされました。その結果，集合・関数・確率などの新しい概念が導入され，また中学校との系統的発展性を重視して水準向上策がとられました。例えば，乗法九九は2年生でまとめて指導，そして正方形・長方形などの基本的図形は低学年から指導することとされました。理科も算数と同様に，自然の対象の区分が，A. 生物とその環境，B. 物質とエネルギー，C. 地球と宇宙の3領域に整理されました。

特別活動の重視

「調和と統一」の教育では，特別活動が重視されました。それは，児童活動・学校行事・学級指導からなりますが，注目すべきは学校行事です。儀式（入学式・卒業式・始業式・終業式・祝日の儀式・朝会・その他），学芸的行事（学芸会・展覧会・映画会・その他），保健体育的行事（運動会・健康診断・その他），遠足的行事（遠足・修学旅行・その他），安全指導的行事（安全指導・避難訓練・その他），などが内容項目です。特別活動では，児童活動と学級指導も含めて集団としての活動に関わる人間形成が重視されたのでした。

時間数増加の中学校

1969（昭和44）年4月14日に中学校学習指導要領が改訂されました。教育課程の構成は，小学校と同様に，教科（必修教科・選択教科）・道徳・特別活動の3領域とされ，必修教科が，国語・社会・数学・理科・音楽・美術・保健体育・技術家庭の8教科，選択教科が外国語（英語・ドイツ語・フランス語その他の外国語）・農業・工業・商業・水産・家庭の6教科が設定されました。

改善点は，3領域に構成されたことと，選択科目から数学・音楽・美術が削除されたことでした。また，時間数は，3年間で210時間増加となり，週当たりにして2時間増加して32時間から34時間となりました。その結果，国語が35時間増，数学が35時間増，美術が35時間増，保健体育が60時間増，そして特別活動が45時間増となりました。この時代は，世界一高い水準の教科書であることを誇りにしていました。

学業不振児への対応

学習指導要領で第1に注目される特徴は，総則で「学業不振児に対する配慮」すなわち能力別指導を可能としたことでした。「学業不振児」の場合は，「各教科の各学年または各分野の目標及び内容に関する事項の一部を欠くことができる」とされました。これは，個性・能力・特性などによって振り分ける教育課程政策を具体化したもので，当時，「能力主義」として批判されました。

儀式による教育

第2の特徴は，道徳教育を機軸とした公民的資質形成が強調されました。直接には社会科と道徳そして特別活動に具体化されました。例えば，特別活動では，「国民の祝日」や儀式などを行う場合，「国旗を掲揚し，『君が代』を斉唱させることが望ましい」と指示されました。このときは，まだ「望ましい」ですが，以後改訂ごとに，義務化が強められます。同時に，政府は，1967（昭和42）年1月23日に，「2月11日」を「建国記念日」として指定し，「民族としての共同体意識と日本人としての自覚」の形成を期待する首相談話を発表したのでした。

教育内容精選と現代化

第3の特徴が，「教育内容の精選・現代化」です。理科を例にみると，従来の学習指導要領は「基本的な科学概念の理解の重要性が強調されていない」と批判され，新たな目標として，①科学の方法の習得と創造的な能力の育成，②基本的な科学概念の理解と自然に対する総合的，統一的な考察力の要請，③科学的な見方や考え方と科学的自然観の育成，という「教育内容の現代化」の方針がたてられました。例えば理科では，第1分野が，物質に関する事物・現象，第2分野が，生物と自然，とに分けられ，「基本的な科学概念」を核にして，特に「科学的方法」の習得が重視されました。

調和的発達を志向する高等学校

1970年10月15日，高等学校教育課程は「各教科に属する科目及び各教科以外の教育活動」の2領域とされ，従前の「特別教育活動及び学校行事等」は改められました。改訂の基本

表 2–4　1970 年高等学校学習指導要領 各教科・科目の標準単位数

教科	科目	標準単位数
国語	現代国語	7
	古典Ⅰ甲	2
	古典Ⅰ乙	5
	古典Ⅱ	3
社会	倫理・社会	2
	政治・経済	2
	日本史	3
	世界史	3
	地理A	3
	地理B	3
数学	数学一般	6
	数学Ⅰ	6
	数学ⅡA	4
	数学ⅡB	5
	数学Ⅲ	5
	応用数学	6
理科	基礎理科	6
	物理Ⅰ	3
	物理Ⅱ	3
	化学Ⅰ	3
	化学Ⅱ	3
	生物Ⅰ	3
	生物Ⅱ	3
	地学Ⅰ	3
	地学Ⅱ	3
保健体育	体育	7〜9
	保健	2
芸術	音楽Ⅰ	2
	音楽Ⅱ	2
	音楽Ⅲ	2
	美術Ⅰ	2

教科	科目	標準単位数
芸術	美術Ⅱ	2
	美術Ⅲ	2
	工芸Ⅰ	2
	工芸Ⅱ	2
	工芸Ⅲ	2
	書道Ⅰ	2
	書道Ⅱ	2
	書道Ⅲ	2
外国語	初級英語	6
	英語A	9
	英語B	15
	英語会話	3
	ドイツ語	15
	フランス語	15
	外国語に関するその他の科目	
家庭	家庭一般	4
	以下略	
農業	〃	
工業	〃	
商業	〃	
水産	〃	
看護	〃	
理数	〃	
音楽	〃	
美術	〃	
その他特に必要な教科科目		

（注）すべての生徒に履修させる教科・科目は次のとおりとする。

ア　国語「現代国語」および「古典Ⅰ甲」

イ　社会「倫理・社会」および「政治・経済」の 2 科目
　　「日本史」「世界史」および「地理A」または「地理B」のうち 2 科目

ウ　数学「数学一般」または「数学Ⅰ」

エ　理科「基礎理科」1 科目または「物理Ⅰ」「化学Ⅰ」「生物Ⅰ」および「地学Ⅰ」のうち 2 科目

オ　保健体育「体育」および「保健」

カ　芸術「音楽Ⅰ」「美術Ⅰ」「工芸Ⅰ」および「書道Ⅰ」のうち 1 科目

方針は，①調和のとれた発達，②国家および社会の有為な形成者，③教育課程の弾力的編成，④教育内容の精選，の4点でした。

第1点めの「調和のとれた発達」については，特に道徳教育や体育・芸術・教科外活動の改善が重視されました。例えば，普通科では，体育・芸術の最低単位数を増やして，「調和」の意味が込められました。保健体育が最低7単位から11単位へ，芸術が2単位から3単位以上へ増加し，かつ音楽・美術・工芸・書道の科目もそれぞれⅠ，Ⅱ，Ⅲまで設置されました。

また，クラブ活動がすべての生徒に課され，「情操の陶冶，協力精神の涵養及び心身の健全な発達を図るとともに友情を深め，学校生活をより豊かにする」こととし，ホームルームでは，「人間として望ましい生き方に関する問題」を中心に指導の充実を図ることとするなど，人間形成における「調和と統一」が志向されたのでした。

公民的資質形成

第2点めの「国家及び社会の有為な形成者」とは，社会科で，国家社会の有為な形成者を養成することが冒頭に掲げられ，第1項目では，「進んで国家・社会の進展に寄与しようとする態度を養う」ことが指示されました。そして，政治経済では「良識ある公民」，日本史では「国民としての自覚」，世界史では「国際社会に生きる日本人としての自覚」，そして地理でも「国民としての自覚」が新たに第1の目標に入れられるなど，公民的資質形成が重視されました。

教科外活動でも，その中核となるのは，学校行事の儀式による教育で，「国民の祝日などにおいて」「国旗を掲揚し，『君が代』を斉唱させることが望ましい」と指示されました。

多様化の教育課程

第３点めの「教育課程の弾力的編成」とは，いわゆる「多様化」の教育課程です。そのためには，教科・科目の編成そして履習の仕方まで変更しました。例えば，数学では，数学一般・数学Ⅰ・数学ⅡＡ・数学ⅡＢ・数学Ⅲ・応用数学の６科目で，数学一般は高等学校で学習を終える者を対象に新設されました。このような設定は，国語・社会・英語・理科などの普通教科だけでなく専門教科においても，実に多種多様な科目が設置されました。この組合せによって，職業科に限らず普通科も含めて「多様化」ができることになりました。

教育内容の現代化

第４点めは，「教育内容の現代化」です。教育課程審議会答申では，例えば，数学について，「現代における数学の発展と社会で果たす数学の役割を考慮して，新しい観点から内容を質的に改善し，基本的な概念が十分に理解され，数学的な見方や考え方がいっそう育成されるようにすること」と提案され，理科についても，「現代における自然科学の発展や科学教育の趨勢を考慮して，自然の探究の過程を通して科学の方法や自然科学における基本的な概念の理解を深め，科学的な見方や考え方がいっそう育成されるようにすること」と提案されました。要するに現代の進歩に見合った科学教育の強化で，知識そのものよりも科学的な方法と系統性とを重視する考え方です。この教育課程改革には，ブルーナー（Bruner, J. S. ; 1915-2016）の影響がみられます。

差別教育批判

このような教育課程の動向に対して，日本教職員組合は，「今日学力差を生み出

図 2-3　1976（昭和 51）年の学校系統図

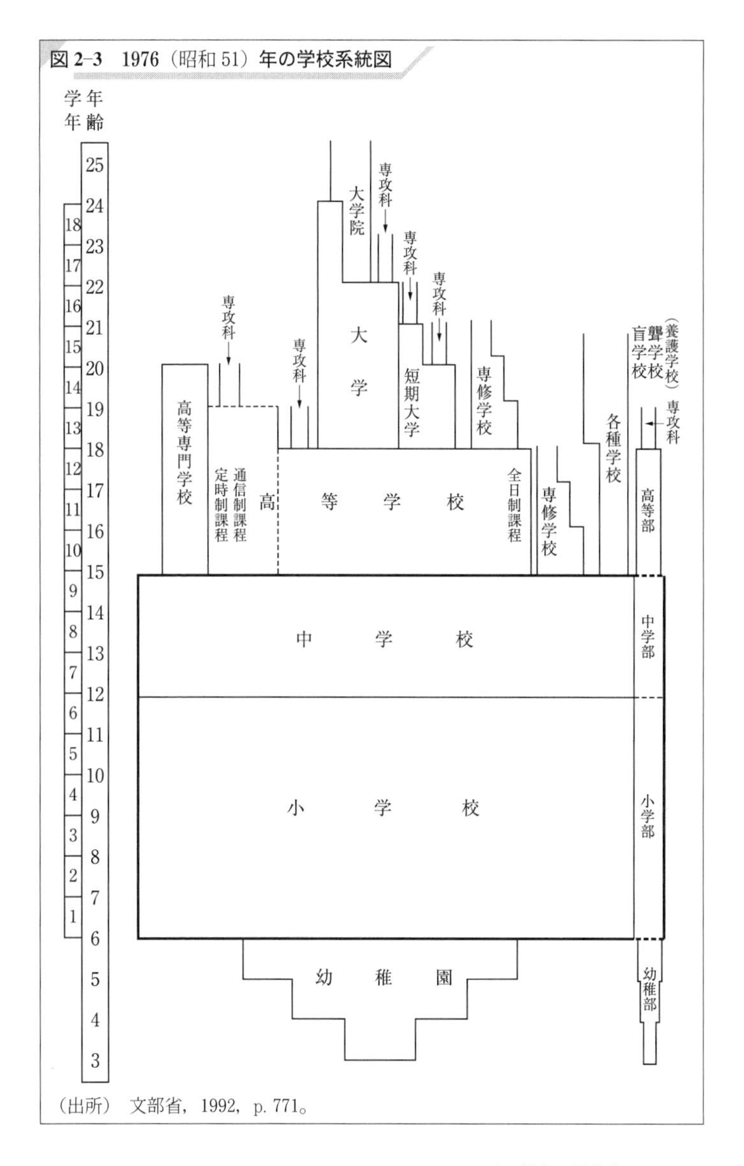

（出所）　文部省，1992，p. 771。

している原因に眼をつぶり，学力を固定的にとらえることによって青年を差別し，『能力に応じた教育課程の弾力的編成』と称して差別教育を用意している」と批判しました。

新聞の論調をみると，日本教職員組合の指摘する差別に陥りかねない危険性を指摘しつつも，日本が生き残るためには，「多様化」はやむをえないという認識で一致していたようでした。

4 人間性重視への転換

現代化路線の見直し 高度経済成長は終わり，低経済成長の中で，人間的なゆとりをもった成熟した社会を希望する時代になりました。世界的なカリキュラム改革の動向は「人間化」で，改訂学習指導要領の基本テーマも「ゆとり」でした。高度化・能率化を追求した「現代化」路線の結果，学校荒廃などの問題状況が顕在化したことで，学習指導要領は大きな転換点を迎えました。その最中，文部省が OECD 教育研究革新センターと協力して開いた国際セミナーが，改訂の方向に大きな影響を与えました。そのセミナーでは，従来のカリキュラム開発が，大工場の大量生産に似た人間味のない「工学的アプローチ」であると総括され，むしろ教授学習活動の創造性と即興性を重んじ，教材と教師と子どもの出会いを大事にする「羅生門的アプローチ」が望ましい，という考え方が注目されました（第6章参照）。

全人としての児童・生徒

日本の学習指導要領改訂に大きな影響を与えたもう1つは，全米教育協会の，『70年代のためのカリキュラム』と『70年代及びそれ以降のための学校』で，そこでは，人間性重視の教育課程のあり方が主張されました。教育の現代化は「教材革命」をもたらした画期的な側面はありましたが，本来，カリキュラムでは，「現代社会を生きていく一人の人間として」，全人としての児童生徒はどのようにあるべきなのか，この問題こそ検討すべきで，「教育の現代化」では，個々の科学と教育方法についてはきわめて現代的な追究がなされながら，本来人間はいかにあるべきか，という観点が忘れ去られていた，と主張しました。

このような人間性重視の考え方が，同じような問題を抱えていた日本の教育課程のあり方にも影響し，「ゆとり」を標榜する学習指導要領が改訂されることになりました。

基準の大綱化とゆとり

1977（昭和52）年7月23日に小学校学習指導要領が改訂されました。基本方針は，①知・徳・体の調和のとれた人間性の育成，②基礎的・基本的事項と教育内容の精選，③ゆとりある充実した学校生活，そして，④教師の自発的な創意工夫，の4点です。

改訂の第1の特徴は，基準の大綱化で，いわゆる「弾力化」が図られたことです。前回の学習指導要領に比して，頁数が半減し，内容も簡明になり，学校現場での判断に委ねられる部分が多くなりました。例えば，合科的な授業と1単位時間の設定など教育方法に限定して教師の創意工夫が要請されました。

第2の特徴は，授業時数の削減です。前回は特別活動を計算に入れていなかったので換算して比較すると，1学年から3学年までは，週当たり授業時数が25・26・28時間で変化ありませんが，4学年は2時間減の29時間，5・6学年は4時間減の29時間と激減です。4時間減は土曜日1日分に相当します。これによってゆとりある学校生活がねらいとされました。

知・徳・体の調和と教育内容の精選

第3の特徴は，知・徳・体の調和を図ろうとしたことです。社会科の時間が占める割合は，11%から9.6%に落ち，特別活動・道徳・体育・音楽・図画工作の占める割合は，33%から34%に上がりました。これは知・徳・体の調和がねらいとされたからでした。別の見方をすれば，国語・算数・社会科・理科の時間が削減されたことが特徴でした。

第4の特徴は，教育内容の精選による教育内容の削減です。例えば，算数では，集合・柱体の求積・回転体を削除して中学校へ移され，国語では，従来の3領域（A「聞くこと・話すこと」，B「読むこと」，C「書くこと」）から「表現」および「理解」の2領域に改められました。

国旗掲揚・国歌斉唱

第5の特徴は，「国旗」と「国歌」の教育が強調されたことです。「国民の祝日などにおいて儀式などを行う場合には」「国旗を掲揚し，国歌を斉唱させることが望ましい」と指示され，従来の「君が代」から一歩踏み込んで「国歌」という注目すべきタームが採用されました。それは第二次世界大戦後の公文書でははじめての採用でしたので，論争が展開されることになりました。

中学校のゆとり教育

中学校学習指導要領も同日改訂され，特徴も同様です。改訂の第1の特徴は，「大綱化」による「弾力化」で，第2・第3にあげる時間数減と内容削減を利用して，教師の創意工夫が要請されています。当時の学習指導要領解説では，「今回の教育課程の基準の改善は，人間性豊かな生徒の育成をめざし，そのために学校生活にゆとりと充実をもたらそうとするねらいを持っている」と述べられています。

第2の特徴は，時間数の削減です。中学校1・2学年では，週当り4時間減（12%），3学年で3時間減（9.1%）で，総時間数および各教科の時間もそれぞれ減少しています。時間数は減少しても，学校教育の合計時間数は減らさないで，白抜きの時間，いわゆる「ゆとり」の時間が設定され，各学校での創意工夫の時間に充てることが要請されました。例えば，体力増進活動，自然・文化の体験的活動，教育相談活動，集団的訓練活動あるいは休憩時間やクラブ活動などが期待されました。

第3の特徴は，教育内容の精選です。「現代化」で高度化した数学と理科は見直され，数学では，「集合・論理」の領域は削除され，高等学校で集約して指導されることになりました。そのほか，不等式は2学年に上げられ，連立二元一次不等式は削除されました。また理科では，抽象度の高いものが削除されたり，高等学校の内容との関連で軽減されたりしました。

第4の特徴は，選択性の強化です。必修教科は従来通りですが，選択教科は範囲を広げて，音楽・美術・保健体育・技術家庭・外国語およびその他特に必要な教科（農業・工業・商業等を含む）とされました。現実には，1〜3学年まで英語を選択し，3学年で音楽か美術か保健体育か技術家庭を選択することになりました。

第5の特徴は，小学校と同様に，特別活動の儀式において「国旗を掲揚し，国歌を斉唱させることが望ましい」と指示されました。

以上，中学校学習指導要領の特徴5点ですが，やはり小学校学習指導要領と軌を一にしていることがわかります。

高等学校の弾力化

高等学校学習指導要領は，翌1978（昭和53）年8月30日に改訂されました。改訂の特徴の第1は，国民共通の教育期間が高校を含めて10年間とされたことにより高等学校第1学年の教育内容水準が相応に下げられ，中学校教育との関連性が強化されたことです。国語Ⅰ，社会，数学Ⅰ，理科Ⅰ，体育および保健，芸術（音楽Ⅰ・美術Ⅰ・工芸Ⅰおよび書道Ⅰから1科目）の科目は「高等学校教育として共通的に必要とされる基礎的・基本的な内容」として位置づけられました。

特徴の第2は，必修科目等の弾力化です。「各教科・科目の特質及び生徒の実態からみて，著しく履習が困難であると認められる場合に限り，その単位数の一部を減ずることができる」，あるいは逆に，「標準の限度を超えて単位数を増加して配当することができる」と指示されました。要するに，成績に応じて，教育内容および単位数を増減できる，という趣旨です。

特徴の第3は，2学年以降は，「生徒の能力・適性等の的確な把握に努め，その伸長を図り，生徒に適切な各教科・科目や類型を選択させる」という選択中心の方針が出されたことです。この場合，コース化によって硬化した設定にならないことが条件でした。

専門教育単位数が，従来の35単位から30単位に，卒業単位数が85単位から80単位に，35週で1学年35単位時間，そして週当たり32単位時間を「標準」とするなど，教育課程編成の弾力化が進められたのでした。

特徴の第4は，勤労体験学習の重視です。勤労を厭い，職業生活に無知な青年が増加している実情を踏まえ，多くの青年が進学する普通科の教育課程でも，職業教育と勤労体験学習とをさせることが企図されたのでした。

特徴の第5は，習熟度別学級編成を認めたことです。指導計画の作成等に当たって配慮すべき事項の6の(5)に「各教科・科目の指導に当たっては，生徒の学習内容の習熟の程度などに応じて弾力的な学級の編成を工夫するなど適切な配慮をすること」，(6)「学習の遅れがちな生徒，心身に障害のある生徒などについては，各教科・科目等の選択，その内容の取扱いなどについて必要な配慮を行い，生徒の実態に即した適切な指導を行うこと」，というように習熟度別学級編成が要請されました。

特徴の第6は，小・中学校の学習指導要領と同様に，教科外活動の儀式における「国旗」掲揚と「国歌」斉唱の問題です。高等学校の場合は，現実に高校生がそれをめぐる具体的な行動に及ぶなど，様々な事件を惹起しました。

肯定的な世論と批判

当時の学習指導要領改訂に対する新聞論調をみますと，おおむね肯定的論調でした。例えば『朝日新聞』の「社説」では，「すべての高校生に最低限必要とされる共通必修は，こんどの案で，現行の47単位から32単位にへらし，その代わり，選択科目をふやすことになった。そのほか，生徒ひとりひとりの学習の習熟度にあわせた学級の編成，職業・普通の課程の別を問わぬ勤労の喜びの体験学習，理容・美容・ホテル・観光・写真などの新学科を設置者が主体的に定めうるとしたことなど，さまざまな新しい考えをもりこんでいる」と評価されました。ただし，習熟度別学級編成について，その具体的な手立てを教師・学校及び教育委員会がよく考えていかないと，「失敗すれば，差別を固定化する」という注意が喚起されていました（「社説」1978年6月23日付）。

日本教職員組合は「国旗」掲揚と「国歌」斉唱について，「主権在民の憲法原理と教育基本法の民主的教育理念」に反すると批判しました。また，社会科について，建国神話の格上げ，市民革命の格下げ，核や公害問題の「環境教育」へのすり替え，いずれも「憲法の平和主義」と「人間尊重の理念」に反すると批判しました（1977年6月20日，日本教職員組合から文部省へ申し入れ）。

5 「新学力観」の追求

新学力観

1989（平成元）年3月15日，幼稚園から小学校・中学校・高等学校まで，「ゆとり」を継承しつつ「新学力観」を標榜して学習指導要領が同時に改訂されました。「新学力観」とは，知識・理解・技能の習得以上に，児童生徒の関心・意欲・態度を重視し，思考力・判断力・表現力に裏づけられた自己教育力を獲得する学力観を理念型としています。

それは，中央教育審議会，臨時教育審議会そして教育課程審議会答申の教育課程改善のねらいに表れています。①心豊かな人間の育成，②自己教育力の育成，③基礎・基本の重視と個性教

表 2-5　1989（平成元）年小学校学習指導要領 各教科の標準授業時数

区　分		第1学年	第2学年	第3学年	第4学年	第5学年	第6学年
各教科の授業時数	国語	(272) 306	(280) 315	280	280	210	210
	社会	(68)	(70)	105	105	105	105
	算数	136	175	175	175	175	175
	理科	(68)	(70)	105	105	105	105
	生活	102	105				
	音楽	68	70	70	70	70	70
	図工	68	70	70	70	70	70
	家庭					70	70
	体育	102	105	105	105	105	105
道徳の授業時数		34	35	35	35	35	35
特別活動の授業時数		34	35	35	70	70	70
総授業時数		850	910	980	1015	1015	1015

（備考）1. この表の授業時数の1単位時間は，45分とする。（　）の時間は旧時間数である。
2. 特別活動の授業時数は，小学校学習指導要領で定める学級活動（学校給食に係るものを除く）及びクラブ活動に充てるものとする。
3. 学校教育法施行規則第24条第2項の場合において，道徳のほかに宗教を加えるときは，宗教の授業時数をもってこの表の道徳の授業時数の一部に代えることができる。

育の推進，④文化と伝統の尊重と国際理解の推進，という4項目です。

第1のねらいは，「心豊かな人間の育成」です。生活習慣・態度，道徳教育，生き方の教育，公民教育，自然とのふれあい，そして奉仕体験などのタームがみられますが，その意味するところは，幼稚園時代から，生活習慣と生活の態度を形成して他人と関わりがもてるようにさせ，小・中学校に入った段階では，自然とのふれあいや奉仕体験等をさせながら道徳教育を施し，高等学校では，さらに人間としてのあり方と生き方について考えさせ，かつ新設の公民科によって，国民としてのあり方，社会人としてのあるべき姿を教えるという仕方で，「心豊かな人間」を育成しようというものでした。

第2のねらいは，いわゆる「新学力観」の中核をなす「自己教育力の育成」でした。思考力・判断力・表現力・論理的思考力・創造力・直観力・情報活用能力があげられ，知識だけの教育ではなく，それらの諸能力として結実させることで，「自己教育力」をつけようとしました。それは変化の激しい社会において，生涯を通じて学習し，逞(たくま)しく生き抜いていくための基礎となる能力として期待されたのです。

第3のねらいは，「基礎・基本の重視と個性教育の推進」でした。国民として必要とされる基礎的・基本的な内容を重視するという観点から，小・中・高等学校の一貫性を確保しつつ教育内容の精選を図ることと，幼稚園と小学校低学年での生活・学習の基本の確立を図ることがあげられました。また，個性教育では，中学校・高等学校での選択幅拡大と多様な科目設定，そして習熟度別指導があげられました。

第4のねらいは，「文化と伝統の尊重と国際理解の推進」で，学習指導要領の解説では，国際化が進む社会で，次代を担う国民は，諸外国の生活と文化を理解すると同時に，わが国の文化と伝統を大切にする態度の育成を重視すべきことが強調され，その具体的項目として，①小・中学校の歴史学習，②中・高等学校での古典学習，③外国語学習，そして，④「国旗」「国歌」の指導による愛国心教育があげられました。

小学校の改善

低学年の新教科として生活科が設置されたことが大きな変化でした。生活科は，具体的な活動や体験を通して，自分と身近な社会や自然との関わりに関心をもち，自分自身や自分の生活について考えさせるとともに，その過程において生活上必要な習慣や技能を身につけさせ，自立への基礎を養うことをねらいとして構想されました。

これによって，低学年の社会科・理科は廃止され，その分の時間数は，生活科と国語にあてられました。時間数からいえることは，生活科による基本的生活習慣形成と，国語科での基礎・基本の教育に重点が注がれたということでした（第3章も参照）。

合科的指導と体験的な活動

さらに，小学校教育の方法的改善が指示されました。幼稚園との連携の観点から，生活科を中心とした「合科的な指導」の要請です。教育課程審議会答申では，「低学年においては，児童の心身の発達状況を考慮して総合的な指導を行うことが望ましいので，生活科の設定後においても教科の特設に配慮しつつ合科的な指導を一層推進するのが適当である」と説明されました。

また，各教科等の指導で，「体験的な活動を重視」し，児童の興味・関心によって「自主的・自発的な学習」を進めること，そして「学習内容を確実に身に付け」させるために「児童の実態等に応じ，個に応じた指導など指導方法の工夫改善」を図ることが要請されています。自己教育力の形成は，結局，児童生徒の1人ひとりの興味・関心から引き出すことが基本であり，そのためには可能な限り体験的な活動，または個別指導かグループ指導そして視聴覚教材・教育機器・学校図書館の利用などの方法を採用することによって，学習課題と密着させ，確実に習得させる必要があるからでした。

中学校の選択制拡大

小学校学習指導要領と同日に，中学校学習指導要領も改訂されました。前回と比較するなら，必修教科は同一ですが，選択教科が，「音楽，美術，保健体育，技術・家庭及び外国語の各教科並びに」から「国語等及び外国語の各教科並びに」など全教科に拡大されたことが大きな変化です。

中学校を「中等教育の前期」の段階ととらえなおし，選択履修の幅を拡大するために，学校教育法施行規則では，全教科が選択可能な科目として指定されたのでした。第1学年の選択教科時間数は最大140時間で週換算で4時間，第2学年では210時間の週6時間，そして第3学年では280時間で週8時間に至り，大胆な選択が可能となる基準でした。

次に注目すべきことは，「生徒が自らの生き方を考え主体的に進路を選択することができるよう，学校の教育活動全体を通じ，計画的，組織的な進路指導を行うこと」が要請されていることです。青年期特有の問題で当然ですが，このときの学習指導要領のテーマの1つでもあり，新しく加えられた事項です。

そのほかでは，言語環境の整備，体験的活動と自主的・自発的学習，教師と生徒および生徒相互の人間関係づくり，学習内容の確実な習得，教師間の連携等々，小学校とほとんど同一の配慮すべき事項ですが，やはり，体験的活動の導入と自主的・自発的学習および学習内容の確実な習得については，旧来の学習指導要領にはなかったもので，新学習指導要領のテーマとの関連によるも

表 2-6　1989（平成元）年中学校学習指導要領 各教科の標準授業時数

区分	必修教科の授業時数								道徳の授業時数	特別活動の授業時数	選択教科等に充てる授業時数	総授業時数
	国語	社会	数学	理科	音楽	美術	保健体育	技術・家庭				
第1学年	175	140	105	105	70	70	105	70	35	35〜70	105〜140	1050
第2学年	140	140	140	105	35〜70	35〜70	105	70	35	35〜70	105〜210	1050
第3学年	140	70〜105	140	105〜140	35	35	105〜140	70〜105	35	35〜70	140〜280	1050

（備考）1. この表の授業時数の 1 単位時間は，50 分とする。
2. 特別活動の授業時数は，中学校学習指導要領で定める学級活動（学校給食に係るものを除く）及びクラブ活動に充てるものとする。ただし必要がある場合には，学級活動の授業時数のみに充てることができる。
3. 選択教科等に充てる授業時数は，選択教科の授業時数に充てるほか，特別活動の授業時数に充てることができる。
4. 選択教科の授業時数については，外国語は各学年において 105 から 140 までを標準とし，外国語以外の選択教科は中学校学習指導要領で定めるところによる。

のでした。

高等学校の選択的な教育課程

高等学校学習指導要領も小・中学校と同日に改訂され，前述の 4 点の教育理念が，高等学校でも求められました。

総則では，特に道徳教育が重視され，「生徒が自己探究と自己実現に努め国家・社会の一員としての自覚に基づき行為しうる発達段階にあることを考慮し人間としての在り方生き方に関する教育を学校教育活動全体を通じて行うものと」するとあります。自己探究・自己実現を国家・社会の構成員としての自覚形成へと強力につなげ，その関係を前提とした上での人間としてのあり方・生き方を把握させようとしています。

さらに，「勤労や奉仕にかかわる体験的な学習」と「望ましい勤労観，職業観の育成や奉仕の精神の涵養」という内容で，「奉仕」の体験学習と「奉仕の精神の涵養」が求められています。

「在り方生き方の教育」と「奉仕の体験学習」は，時代が軽薄短小の風潮に満ち，利己主義と暴力主義がはびこり，学校ではいじめ・校内暴力などが横行するなどの問題状況に対処する方策として打ち出されたのでした。

次に高等学校の各教科・科目の編成および単位数等についてですが，必修教科は国語・地歴・公民・数学・理科・保健体育・芸術および家庭で，新たに「家庭」科が男子も必修となりました。

なお，教育課程編成にあたって配慮すべき事項として次の 2 点が注目されます。第 1 点めは，「生徒の特性，進路等に応じて適切な教育を行うため，多様な各教科・科目を設け生徒が自由に選択履修することのできるよう配慮するものとする」というように，生徒の適性・進路・意欲を尊重する選択的な教育課程に編成するよう指示され，普通教育に関する教科・科目では，8 教科 43 科目から 9 教科 60 科目に，職業に関する教科・科目では，157 科目から 184 科目へと増加されました。

第 2 点めは，職業教育を加味することで，「普通科においては，地域や学校の実態，生徒の特性，進路等を考慮し，必要に応じて，適切な職業に関する各教科・科目の履修の機会の確保について配慮するものとする。その際，勤労にかかわる体験的な学習の機会

表 2-7　1989(平成元)年高等学校学習指導要領　各教科・科目の標準単位数

教科	科目	標準単位数
国語	国語Ⅰ	4
	国語Ⅱ	4
	国語表現	2
	現代文	4
	現代語	2
	古典Ⅰ	3
	古典Ⅱ	3
	古典講読	2
地理歴史	世界史A	2
	世界史B	4
	日本史A	2
	日本史B	4
	地理A	2
	地理B	4
公民	現代社会	4
	倫理	2
	政治・経済	2
数学	数学Ⅰ	4
	数学Ⅱ	3
	数学Ⅲ	3
	数学A	2
	数学B	2
	数学C	2
理科	総合理科	4
	物理ⅠA	2
	物理ⅠB	4
	物理Ⅱ	2
	化学ⅠA	2
	化学ⅠB	4
	化学Ⅱ	2
	生物ⅠA	2
	生物ⅠB	4
理科	生物Ⅱ	2
	地学ⅠA	2
	地学ⅠB	4
	地学Ⅱ	2
保健体育	体育	7〜9
	保健	2
芸術	音楽Ⅰ	2
	音楽Ⅱ	2
	音楽Ⅲ	2
	美術Ⅰ	2
	美術Ⅱ	2
	美術Ⅲ	2
	工芸Ⅰ	2
	工芸Ⅱ	2
	工芸Ⅲ	2
	書道Ⅰ	2
	書道Ⅱ	2
	書道Ⅲ	2
外国語	英語Ⅰ	4
	英語Ⅱ	4
	オーラル・コミュニケーションA	2
	オーラル・コミュニケーションB	2
	オーラル・コミュニケーションC	2
	リーディング	4
	ライティング	4
家庭	家庭一般	4
	生活技術	4
	生活一般	4

の拡充についても留意するものとする」と要請されました。

情報教育の重視

さらに続いて，職業に関する教科・科目では，情報処理と課題研究の科目が新設されました。「専門教育科目等の表」をみると，家庭科・農業科・工業科・商業科・水産科・看護科にそれぞれ設置されました。例えば，家庭情報処理科が新設されましたが，①産業社会とコンピューター，②コンピューターの活用，③ハードウェア，④ソフトウェア，⑤コンピューターと通信，⑥家庭生活に関する各分野の職業とコンピューターの利用という6領域がみられます。

課題研究

また，商業科に新設の課題研究では，「商業に関する課題を設定し，その課題の解決を図る学習を通して，専門的な知識と技術の深化，総合化を図るとともに，問題解決の能力や自発的，創造的な学習態度を育てる」ことが目標とされました。内容は，①調査・実験・研究（流通経済，国際経済，簿記会計等），②作品製作（販売活動のパンフレット等の製作，包装紙のデザイン製作，コンピューターソフト作成，データベース構築），③産業現場等における実習，④職業資格の取得，などの組み合わせによって課題を設定するものでした。

選択的なカリキュラムの幅の拡大と，特色あるカリキュラムづくりとが要請されましたが，これを具体化する場合には，コース制を採用するのが実際的で，普通科のコース例として，情報科学コース，情報・理数コース，美術コース，外国文化コース，日本文化コース，などがみられました。

単位制と総合学科

その後，1991（平成3）年4月19日，中央教育審議会答申「新しい時代に対応する教育の諸制度の改革について」で，高等学校の新しいあり方が提案され，この施策を進めるために，同年6月に設置された「高等学校教育の改革の推進に関する会議」は4次にわたる報告を出しました。その内容は，①全日制単位制高等学校の制度化（第1次報告），②専修学校における学修成果の単位認定（第1次報告），③技能審査の成果の単位認定（第1次報告），④高等学校入学者選抜の改善・進路指導の改善（第3次報告），⑤総合学科の制度化（第4次報告）によって，いっそう弾力的で選択的な高等学校のあり方が志向されました。

特に，普通科でも職業学科でもない第3の学科として打ち出された総合学科は，単位制や種々の単位認定制度の活用，多様な選択科目の開設や自分の学びたい科目の主体的な選択などにより，生徒の興味・関心等に応じて1人ひとりの生徒がそれぞれ違った時間割で学習することができる学科です。「高校卒業後は進学を考えているが，職業に関する科目も勉強したい」「商業科目と工業科目を一緒に勉強したい」「中学校卒業時の15歳で進路を決めることはできないが，高等学校の科目を通じて自らの進路を決めていきたい」など多様な生徒の入学が期待されています。

6 「生きる力」と「確かな学力」

1998（平成10）年度改訂では「総合的な学習の時間」を設定したことに大きな特徴がみられます。「知の総合化と主体化」により，「生きる力」につながる「学び」をつくりだそうとしていますが，学力低下など厳しい批判もあります。

小学校での合科的な指導

教育課程の全体構造は，児童生徒の自己実現と自我の形成を中核に据えたものとなっています。1998（平成10）年7月29日の教育課程審議会答申では，「小学校教育においては，幼稚園教育における幼児の遊びを中心とした総合的な活動を基盤として，集団による教科の系統的な学習に次第に慣れるようにした」ということで，「低学年においては生活科を中核とした合科的な指導を一層推進するとともに，中学年以上においても合科的・関連的な指導を進め」ることが求められています。小学校に入って突然に細分化された「縦割りの教科」を学習するのではなく，児童生徒にとって，生活科を土台とすることで自分の生活の側から抽象的な知的教科の学習にいたる準備をするのです。

総合的な学習の時間

従来の教科構成は「現行通り」とされ，新たな教科の再編課題は継続して検討されることになりましたが，実質的に大きな改革は，やはり「総合的な学習の時間」の創設でした。同答申は，「我々は，この時間が，自ら学び考える力などの『生きる力』をはぐくむことを目指す今回の教育課程の基準の改善の趣旨を実現する極めて重要な役割を担うものと考えている」とその意義を強調しています。

さらに，答申は，「各学校が地域や学校の実態等に応じて創意工夫を生かして特色ある教育活動を展開できる」ようにしたこと，また「自ら学び考える力などの『生きる力』は全人的な力であることを踏まえ，国際化や情報化をはじめ社会の変化に主体的に対応できる資質や能力を育成するために教科等の枠を超えた横断的・総合的な学習をより円滑に実施するため」である，と説明し

表 2-8　1998(平成 10)・2003(平成 15)年小学校学習指導要領 各教科の標準授業時数

区分	各教科の授業時数									道徳の授業時数	特別活動の授業時数	総合的な学習の時間の授業時数	総授業時数
	国語	社会	算数	理科	生活	音楽	図画工作	家庭	体育				
第 1 学年	272		114		102	68	68		90	34	34		782
第 2 学年	280		155		105	70	70		90	35	35		840
第 3 学年	235	70	150	70		60	60		90	35	35	105	910
第 4 学年	235	85	150	90		60	60		90	35	35	105	945
第 5 学年	180	90	150	95		50	50	60	90	35	35	110	945
第 6 学年	175	100	150	95		50	50	55	90	35	35	110	945

（備考）1. この表の授業時数の 1 単位時間は，45 分とする。
2. 特別活動の授業時数は，小学校学習指導要領で定める学級活動（学校給食に係るものを除く）に充てるものとする。
3. 学校教育法施行規則第 24 条第 2 項の場合において，道徳のほかに宗教を加えるときは，宗教の授業時数をもってこの表の道徳の授業時数の一部に代えることができる。

ています。各学校の創意工夫・生きる力・横断的・総合的学習というキーワードが確認できます。

児童生徒の「興味・関心等に基づく学習」(関心・意欲の喚起) が原則で，「自ら課題を見つけ，自ら学び，自ら考え，主体的に判断し，よりよく問題を解決する資質や能力を育てること」(課題設定・解決能力の育成)，また「情報の集め方，調べ方，まとめ方，報告や発表・討論の仕方などの学び方やものの考え方を身に付けること」(方法論の習得)，さらに「問題の解決や探究活動に主体的，創造的に取り組む態度を育成すること，自己の生き方について自覚を深めること」(主体性の確立)，そして「各教科等それぞれで身に付けられた知識や技能などが相互に関連付けられ，深められ児童生徒の中で総合的に働くようになる」（総合化）ことが重視されました。

中学校の基礎・基本の教育

中学校では，社会生活の基礎・基本を確実に教育することと，青年期教育という観点から選択幅拡大等による個性伸長の教育をすることが従来以上に重視されました。

改訂の目玉は選択幅拡大と総合的学習の時間の設定ですが，それ以上に必修教科による基礎・基本の教育が重要であることはいうまでもありません。小学校と高等学校にも通じますが，次のような特徴がありました。

第1は，教育内容が，① 削除，② 移行統合，③ 軽減，④ 集約・統合・重点化，⑤ 選択等，の方法で厳選されたことでした。学習指導要領解説では，「多くのことを教え込むことになりがちであった教育の基調を転換し，学習者である生徒の立場に立って，生徒に自ら学び自ら考える力を育成すること，時間的にも精神的にもゆとりある教育活動が展開される中で，厳選された基礎的・基本的な内容を生徒がじっくり学習しその確実な定着を図る」と説明されました。

第2は，外国語科が選択から必修科目に入れられたことでした。やや時代遅れの改訂ですが，「基礎的・実践的なコミュニケーション能力」を養成することが「どの生徒にも必要」であると説明されました。

第3は，道徳の重視です。特にその全体目標は総則に記され，ボランティア活動と自然体験活動とが求められました。

表 2-9　1998(平成 10)・2003(平成 15)年中学校学習指導要領 各教科の標準授業時数

区分	必修教科の授業時数									道徳の授業時数	特別活動の授業時数	選択教科等に充てる授業時数	総合的な学習の時間の授業時数	総授業時数
	国語	社会	数学	理科	音楽	美術	保健体育	技術・家庭	外国語					
第 1 学年	140	105	105	105	45	45	90	70	105	35	35	0〜30	70〜100	980
第 2 学年	105	105	105	105	35	35	90	70	105	35	35	50〜85	70〜105	980
第 3 学年	105	85	105	80	35	35	90	35	105	35	35	105〜165	70〜130	980

（備考）1. この表の授業時数の 1 単位時間は，50 分とする。
2. 特別活動の授業時数は，中学校学習指導要領で定める学級活動（学校給食に係るものを除く）に充てるものとする。
3. 選択教科等に充てる授業時数は，選択教科の授業時数に充てるほか，特別活動の授業時数の増加に充てることができる。
4. 選択教科の授業時数については，中学校学習指導要領で定めるところによる。

中学校での個性伸張の教育

中学校 1 年より選択教科の設定が可能とされ，選択にあてる時間数も，第 1 学年では 0〜30 時間，第 2 学年では 50〜85 時間，第 3 学年では 105〜165 時間という設定で，かつ各教科に許される上限の時間も 70 時間まで認められることになりました。そして選択できる教科の枠も学年ごとの制限が解かれ全教科に拡大されました。

選択制の趣旨にも大きな変化がみられます。「各学校の主体的な判断により生徒の特性等に配慮しつつ」，課題学習，補充学習，さらに発展的な学習など,「一層多様な学習活動」が要請されました。補充学習と発展的学習が注目されます。

「総合的な学習の時間」については,すでに小学校で詳述しているように,設定された時間数をみると,各学年とも1週に2〜3時間です。そのねらいは小中高一貫しています。

高等学校のねらい

改訂の基本的ねらい4点を高等学校にあてはめてみますと,①豊かな人間性や社会性,国際社会に生きる日本人としての自覚を育成すること(異文化理解および尊重の態度の育成,ボランティア活動や就業体験等を通じた勤労の尊さや社会奉仕の精神の涵養,社会生活での役割や自己責任の育成),②自ら学び,自ら考える力を育成すること(課題研究や主題学習を通じた体験的・問題解決的な学習の充実,自らの意見や考えをもち,論理的に表現したり,相手の立場を尊重して討論したりする力の育成),③ゆとりある教育活動を展開する中で,基礎・基本の確実な定着を図り,個性を生かす教育を充実すること(卒業単位を74単位に縮減,必修単位数を31単位に縮減,選択必修を基本に設定),④各学校が創意工夫を生かし特色ある教育,特色ある学校づくりを進めること(総合的な学習の時間を創設,学校設定教科・科目の導入,教育課程編成の弾力化)です。

基礎・基本重視と選択的な学習

改訂では,普通科・専門学科・総合学科のいずれにおいても,「ある程度幅広い分野について一定の基礎的・基本的な内容をバランスよく身に付けておくこと」が求められています。

それで,「数学基礎」や「理科基礎」などの科目が創設されま

表 2-10　1999（平成 11）・2003（平成 15）年高等学校学習指導要領各教科・科目の標準単位数

教科	科目	標準単位数
国語	国語表現Ⅰ	2
	国語表現Ⅱ	2
	国語総合	4
	現代文	4
	古典	4
	古典講読	2
地理歴史	世界史A	2
	世界史B	4
	日本史A	2
	日本史B	4
	地理A	2
	地理B	4
公民	現代社会	2
	倫理	2
	政治・経済	2
数学	数学基礎	2
	数学Ⅰ	3
	数学Ⅱ	4
	数学Ⅲ	3
	数学A	2
	数学B	2
	数学C	2
理科	理科基礎	2
	理科総合A	2
	理科総合B	2
	物理Ⅰ	3
	物理Ⅱ	3
	化学Ⅰ	3
	化学Ⅱ	3
	生物Ⅰ	3
	生物Ⅱ	3
理科	地学Ⅰ	3
	地学Ⅱ	3
保健体育	体育	7〜8
	保健	2
芸術	音楽Ⅰ	2
	音楽Ⅱ	2
	音楽Ⅲ	2
	美術Ⅰ	2
	美術Ⅱ	2
	美術Ⅲ	2
	工芸Ⅰ	2
	工芸Ⅱ	2
	工芸Ⅲ	2
	書道Ⅰ	2
	書道Ⅱ	2
	書道Ⅲ	2
外国語	オーラル・コミュニケーションⅠ	2
	オーラル・コミュニケーションⅡ	4
	英語Ⅰ	3
	英語Ⅱ	4
	リーディング	4
	ライティング	4
家庭	家庭基礎	2
	家庭総合	4
	生活技術	4
情報	情報A	2
	情報B	2
	情報C	2

した。「中学校で学習した内容を基礎とした数学史的な話題や日常の事象についての統計的な処理などを学び，数学的な見方や考え方を身に付けたり，また，科学の歴史，科学と人間生活との関わりなどを学び，科学的な見方や考え方を身に付けたりすることができる」と期待されました。

また国際化・情報化時代を反映して，外国語が必修となり，すべての高校生が外国語を使って日常的な会話や簡単な情報交換ができる実践的コミュニケーション能力の形成が期待されました。さらに，普通教育としての教科「情報科」が新設され必修とされ，「情報社会に主体的に対応する能力」の形成が期待されました。

高等学校では「多様な各教科・科目を設け生徒が自由に選択履習することができるよう配慮する」として，できる限り生徒の選択的履習条件を整えるよう要請されました。さらに注目すべきは，単位制と学校設定教科・科目です。各学年の課程修了の認定では，「単位制が併用されていることを踏まえ，弾力的に行うよう配慮する」とされ，また，学校設定教科・科目では「学校においては，地域，学校及び生徒の実態，学科の特色等に応じ，特色ある教育課程の編成に資するよう」設置することができるとされました。

総合的な学習

さらに弾力的な教育課程の編成と運用だけでなく，生徒１人ひとりが個性を開花させるために，課題研究，「総合的な学習の時間」，そして教科選択が設定されました。

「総合的な学習の時間」は，「各学校において教育課程上必置とし，すべての生徒がこの活動を行うものとする」と位置づけられ，小学校から中学校そして高等学校まで，その時間によって，児童生徒が自分の課題を発見し追究することになりました。時間は，卒業までに105〜210単位時間（3〜6単位）が配当されました。

職業に関する学科では，総合的学習の時間の内容に相当する学習活動をするものとして課題研究が設置されていますが，これで「総合的な学習の時間」に代えることができるとされました。

高等学校では，青年期教育を担うだけに，自分の生き方あり方の教育が求められ，課題研究，「総合的な学習」，あるいは「産業社会と人間」のような科目への期待は大きなものがあります。

2003年学習指導要領改正

1998（平成10）年改訂の学習指導要領は構造改革ともいうべき改訂ですので，教師も児童生徒もその企図を理解し実現することは容易ではありませんでした。「学力低下」批判が大きくなり，改めて，学力とは何かが議論され，全国学力調査が行われました。そして2003（平成15）年12月26日，学習指導要領の一部が改正されました。

改正の第1は，「学習指導要領の基準性を踏まえた一層の充実」で，学習指導要領は最低基準であるから，児童生徒の実態によっては学習指導要領に記述されていない内容でも加えて教えるように求められました。第2は，「総合的な学習の時間の一層の充実」で，各教科等の知識をより自覚的に総合化する学習が求められました。第3は，「個に応じた指導の一層の充実」で，習熟度別指導，課題学習指導，補充・発展学習等の方法が例示されました。

いずれも「一層の充実」で，基本方針に変更はありません。文部科学省としては，図2-4を示して学習指導要領の趣旨を再確認し，「確かな学力」を形成する教育実践を期待したのでした。

図 2-4 「生きる力」と「確かな学力」の概念図

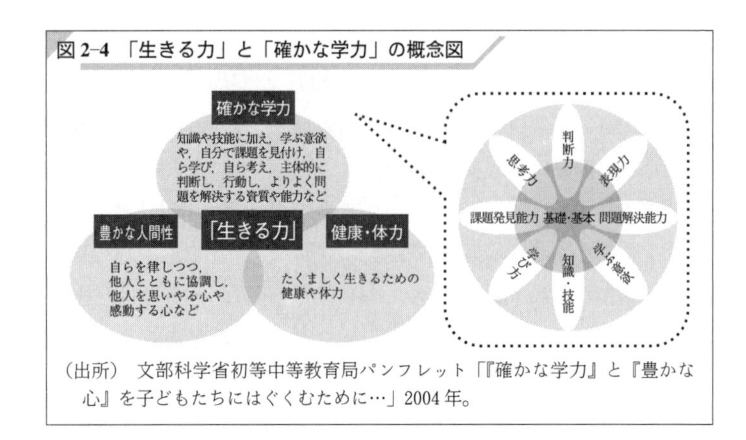

（出所） 文部科学省初等中等教育局パンフレット「『確かな学力』と『豊かな心』を子どもたちにはぐくむために…」2004年。

7 「生きる力」と「活用能力」

教育基本法と学校教育法の改正

2008（平成20）年3月28日の学習指導要領改訂に先立って06（平成18）年に教育基本法改正と07年に学校教育法改正がなされました。それは学習指導要領の教育目的・目標に関わる重要な指針を提示しています。

改正教育基本法では，第1条で，個人としての人格の完成と国民としての資質形成が説かれ，第2条で，5つの教育目標が設定されました。個人，社会人，公民，自然の中の人間，そして日本国民としてのあり方が規定されました。

改正に際し，愛国心教育の是非が社会的に論議されましたが，全体としてみれば，第二次世界大戦後改革時のような民主主義への理想主義的な考え方は後退し，現実に存在する諸課題への対応が列挙されました。例えば第3条から第18条まで，生涯学習の理念，教育の機会均等，義務教育，学校教育，学校・家庭および地域住民等の相互の連携協力，政治教育などの項目が明文化されました。

次に改正学校教育法では，「義務教育として行われる普通教育の教育目標」（第21条）として10項目が立てられました。基本的には旧法の第18条（小学校）と第36条（中学校）とを合わせた内容で，付加されたものは，第2の「生命及び自然を尊重する精神並びに環境の保全に寄与する態度を養うこと」と，第3の「我が国と郷土を愛する態度を養う」ことの2点で，新しい時代の教育目標として位置づけられました。

幼稚園の教育

幼稚園については，学校教育法第22条で，「幼稚園は，義務教育及びその後の教育の基礎を培うもの」として設置目的が規定され，第23条では，5つの教育目標が規定されました。身体諸機能の調和的発達，自主・自律および協同の精神と規範意識，興味と思考力，話を聞く態度，そして豊かな感性と表現力などです。

改訂された幼稚園教育要領をみると，「幼稚園教育の基本」は従来通りで，「幼児期の特性を踏まえ，環境を通して行うものであること」，その場合に，「幼児の主体的な活動を促し」「遊びを通しての指導を中心として」「幼児一人一人の特性に応じ，発達の課題に即した指導」を行うこととされました。

改訂の第1のポイントは，家庭―幼稚園―小学校の「円滑な接続」で，「子育て支援と預かり保育」までが視野に入れられたことです。「預かり保育」は，授業終了後の教育課程外であるにもかかわらず「幼稚園の教師の責任と指導の下に行う」と留意事項で明記されました。幼稚園の現実的役割を追認したものですが，幼稚園のあり方に大きな変化をもたらすものとなりました。

第2のポイントは，子どもの実態や社会の変化に対応するために，「規範意識や思考力の芽生え」に関する指導の充実が求められ，その観点から，食育や言語力の育成など6項目の改善が加えられました。言語力重視は幼稚園のみならず小中高まで貫いているのが今回の改訂の大きな特徴で，幼稚園では特に話すことに加え，聞くことも重視され，伝え合いのできることが強調されました。

活用能力重視と3層構造の学力観

小・中学校の教育課程はどうでしょう。2007年11月17日の中教審答申は，従来の学習指導要領の理念について，「『生きる力』をはぐくむという理念はますます重要になっている」と肯定しただけでなく，従来の教育方針は，OECDが提案した「キー・コンピテンシー」（key competency）の考え方を「先取りしていた」ものと称賛しました。かつ「改正教育基本法及び学校教育法の一部改正によって明確に示された基本理念は，現行学習指導要領が重視している『生きる力』の育成にほかならない」と親和性を強調しました。

OECDが提起したキー・コンピテンシーは，①自律的に活動する力，②道具を相互作用的に用いる力，③異質な集団で交流する力，という3領域からなっていますが，その能力が身についてこそ「探究」が可能となり「生きる力」につながるという認識です。この背景には，21世紀は「知識基盤社会」であるとし，①知識に国境がなくグローバル化が進む，②競争と技術革新が絶え間なく生まれる，③パラダイム転換に対応する幅広い知識と柔軟な思考力・判断力が必要，④性別や年齢を問わず参画する，などが促進される時代に入り，国際競争が激化し，規制緩和と自由化が進むという時代認識があり，「基礎的・基本的な知識及び技能の習得やそれらを活用して課題を見いだし，解決するための思考力・判断力・表現力等が必要である」というのです。

「思考力・判断力・表現力等の育成」では，a）体験から感じとったことを表現する，b）事実を正確に理解し伝達する，c）概念・法則・意図などを解釈し，説明したり活用したりする，d）情報を分析・評価し，論述する，e）課題について，構想を立て実践し，評価・改善する，f）互いの考えを伝え合い，自らの考えや集団の考えを発展させる，という6点の学習活動が重視されました。

「これらの学習活動の基盤となるものは，数式などを含む広い意味での言語であり，その中心となるのは国語である」「理科の観察・実験レポートや社会科の社会見学レポートの作成や推敲，発表・討論などすべての教科で取り組まれるべきものであり，そのことによって子どもたちの言語に関する能力は高められ，思考力・判断力・表現力等」が育成されると構想されました。

基礎的・基本的な知識および技能の「習得」を確実にし，それを「活用」して思考力・判断力・表現力をつけ，そして主体的に「探究」する態度まで形成するというのです。つまり，「知識・技能・理解」が基礎的な第1層で，第2層が「思考力・判断力・表現力」などの活用能力，そして第3層が主体的に取り組む「探究的態度」，という3層構造の学力観です。

国際的水準のリテラシーとコミュニケーション能力の重視

「生きる力」の路線を継承しましたが，同時に「学力低下批判」への対応，本格的にはTIMSSおよびPISAなど国際的学力調査に対応する学力づくりがめざされ，かつ外国語教育が重視された改訂となっています。特にPISAは，その学校教育の基礎・基本を超えた活用能力を問う試験で，科学的リテラシー，読解リテラシー，数学的リテラシーと問題解決能力を調査し評価していますが，学習指導要領では，PISAが求めるリテラシー教育を強化するために，関係3教科の時間数を増加し，かつ，総合的な学習の時間も残されました。その意味で，特に算数数学・理科・国語・外国語の4教科を中心に時間が大幅に増加されました。

表2–11小学校の授業時数によると，算数・理科・国語・外国語の授業時数は全時間数の52%を占める2947時間で改訂前と比べて351時間の増加，表2–12中学校の授業時数でも同様の科目が全体の52%を占めて1575時間で305時間の増加です。さらに全教科において思考力・判断力・表現力をはぐくむための（言語）活用能力の教育が求められました。

例えば，算数・数学では，小・中に「算数的活動」「数学的活動」が指導内容として規定され，これによって，学んだ知識・技能を全体的に関連づけて活用する能力を育成し，学ぶことの意義と有用性が実感できるように設定されました。また理科では，小学校で，第6学年の目標の中に「推論」が新たに規定されたことと，「内容の取扱い」の項で，「観察，実験の結果を整理し考察する学習活動や，科学的な言葉や概念を使用して考えたり説明したりするなどの学習活動」を充実するよう求められ，中学校でも，分野の目標の中に「観察，実験の結果を分析して解釈し表現する

表 2–11　2008（平成 20）年小学校学習指導要領 各教科の授業時数

区　分		第 1 学年	第 2 学年	第 3 学年	第 4 学年	第 5 学年	第 6 学年
各教科の授業時数	国　語	306	315	245	245	175	175
	社　会			70	90	100	105
	算　数	136	175	175	175	175	175
	理　科			90	105	105	105
	生　活	102	105				
	音　楽	68	70	60	60	50	50
	図画工作	68	70	60	60	50	50
	家　庭					60	55
	体　育	102	105	105	105	90	90
道徳の授業時数		34	35	35	35	35	35
外国語の授業時数						35	35
総合的な学習の時間の授業時数				70	70	70	70
特別活動の授業時数		34	35	35	35	35	35
総授業時数		850	910	945	980	980	980

表 2–12　2008（平成 20）年中学校学習指導要領 各教科の授業時数

区　分		第 1 学年	第 2 学年	第 3 学年
各教科の授業時数	国　語	140	140	105
	社　会	105	105	140
	数　学	140	105	140
	理　科	105	140	140
	音　楽	45	35	35
	美　術	45	35	35
	保健体育	105	105	105
	技術・家庭	70	70	35
	外 国 語	140	140	140
道徳の授業時数		35	35	35
総合的な学習の時間の授業時数		50	70	70
特別活動の授業時数		35	35	35
総授業時数		1015	1015	1015

能力」が新たに規定され,「学校や生徒の実態に応じ,十分な観察や実験の時間,課題解決のために探究する時間などを設ける」ことが新たに規定されました。その際,問題を見出し観察,実験を,①計画する,②結果を分析し解釈する,③概念を使用して考えたり説明したりする,という学習活動が要請されました。

さらに,国際的なコミュニケーション能力育成のために中学校の外国語教育と小学校の外国語活動が一段と重視されるようになりました。小学校では第5,6学年で外国語活動の時間が新たに設定され,「国際理解やコミュニケーションなどの活動」を通して,「コミュニケーションへの積極的な態度を育成するとともに,言葉への自覚を促し,幅広い言語に関する能力や国際感覚の基盤を培うこと」が目的とされました。

教育課程全体の道徳化

2008年の改訂では,改正教育基本法の一環において,いわゆる「愛国心教育」に相当する教育の扱いが注目されました。具体的には,「道徳教育の目標に『伝統や文化』の継承・発展,『公共の精神』の尊重」が追加されました。

小学校の道徳の共通事項は,①自立心や自律性,自他の生命を尊重する心を育てること,②自己の生き方についての考えを深めることで,③低学年には,挨拶,人間として,してはならないことをしないこと,④中学年には,集団や社会のきまりを守ること,⑤高学年には,法やきまりの意義の理解,相手の立場を理解し,支え合う態度,集団における役割と責任意識をつくること,中学校では,イ)自他の生命の尊重,ロ)法やきまりの意義の理解,ハ)社会の形成への主体的な参画,ニ)道徳的価値に基づいた人間としての生き方について考えを深めることがねらいとされました。時間数は毎週1時間で従来通りです。児童生徒の崩れてきた規範意識をいかに高めるか，この課題に対応するという観点から，各学年の共通事項は繰り返し教えることとされ，かつ，成長と発達に応じて各学年の重点事項が確定されたのです。

さらに，道徳教育を徹底するための新たな方策として，a)「道徳教育推進教師」が設定され，b) 各教科においても，道徳と関連づけて教育すること，さらに，c) 先人の生き方，自然，自然と文化，スポーツなど，児童生徒が感動を覚える魅力的な教材の開発や活用を通して，児童の発達の段階や特性等を考慮した創意工夫ある指導をすること，そして，d) 自分の考えを基に，書いたり話し合ったりする，などの表現する機会を充実し，自分とは異なる考えに接する中で，自分の考えを深め，自らの成長を実感できるよう工夫することが求められました。

共通教育課程と選択教科の枠外化

中学校では選択教科が授業時数表から削除され，全科目必修で共通履修の徹底が期され，個別のニーズに対応するよりも，全科目必修の共通教育課程が基本構造とされました。

前回の改訂では，選択教科の授業時数を増加した一方で，必修教科の教育内容・授業時数については削減する仕方がとられましたが，子どもたちの学力や学習状況は，基礎的・基本的な知識・技能を定着させる点や，「思考力・判断力・表現力等を育成」する点で「十分に達成できていない」。さらに「選択教科に加え，総合的な学習の時間が導入され，教育課程が複雑化しすぎている」と反省されています。他方，選択教科の実態は「全体の6割以上が国語，社会，数学，理科，外国語に充てられており，その中でも補充的な学習に取り組まれている割合が高い」ので，「教育課程の共通性を高める必要がある」と判断されたということです。

その結果，選択科目数と時間設定については削除されたので，授業時数表には入れられませんでした。要するに，基礎・基本の不徹底と教育課程の複雑化，そして選択教科の実際からみて，共通教育課程が妥当であると判断されたのでした。ただし，総則における選択教科の規定は，「課題学習，補充的な学習や発展的な学習など，生徒の特性等に応じた多様な学習活動が行えるよう各学校において適切に定めるものとする」など従来通りの内容です。

公教育における義務教育課程のあり方としてみると，義務教育の中学校では共通教育課程を編成し，個性化や個別のニーズに対しては，オプション扱いをするという新たな原則が採用されたことを意味します。

高等学校学習指導要領の趣旨

2009（平成21）年改訂の高等学校学習指導要領の基本的な考え方は，小・中と同じで，「生きる力」の理念を継承し，基礎・基本的な知識・技能と同時に思考力・判断力・表現力などを活用できる学力の育成，そして豊かな心と健やかな身体を育成するための道徳教育と体育の充実があげられています。

具体的項目をみると，議論のあった「総合的な学習の時間」については，「教科の枠を超えた横断的・総合的な学習，探究的な学習を行うものであることにより明確化する」として従来通り3～6単位（特に必要な場合2単位まで減少可能）が設定されました。

基礎・基本的な知識・技能の習得では，義務教育段階の学習内

表 2-13　2009（平成 21）年高等学校学習指導要領 各教科の標準単位数

教科等	科目	標準単位数
国語	国語総合	4
	国語表現	3
	現代文A	2
	現代文B	4
	古典A	2
	古典B	4
地理歴史	世界史A	2
	世界史B	4
	日本史A	2
	日本史B	4
	地理A	2
	地理B	4
公民	現代社会	2
	公民倫理	2
	政治・経済	2
数学	数学Ⅰ	3
	数学Ⅱ	4
	数学Ⅲ	5
	数学A	2
	数学B	2
	数学活用	2
理科	科学と人間生活	2
	物理基礎	2
	物理	4
	化学基礎	2
	化学	4
	生物基礎	2
	生物	4
	地学基礎	2
	地学	4
	理科課題研究	1
保健体育	体育	7〜8
	保健	2
芸術	音楽Ⅰ	2
	音楽Ⅱ	2
	音楽Ⅲ	2
	美術Ⅰ	2
	美術Ⅱ	2
	美術Ⅲ	2
	工芸Ⅰ	2
	工芸Ⅱ	2
	工芸Ⅲ	2
	書道Ⅰ	2
	書道Ⅱ	2
	書道Ⅲ	2
外国語	コミュニケーション英語基礎	2
	コミュニケーション英語Ⅰ	3
	コミュニケーション英語Ⅱ	4
	コミュニケーション英語Ⅲ	4
	英語表現Ⅰ	2
	英語表現Ⅱ	4
	英語会話	2
家庭	家庭基礎	2
	家庭総合	4
	生活デザイン	4
情報	社会と情報	2
	情報の科学	2
総合的な学習の時間		3〜6

容の確実な定着を図るための学習機会を設け，これを促進することが要請されました。また，「共通性と多様性のバランスを重視」するという観点から，国語（国語総合）・数学（数学Ⅰ）・外国語（コミュニケーション英語Ⅰ）で共通の必修科目が設定されました。

卒業単位は現行74単位以上を踏襲していますが，多様性と個性化，学力向上をめざす観点から，「週当たりの授業時数は標準である30単位時間を超えて授業を行うことが明確化」されました。教科をみると，英語では，標準的な単語数が現行の1300語から1800語に，中・高等学校合わせて2200から3000語に増加され，授業は英語で指導することが基本とされました。また，理数教育関係では，遺伝情報とタンパク質の合成や膨張する宇宙像，統計など，近年の新しい科学的知見が指導内容に反映されました。

この改訂で最も大きな変化は，学校内の知識教育にとどまらないで学校外でも通用する思考力・判断力・表現力などの育成をめざすために，各教科で言語活動が重視されたことです。その結果，国語をはじめ各教科で批評・論述・討論などの学習を充実させることが要請されています。数学では説明・議論が，理科では分析・解釈が，そして総合的な学習では，「言語により分析し，まとめたり表現したりするなど」の学習活動が求められています。

そのほか食育，環境・消費者学習，情報モラル教育，特別支援教育などの重視，部活動の意義と留意点を規定，そして「はどめ規定」の原則削除などが重要事項としてあげられています。

特別の教科 道徳

2015（平成27）年3月27日，学校教育法施行規則改正によって，これまで教育課程の一領域であった道徳が「特別の教科である道徳」に改められ，同日，小・中学校の学習指導要領でも，「特別の教科　道徳」（第3章）と改正されました。2018（平成30）年度完全実施です。「特別の教科」の理由は，人格形成の要の教科であること，一般教科のように数値による評価はなじまないことと，そして学級担任が担当することが説明されました。文部科学省の解説では，「考える道徳」・「議論する道徳」への転換が強調されましたが，学校現場は，それほど自由に討議できないので，戸惑いが見られます。元来は，いじめ問題解決に向けての道徳の教科化という理由づけでしたが，その背景には，自民党の期待する道徳教育路線があり，例えば教育勅語の評価などで対立があります。

8　主体的・対話的で深い学び

コンピテンシーを育む

2017（平成29）年3月31日，幼・小・中学校の学習指導要領が改訂されました。今次の改訂の画期的なことは，全教科・領域に「主体的・対話的な深い学び」を志向して，「学習指導要領の構造改革」が図られたことです。改訂では，「何ができるようになるか」が繰り返し強調され，学校外でも通用する資質・能力（コンピテンシー）を育むことをめざしています。その育成をめざして，カリキュラム・マネジメントをすることが不可欠で，単元の要所ではアクティブ・ラーニングの導入や単元ごとの授業評価が求められています。今次の改訂では，コンピテンシー論に基づく「学びの変革」を本格的に進めようとしています。

「主体的・対話的で深い学び」

それでは「主体的・対話的で深い学び」とはどのような学びでしょうか。中教審答申では，「学校教育における質の高い学びを実現し，学習内容を深く理解し，資質・能力を身に付け，生涯にわたって能動的（アクティブ）に学び続けるようにすること」を求めています。この説明はOECDのコンピテンシー論が想起されます。答申では，①「主体的な学び」については，「学ぶことに興味や関心を持ち，自己のキャリア形成の方向性と関連」づける学び。②「対話的な学び」とは，「子供同士の協働，教職員や地域の人との対話，先哲の考え方を手掛かり」として「考えを広げ深める」学び。そして③「深い学び」とは，「習得・活用・探究」という学びの過程の中で，「問題を見いだして解決策を考えたり，思いや考えを基に創造したりすることに向かう」学びであると説明されています。

資質・能力の3つの柱

「主体的・対話的で深い学び」によって育成すべき資質・能力としては，幼・小・中高等学校を通して「3つの柱」すなわち「知識及び技能」「思考力・判断力・表現力等」，そして「学びに向かう力，人間性等」がたてられました。①「何を理解しているか，何ができるか（生きて働く「知識・技能」の習得）」とあり，「学習内容（特に主要な概念に関するもの）の深い理解と，個別の知識の定着を図るとともに，社会における様々な場面で活用できる概念」と説明されています。②「理解していること・できることをどう使うか（未知の状況にも対応できる「思考力・判断力・表現力等」の育成）」と項目がたてられています。さらに③社会・世界と関わり，よりよい人生を送るために学びを人生や社会に生かそうとする「学びに向かう力・人間性等」を涵養する，という説明です。「3つの柱」は統合されてコンピテンシーが育成されます。

指導と評価の一体化

2017年の改訂の大きなポイントの1つが学習過程と評価の一体化です。学習評価が正確に実施されるなら，授業改善ひいてはカリキュラム・マネジメント（教育課程の企画・運営・評価・改善）にまでつなぐことができます。改訂では，「学習評価の妥当性や信頼性が高められるよう，組織的かつ計画的な取組を推進」することが要請されています。中教審答申では，資質・能力の「3つの柱」による3観点（「知識・技能」「思考・判断・表現」「主体的に取り組む態度」）に整理して，指導要録の様式を改善することを提案しています。その際「感性や思いやり等については観点別学習状況の評価の対象外」となります。

幼小接続のスタートカリキュラム

さて，小学校の教育課程ですが，幼稚園・保育所・認定子ども園等との接続性を高めるために，生活科を中心としたスタート・カリキュラムの設定が求められています。そのためには，「合科的・関連的な指導や短時間での学習などを含む授業時間や指導の工夫，環境構成等の工夫」が必要です。生活科は，「具体的な活動や体験を通して，身近な生活に関わる見方・考え方を生かし，自立し生活を豊かにしていくための資質・能力」を育成することを目標としていますが，今次の改訂では，生活科がスタートカリキュラムの中心的役割を果たすこと，また，各教科の学び

表 2-14　2017（平成 29）年小学校学習指導要領 各教科の授業時数

教科＼学年		1	2	3	4	5	6
各教科の授業時数	国　語	306	315	245	245	175	175
	社　会			70	90	100	105
	算　数	136	175	175	175	175	175
	理　科			90	105	105	105
	生　活	102	105				
	音　楽	68	70	60	60	50	50
	図画工作	68	70	60	60	50	50
	家　庭					60	55
	体　育	102	105	105	105	90	90
	外国語					70	70
特別の教科である道徳の授業時数		34	35	35	35	35	35
外国語活動の授業時数				35	35		
総合的な学習の時間の授業時数				70	70	70	70
特別活動の授業時数		34	35	35	35	35	35
総授業時数		850	910	980	1015	1015	1015

に接続して低学年から小学校全体に接続することが従来以上に重視されました。

外国語教育の早期化と教科化

第3・4学年に外国語活動（年35時間）と第5・6学年には外国語科（年70時間）が新設されました。中教審答申では，「子供たちが将来どのような職業に就くとしても求められる，外国語で多様な人々とコミュニケーションを図ることができる基礎的な力を育成する」ことが確認され，小学校では，「教科型の外国語教育」が高学年から導入されました。目標例では，「馴染みのある定型表現を使って，自分の好きなものや，家族，1日の生活などについて，友達に質問したり質問に答えたりできるようにする」。中学年では，「外国語を通じて，言語やその背景にある文化の多様性を尊重し，相手に配慮しながら聞いたり話したりすることを中心としたコミュニケーション能力の素地を養う」ことが目的とされました。当面，学級教員が担当することになります。

プログラミング教育

プログラミング教育も改訂の新しいポイントで，改訂における位置づけでは，独立した教育ではなく，総合的な学習や様々な教科と関連させてプログラミング的思考の育成を図るという位置づけにすぎません。例えば，理科の説明の中で，「これからの時代に共通に求められる力を育むために，小学校段階での理科で重視してきた問題解決の過程において，プログラミング的思考」との関連が明確になる指導が求められています。中教審答申では，「教育課程全体を見渡し，プログラミング教育を行う単元や位置付けていく学年や教科等を決め，地域等との連携体制を整えながら指導内容を計画・実施していくこと」，総合的な学習では，「情報に関する課題を探究する中で，自分の暮らしとプログラミングとの関係を考え，プログラミングを体験しながらそのよさに気付く学びを取り入れていくこと」と説明されました。これは，真剣に取り組むならば，プログラミングの原理と各教科内容そのものとをよく熟知していないとできない困難なことですが，全学級担任が担当します。

時代的な諸課題への対応

2015（平成27）年9月の国連サミットにおいて共有されるべき持続可能な開発目標として，①貧困，②飢餓，③保健，④教育，⑤ジェンダー，⑥水・衛生，⑦エネルギー，⑧成長・雇用，⑨イノベーション，⑩不平等，⑪都市，⑫生産・消費，⑬気候変動，⑭海洋資源，⑮陸上資源，⑯平和，⑰実施手段，があげられていますが，現代及び未来に生きる人間は，これに応える学習が必要です。いずれも教科横断的テーマで，関係教科の連携や総合的な学習などで対応することが要請されています。中教審答申では，上記の現代的な諸課題に対応する力として，①健康・安全・食に関する力，②主権者として求められる力，③新たな価値を生み出す創造性，などの力が必要であるとしています。

中学校の基本方針

中学校は，前述の「3つの柱」によって教育課程を構造改革すること，かつ，「主体的・対話的で深い学び」を達成するために全教科・領域にアクティブ・ラーニングとカリキュラム・マネジメントを展開すること，そして部活動についても，これまでになく新しいあり方が提案されています。それを実現する上で，「教科横断的な視点」から「各学校の特色を生かした教育課程の編成」が求められています。直接には，「言語能力，情報活用能力（情報モラルを含む），問題発見・解決能力等の学習の基盤となる資質・能力を育成」し，また，「豊かな人生の実現や災害等を乗り越えて次代の社会を形成することに向けた現代的な諸課題に対応して求められる資質・能力」を育成することを通じて，各教科等で習得した知識・技能を，学校外でも通用する資質・能力（コンピテンシー）に転化する

表 2-15　2017（平成 29）年中学校学習指導要領 各教科の授業時数

教科＼学年		1	2	3
各教科の授業時数	国　語	140	140	105
	社　会	105	105	140
	数　学	140	105	140
	理　科	105	140	140
	音　楽	45	35	35
	美　術	45	35	35
	保健　体育	105	105	105
	技術・家庭	70	70	35
	外国語	140	140	140
特別の教科である道徳の授業時数		35	35	35
総合的な学習の時間の授業時数		50	70	70
特別活動の授業時数		35	35	35
総授業時数		1015	1015	1015

ことが期待されています。その意味で，学校内外の図書館はもちろん，「博物館，美術館，劇場，音楽堂等の施設の活用を積極的に図り，資料を活用した情報の収集や鑑賞等の学習活動を充実すること」，さらには社会との連携を図ることが必要です。

外国語教育の水準アップ

2017年の改訂で注目すべきは，小学校外国語の教科化を受けて中学校外国語科の水準アップです。年間140時間で，「聞くこと」「読むこと」「話すこと」「書くこと」の総合的育成によって，コミュニケーション能力の基礎が養われますが，目標例では，「例えば，短い新聞記事を読んだり，テレビのニュースを見たりして，その概要を伝えることができるようにする」とあります。その英語教育は一段と高い水準が求められて，語彙数が1600〜1800語，英検3級程度（50%）を達成することが国の目標として設定されました。

理数教育の充実

2008年の改訂では2〜3割程度の授業時数及び内容が増加されましたが，今回はこれを継続した上で，日常生活等から問題を見出す活動を取り入れ，かつ観察・実験による教育を充実させようとしています。全国学力・学習状況調査によれば，「基準量，比較量，割合の関係を正しく捉えること」や「事柄が成り立つことの図形の性質に関連付けること」が弱いという課題があります。改訂では，「事象を数量や図形及びそれらの関係などに着目して論理的，統合的・発展的に考える」などの弱点を克服しようとしています。

部活動と生徒指導

教育課程外の部活動についても「学校教育の一環として，教育課程との関連が図られるよう留意すること」や「各種団体との連携などの運営上の工夫を行い，持続可能な運営体制」を整えること，そして，「休養日や活動時間を適切に設定する」など，生徒の生活のバランスに配慮することが求められています。

生徒指導では，常日頃からの学級経営を充実させ，ガイダンスやカウンセリングによって生徒を支援すると同時に，特別活動も含めて，学習活動とつなぐことで，「生徒理解を深め，学習指導と関連付けながら，生徒指導の充実を図ること」，また，「社会的・職業的自立に向けて必要な基礎となる資質・能力」を身に付けていくことが望まれます。また，大きな災害が続いていますが，そのほか交通事故や食物アレルギー事故の増加などもあり，にわかに安全・安心，食と健康問題の重要性が認識されるようになりました。学校としては津波災害で経験したように，まずは，家庭や地域との連携を深め，教員・保護者が一緒に防災マニュアルを点検しておくことが大切です。

大改訂した高等学校学習指導要領

2018（平成30）年高等学校学習指導要領では，従来の教科・科目を一掃して，新たな構成による改訂が行われました。国語は，現代の国語，言語文化，論理国語，文学国語，国語表現，古典探究の6科目すべて新設。地理歴史も，地理総合，地理探究，歴史総合，日本史探究，世界史探究の5科目新設。公民は注目された新設の公共のほか，倫理と政治経済の3科目。数学は数学Cを新設（旧「数学活用」）。理科は理科課題研究を廃止し，他の9科目は従来通りの名称です（表2-16参照）。

高等学校に道徳の教科はありませんが，公民科の公共及び倫理そして特別活動を中核として，かつ各教科・科目等の特質に応じた学校の教育活動全体を通じて，「生徒が人間としての在り方生き方を主体的に探究し豊かな自己形成ができるよう適切な指導」が求められています。

各学科共通教科・科目の課程表

「全ての生徒に履修させる各教科・科目」および「総合的な探究の時間」については，下記のように規定されました。

① 国語のうち「現代の国語」および「言語文化」

② 地理歴史のうち「地理総合」および「歴史総合」

表 2-16　2018（平成 30）年　高等学校学習指導要領
各学科の「共通教科・科目」標準単位数

教科等	科目	標準単位数
国語	現代の国語	2
	言語文化	2
	論理国語	4
	文学国語	4
	国語表現	4
	古典探究	4
地理歴史	地理総合	2
	地理探究	3
	歴史総合	2
	日本史探究	3
	世界史探究	3
公民	公共	2
	倫理	2
	政治・経済	2
数学	数学Ⅰ	3
	数学Ⅱ	4
	数学Ⅲ	3
	数学A	2
	数学B	2
	数学C	2
理科	科学と人間生活	2
	物理基礎	2
	物理	4
	化学基礎	2
	化学	4
	生物基礎	2
	生物	4
	地学基礎	2
	地学	4
保健体育	体育	7〜8
	保健	2
芸術	音楽Ⅰ	2
	音楽Ⅱ	2
	音楽Ⅲ	2
	美術Ⅰ	2
	美術Ⅱ	2
	美術	2
	工芸Ⅰ	2
	工芸Ⅱ	2
	工芸Ⅲ	2
	書道Ⅰ	2
	書道Ⅱ	2
	書道Ⅲ	2
外国語	英語コミュニケーションⅠ	3
	英語コミュニケーションⅡ	4
	英語コミュニケーションⅢ	4
	論理・表現Ⅰ	2
	論理・表現Ⅱ	2
	論理・表現Ⅲ	2
家庭	家庭基礎	2
	家庭総合	4
情報	情報Ⅰ	2
	情報Ⅱ	2
理数	理数探究基礎	1
	理数探究	2〜5
総合的な探究の時間		3〜6

（注）卒業単位数は 74 単位以上。単位は，1 単位時間を 50 分，35 単位時間の授業を 1 単位として計算。週 30 時間で年間 35 週を標準。

③　公民のうち「公共」

④　数学のうち「数学Ⅰ」

⑤　理科のうち「科学と人間生活」，「物理基礎」，「化学基礎」，「生物基礎」および「地学基礎」のうちから2科目（うち1科目は「科学と人間生活」），または「物理基礎」，「科学基礎」，「生物基礎」および「地学基礎」のうちから3科目

⑥　保健体育のうち「体育」および「保健」

⑦　芸術のうち「音楽1」，「美術1」，「工芸1」および「書道1」のうちから1科目

⑧　外国語のうち「英語コミュニケーション1」（英語以外の外国語を履修する場合は，学校設定科目として設ける1科目とし，その標準単位数は3単位）

⑨　家庭のうち「家庭基礎」および「家庭総合」のうちから1科目

⑩　情報のうち「情報1」

⑪　総合的な探究の時間については，全ての生徒に履修させるものとし，その単位数は下限をくだらないものとする。ただし，特に必要がある場合は2単位とすることができる。

「令和の日本型学校教育」―普通科改革

さらに，2021年中教審答申により，「全ての子供たちの可能性を引き出す，個別最適な学びと，協働的な学びの実現」をめざす「令和の日本型学校教育」が提案され，次のように学習指導要領が一部改正（2022年4月1日施行）されました。

普通科改革として，「それぞれの特色化・魅力化に取り組むことを推進する観点から，普通科以外の普通教育を主とする学科を

設置する」ことが可能となり，「その目標及び内容を定めた学校設定教科に関する科目」（2単位を下らない）を設置して「全ての生徒に履修させる」こと，あるいは，学校設定教科に関する科目及び総合的な探究の時間（合わせて6単位を下らない）を利用した教育課程のあり方が規定されました。それらの科目および時間は，各年次にわたり履修させ，かつ，「相互の関連を図り，系統的，発展的な指導を行うこと」が求められています。

専門学科の課程

専門学科は「産業の動向等に適切に対応できるよう，専門性の基礎・基本の教育に重点を置くとともに，実際的，体験的学習を重視し，産業界との連携をより一層強めること」が要請されました。農業・工業・商業などの専門学科の課程を設置するためには，「全ての生徒に履修させる単位数は，25単位を下らないこと」と規定され，従来通り，商業科に限り，25単位の中に外国語科目を5単位まで含めることができます。他の専門学科でも，「専門教科・科目の履修と同様の成果が期待できる場合」も，その専門教科・科目以外からは5単位まで含めることができると規定されました。

総合学科の課程

総合学科については，「学年による教育課程の区分を設けない」という「単位制による課程」で，「生徒が多様な各教科・科目から主体的に選択履修できるようにすること」が期待されている。「産業社会と人間」（2〜4単位）は「全ての生徒に原則として入学年次に履修させる」ものとし，専門教科・科目を合わせて5単位以上の履修が規定されました。選択が困難であるので，「指針となるように，体系性や専門性等において相互に関連する各教科・科目によって構成される科目群を設けるとともに，必要に応じ，それら以外の各教科・科目を設け，生徒が自由に選択履修できるようにすること」と規定されています。

定時制および通信制の課程

定時制および通信制の課程は，勤労青年のほか多様な入学者が存在するのが共通で，教育課程の基本構成は，前述の学科と同様の原則からなっていますが，その運営の仕方が異なります。

通信制は 2020 年に生徒数が 20 万人を突破し，多様なメディアを利用した学習方法により，今後も加速するでしょう。教科目及び総合的な探究の時間について，添削指導（回）と面接指導（単位時間）が定められていますが，学習成果が満足できると認められるときは，10 分の 6 以内を免除することができる（ただし全科目合わせて 10 分の 8 以内），特別活動では「一部を行わないことができる」など融通性のある教育課程が特徴ですが，その「学習の質と量」の低下への厳しい指摘を踏まえ，試験の回数と添削指導および面接指導との関連を図るよう要請されています。未来型の 1 つの学校のあり方になると予想されますので，確かな学力と創造的な活動とを創出する教育課程の構想が求められています。

ま と め

2017 年（小中）・2018 年（高校）の改訂では知識の習得よりも，知識・技能を使って「何ができるようになるか」（コンピテンシー）が重視され，アクティブ・ラーニングとカリキュラム・マネジメントを展開することが求められました。新しいコンセプトによる教科書作成と学習成果測定のテスト，そしてこれを実施する教師の資質形成が，大きな課題となります。AI時代の到来となり，コンピテンシーのみならず人間としての道徳性と「思慮深さ」の育成を大切にして教育をすることが必要と考えます。

●引用・参考文献

岡津守彦，1969，『教育課程 各論』（戦後日本の教育改革7）東京大学出版会。

国立教育政策研究所監訳，2007，『PISA2006年調査 評価の枠組み――OECD生徒の学習到達度調査』ぎょうせい。

戦後日本教育課程研究会，1996，『我が国の教育課程及び学力観に関する調査研究』（平成7年文部省依嘱研究）。

奈須正裕，2017，『資質・能力と学びのメカニズム』東洋館。

肥田野直・稲垣忠彦編，1971，『教育課程 総論』（戦後日本の教育改革6）東京大学出版会。

松下佳代編著，2013，『〈新しい能力〉は教育を変えるか』ミネルヴァ書房。

水原克敏，1992，『現代日本の教育課程改革――学習指導要領と国民の資質形成』風間書房。

水原克敏，2017，『増補改訂版 学習指導要領は国民形成の設計書――その人間像と能力観の歴史的変遷』東北大学出版会。

文部省，1992，『学制百二十年史』ぎょうせい。

ライチェン，D. S.＝サルガニク，L. H. 編／立田慶裕監訳／今西幸蔵・岩崎久美子・猿田祐嗣・名取一好・野村和・平沢安政訳，2006，『キー・コンピテンシー――国際標準の学力をめざして：OECD DeSeCo：コンピテンシーの定義と選択』明石書店。

＊そのほか，文部（科学）省，1947–2018，幼小中高の『学習指導要領』及び解説，時数（単位）表，「中教審答申」，中教審初等中等教育分科会教育課程部会教育課程企画特別部会の議事録及び配布資料等を多数使用したが，逐一の掲載は省略する。

第3章　教育課程開発の新しい動き

▲生活科「おまつりわっしょい」の発表会から

これまで教育課程の「基準性」を示す学習指導要領の変遷をみてきました。学習指導要領は約10年ごとに改訂されてきたのですが，その改訂は次の3つの実証的な資料を手がかりにして行われてきています。実証的資料とは，教育課程実施状況調査（2015年度では学習指導要領実施状況調査），研究開発学校での「実証的資料」，国内外の学力等の諸調査です。これらの実証的資料をもとに，中央教育審議会で教育課程改訂に関わる審議・答申を行い，全校種・教科科目・領域に関わる学習指導要領が作成されます。

この章では，近未来の学習指導要領改訂のための実証的資料を提供する研究開発学校の取り組みと各学校での教育課程編成の年間サイクルについて取り上げることによって，教育課程の開発と編成過程について考えていきます。

1 学習指導要領の改訂と研究開発学校制度

1990～2000年代には，小学校生活科や「総合的な学習の時間」などに関わって，「ゆとり教育」が話題になりました。また2010～2020年代では，「外国語活動」「外国語科」の導入で英語教育・活動が拡充され，ICT教育（GIGAスクール構想）が急展開される中で，「主体的・対話的で深い学び」「個別最適な学び」という新たな学習指導指針や，小学校高学年の教科担任制，教科横断的あるいは学校間連携等のカリキュラム・マネジメント等の改革論とその取り組みがなされています。そしてそれを支える新しい授業研究・校内研究・教師教育論と学校運営協議会（コミュニティースクール）制度の展開による市民を含めた学校カリキュラムの検討システムが動きつつあります。これらのことは，様々な学校教育改革の試みとその教育計画と評価による教育課程編成観が，21世紀前後から大きく変化していることを予想させます。

第3章では，具体的な教育課題がどう教育課程編成に反映していくのか，そして国レベルの教育課程施策としての学習指導要領の改訂システムはどのようなものなのかをみます。そのシステムの典型例は，1976年に創設された研究開発学校制度と近年の教育課程編成に関する特例校制度です。そこで，学習指導要領改訂のシステムの概要をみた後に，学校教育改革の先駆ともいえる小学校生活科をはじめとする教育課程再編と，2000年以降の教育課程の改革動向と論点を探ります。

ところで前章までの学習指導要領の変遷を再読すると，10年前後の時を経て改訂されていることに気づくのではないでしょうか。

この改訂のサイクルは，①文部科学大臣による中央教育審議会への諮問と審議・答申，②その答申にもとづく学習指導要領の改訂，③学習指導要領に即した教科書の編纂と刊行，教科書検定，市町村教育委員会での採択・配布という一連の過程から成っています。それらの各過程に，約2〜3年要するので，約7〜9年間の改訂サイクルになるわけです。

そしてこの経緯でもう1つ見落とすことができないのは，この審議途中で次の改訂準備が始まっているということです。例えば，中央教育審議会への諮問「新しい時代の初等中等教育の在り方について」（2019年4月）が出され，その答申「『令和の日本型学校教育』の構築を目指して」（2021年1月）が出されています。答申には「主体的・対話的で深い学び」につながる「協働的学び」と「個別最適な学び」に留意した新たな教育活動への移行が言及されています。この新しい提言が，次期学習指導要領・教育課程編成にどのように連なっていくかをみる上で，研究開発学校の動向は必見でしょう。文部科学省は，研究開発学校制度により，次期学習指導要領を改訂するために先導的試行を促し，「実証的資料」を得るシステムをつくってきたからです。この研究開発学校は，「現行」の学習指導要領に即した典型的実践を実施・普及するというよりも，次期改訂のための資料提供という点に使命があります。つまり，これら研究開発学校の実践的研究動向から，次期学習指導要領の改訂の方向性をうかがうことができるわけです。本章ではまず生活科を新設した学習指導要領作成にあたっての「実証的資料」を提供した，1980年代中盤における研究開発学校の実践研究の動向からみてみます。

2 教育課程再編の先がけとしての生活科

生活科創設と小学校教育課程の再編で問われたこと

1992年4月，小学校1〜2年の社会科と理科を廃止して，生活科が新設されました。この変更は，小学校低学年の理科と社会科の約50年の歴史を閉じる大きなできごとでした（低学年理科は1941年，社会科は47年に設置）。生活科創設期には，自然や社会の個々の事実に関しての認識指導に力点をおくのではなく，「自分と身近な人々，社会及び自然との関わり」と「生活上必要な習慣や技能」を学習対象とし，「自分自身や自分の生活について考え，表現する」活動に取り組むとしました。それは，生活科教育実践では「活動や経験が学習の“目的であり内容であり方法である”」という見地から，教科ではあるが認識指導に対する慎重論・消極論が一定の広がりをもっていました。ただ，小学校学習指導要領の1998年告示版からは「知的な気付き」を大切にした認識指導が重視されはじめ，近年では「対象に固有な事実的な知識をつなげて，概念的で構造的な知識へと高めていく」（田村，2018，p. 41）と変化してきていることも見逃せません。

生活科をめぐる論点

この生活科創設にあたっては，1985年前後の小学校研究開発学校の研究と普及機能はきわめて大きいもので，その実践研究（新潟県上越市立大手町小学校，1987）では，生活科は「新学力観」（p. 78参照）の典型例ともいわれました。学校入門期の教育課程改編という大きな変更であり，これら生活科新設とその後の実践に伴う教育課程の計画・実施・評価，授業形態や教師の役割については，いくつかの教育課程の原理に関わる重要な以下の５つの論点があります。

① 生活科での学習主体の興味・関心に即した学習スタイルの導入にあたって，子どもの興味・関心・意欲そのものをどうとらえ，教育課題に焦点化するか（子ども理解・学習指導論），

② 活動や経験が学習の「目的であり内容であり方法である」という見解に基づく教材・題材選定視点の明確化とその見解自体の吟味の必要性（教材・内容論的検討），

③ ②に関わって学校教育入門期の「未分化」「合科的扱い」「総合」の観点からの教科・道徳・特別活動の教育課程構成，ならびに経験・活動と授業の固有の課題の解明（教育課程論的検討），

④ 「教え込み」傾向が強い学習観・指導観・授業形態の問い直しを，低学年段階のみならず学校教育活動として再検討し，教師の位置と役割を教職専門性から吟味すること（指導論・教師論的検討），

⑤ 上記のような学習者中心の学習観と指導観，教師論の徹底による，評価内容や評価方法（さらには指導要録）の変更（評価論的検討）。

生活科設置 30 余年，入門期の教育活動のあり方を再吟味する時期かもしれません。

3 1990年代中盤の教育課程再編構想

「総合的な学習」と研究開発学校制度

2節で紹介したように小学校教育課程に大きな変更をもたらした生活科新設は，低学年の社会科と理科の存廃という限られた議論の中で出てきたものではありませんでした。小学校の教育課程全体の枠組みのみならず学校種間の接続の仕方をも問う側面がありました。

生活科創設以降，1990年代の小学校の研究開発学校の実践を分類すると，大まかには5つのタイプをみてとることができます。

第1のタイプは，教科の統合による「記号科」（国語と算数を統合）や「表現科」（図画工作と音楽の統合）等の新設の試み，第2のタイプは生活科を3年以上6年まで延長するかのような「生活体験科」等の試み，第3のタイプは理科，社会科，家庭科等の再編・統合と教育課程の枠組み再編の試み，第4のタイプは「新しい社会への対応」を念頭においた「国際体験科」「国際文化科」「外国語科・英語科」「情報科」等の新教科あるいは教科外（特別活動）での英会話クラブ等の設置の試み，第5のタイプは，総合学習に独自の領域・時間を教育課程上に設置するという試みです。これらの概要と教育課程編成に盛り込まれている特徴を順次みていきます。

機能に着目した「記号科」の新設

1992年2月，兵庫教育大学教育学部附属小学校が新教科「記号科」に関する公開研究会を開催し，注目されました。同附属小学校（1990～92年度の研究開発学校）では，小学校低学年における教育課程に焦点をあて，とりわけ「第2の生活科」としての「子どもたちの言語生活や数量生活に関わる体験や活動そのものを学習の目的・内容とする教科」，つまり記号科の開発に力を入れていました。そこでは，次のような広岡亮蔵の「学習論」（1976年）等が援用され構想・実践研究されていました。

ア）国語科・算数科……第2信号系レベルの記号能力を形成するための基礎教科群→記号科が対応

イ）社会科・理科……環境刺激をインプット・入力して知的能力を形成するための教科群→生活科が対応

ウ）音楽科・図画工作科……知的内容あるいは直感内容の価値を評価するための教科群→表現科が対応

エ）体育科・家庭科……美的価値あるいは実用的価値のあるものをアウトプットする技術能力を形成するための教科群

記号科は，「遊戯活動領域」と「生活体験領域」からなり，蝦谷米司の「教科教育学の構想」も参考に独特の内容構成をとっていました。ここでのキーワードは記号操作能力で，体験や活動で得た「外部からの情報を的確に符号化・記号化していく能力」（生活体験を記号化する能力）であって，言語生活と数量生活を統合させるものとして考えられていました。したがって記号科では，言語や数量の事象認識を取り上げながらも，認識した内容の比較，組替え，組立て（構成）やその結果の表現や行動に強調点があり，認識指導よりも能力・態度形成を重視した「機能的教育課程論」

に基づく教科編成をめざしたものでした。

生活・活動を柱とした教科再編

第2のタイプは，生活科の趣旨を高学年にまで延長するようなかたちで教育課程の再編を行う事例です。

滋賀県の治田東小学校では，1〜2年の生活科を組み込むかたちで全学年に「生活体験科」を設け，教育課程の「核」としました（1990〜92年度)。教育課程の枠組みとしては教科・道徳・特別活動の3区分をそのままにし，全教科の授業時間から週4時間分を削り，その時間を新教科「生活体験科」に当てています。

この生活体験科では,「身の回りの国際文化，産業技術，福祉及び情報などの活動に関心をもたせ，よりよい生活を築くため，これらの活動を体験させ，社会の変化に主体的に対応できる基礎的な力を養う」とし，次の4つの領域を設けていました。

① 国際文化領域（コミュニケーション，異文化理解と日本の伝統文化理解）

② 産業技術領域（手作り活動，環境保全活動，飼育・栽培活動）

③ 福祉交流領域（異年齢の人たちとの交流，福祉・奉仕活動）

④ 情報活用領域（情報処理活動，情報発信活動，メディア〔コンピューター〕活用）

この生活体験科でも，活動は領域の目標や内容，方法であるという観点は踏襲され，経験主義的教育課程が「活動」に焦点化されるかたちで構成されているのが1つの特徴となっています。同時に，留意しておきたいのは，生活体験科構想の時点（1990年度）で「国際理解，情報，環境，福祉・健康などの横断的・総合的な課題，児童生徒の興味・関心に基づく課題，地域や学校の特色に応じた課題など」が学習内容として編入されていることです。つまり1989年告示の学習指導要領が全国で実施される以前に，2002年度全面実施の「総合的な学習の時間」に相当する先導的実践研究がなされていたということになります。

この他に生活科を高学年に引き継ぐ別のかたちは，大阪市立滝川小学校の教育課程にみることができます。滝川小学校では，生活科につなげて中・高学年で新教科「地域・環境科」を設置・試行しました（1992～94年度の研究開発学校）。地域・環境科は，①中学年での社会科の廃止と理科週1時間の削減，②高学年での家庭科廃止と，社会科と理科の各週1時間の削減を行い，③逆に中・高学年で，年間週3時間の地域・環境科を新設するというもので，治田東小学校の場合よりやや大きな教科の再編をしていることになります。それは，地域・環境科の学習によって，中学年における社会科や理科の学習内容を統合することと，高学年の家庭科と統合することによって家庭科での学習内容を低学年から高学年に至るまで一貫させるという意味をもっていました。

教育課程の枠組みの再編――選択学習の導入

第3のタイプは，教科再編・統合にとどまらず教育課程の枠組みを再編成している事例です。それは，教育課程の枠組み（教科・道徳・特別活動等）の統廃合や選択学習の導入，教科・領域ではなく「単元群」等による教育課程の開発です。

香川大学教育学部附属高松小学校では，教育課程の3領域ではなく当初5領域を試行（その後1活動3領域編成を試行）し，そこに選択学習や総合学習の領域を導入しました。1993年度の教育課程では，教科・道徳・学級活動・選択学習（小学校3年から週2

時間導入)・しらうめ活動(「総合活動・しらうめ活動」を週1時間増設)の5領域でした。教科についてみると，①中学年の社会・理科の廃止，②国語での全学年各1時間の削減，③全学年で図画工作科と音楽科を廃止し表現科に統合したことにより，④3〜4年で環境科の新設をしています。選択学習は，国際化・情報化・人間化が選択視点として設けられ，例えば「パソコン博士」(中学年),「地球にやさしいくらし」(高学年)等のコーステーマから選択し，2学年混成の学習として実施されました。

福島大学教育学部附属小学校(1993〜95年度)では，教科と枠組み(教育課程)を「発達」という観点から再編成しています。そこでは「教科の内容は，大学の学問体系から小学校段階にそのまま下りてきておりその量も多い」という認識から，小学校段階では「もっと子供の学習の筋道や認識の高まりを大切にした学習」にすることを意図して再構成しています。

具体的には，①教科と道徳の時間という2領域編成，②1・2学年とそれ以降の教科構成の変更，③音楽と図画工作科を「表現科」とし，社会科と理科と家庭科を廃止して「地球科」「人間科」を新設(特別活動の時間を「地球科」「人間科」に，さらに家庭科の時間を「人間科」にそれぞれ当てた)するという再編でした。

また，新潟県上越市の大手町小学校(1995〜97年度)では，教育課程を単元レベルで再編しています。それは，学習指導要領の教科・領域の目標や内容を「統合・関連・重点化」し,「教育内容のまとまり」ではなく子どもらが「自ら追究する学習活動のひとまとまり」にする，という視点から再編しようとしたものです。教科と領域ではない,「生活・環境」「言語」「数量・図形」「総合科学」「創造表現」「身体・健康」「自分・集団」という7つの単元群で構成していました。生活・環境単元群は，主に「統合」の視点から社会科・生活科・理科・家庭科の学習を再編し，総合科学単元群は，主に「関連」の視点から社会科と理科の学習内容を再編したといいます。また，「重点化」により再編したのは，言語と数量・図形の単元群です。

「社会の変化への対応」と小学校英語教育

これまでみてきた教育課程改革では，教科の再編あるいは，拡充という側面が強いものでした。それとは異なり直接的に生活・社会の変化に対応した新たな教科編成を構想する第4のタイプも多くありました。それは，先に活動対象として設定されていた国際理解，情報，環境，福祉・健康等に関わる領域を，教科等として独自に設定するというものです。国際科と情報科を，それぞれ週1時間設置した鹿児島大学教育学部附属小学校の事例（1993〜95年度）もありました。ここでは教科となった小学校英語教育を例にみてみます。

千葉県東金市の鴇嶺（ときがね）小学校では，「国際体験科」を新設し，1〜2年で「英語活動」として各1時間，3年以降では「英語活動」と「体験総合活動」を各1時間行う教育課程を編みました（1993〜95年度）。国際体験科では，「国際的視野に立って，自他の生活や文化にも関心をもたせ，実践的な活動を通して，国際理解を図るとともに，外国語で交信しようとする能力を養い，国際社会に生きる資質を育成する」ことをねらいとしていました。

このような小学校での英語教育関連の研究開発学校は，1995年段階から急増し，2002年度以降の「総合的な学習の時間」での一領域として，そして08年小学校学習指導要領改訂による

「外国語活動」の教科等の設置に連なっているわけです。

領域としての「総合学習」設置の試み

第5のタイプは，教科再編ではなく，教育課程上で「総合学習」に独自の時間帯を当てた試みです。東京学芸大学教育学部附属大泉小学校では，「国際」「環境」「人間」を視野とした総合学習に早くから取り組んでいました（1995～97年度）。それは，総合学習単元の開発によって，「各既存教科の内容を，その教科ならではの核になるものへと精選化を促すものであり，カリキュラム全体のスリム化につながるもの」と想定していました。総合学習の3つの視野「国際」「環境」「人間」の単元開発の柱としては，それぞれ「異文化，自国文化をふまえた異文化間の単元構成」「循環，共存に関わる単元構成」「体と心，命，そして人間のつながりのすばらしさに出合う単元構成」があげられ，3年以上に週当たり2～3時間が当てられていました。そこで注目しておきたいことは，「豊かな学力」を次の3つの「知」として整理していることです。

・内容知＝各教科・領域の学習内容
・方法知＝いかに，どう学ぶかという学習方法・学び方
・自分知＝自己理解

この3つの側面に目を向けた学力把握は，1990年前後に強調された興味・関心・意欲・態度や，上記でいう「方法知」に焦点化した「新学力観」を一定相対化・構造化している点で重要です。

中学校における教育課程改革

1990年代に入り，このように小学校における教育課程改革が先導的に展開されるとともに，中学校段階においても数は少ないものの実践研究がなされていました。

その1つに宮城教育大学附属中学校での，次のような教科再編構想に基づく研究開発（1993〜95年度）があります。

・美術科と音楽科と保健体育科のダンス領域を統合した芸術科
・保健体育科の体育分野を独立化したスポーツ科
・保健体育科の保健分野と技術・家庭科と社会科と理科を統合した生活文化科

これらは，国語科，数学科，英語科はそのままにしながら，他の教科を大幅に再編しようとしたものです。中等教育段階における総合的学習の教育課程編成の試みであり，教育課程論における「分化と統合」「生活と科学」という論点（4章3節参照）に関わる新しい実践課題への挑戦でもありました。その後，中等教育段階での研究開発課題は，中高連携，理科や英語教育分野での教育課程開発に向かいます。

4 「新しいタイプ」の研究開発学校の模索

「新しいタイプ」の研究開発学校の登場

1976年に創設された研究開発校での研究開発課題は，①幼稚園と小学校の連携，②小学校と中学校の連携，③中学校と高校の連携，④「高等学校の生徒の能力，適性，進路等に弾力的に対応する教育課程」，⑤「高等学校における職業教育の改

資料 3-1 「新しいタイプ」の研究開発学校の課題例（略記）

● I　学校教育の基本的な課題についての研究開発（学校の教育課程の全体的なあり方についての研究開発）＝① 各教科・科目や領域の構成や内容のあり方，② 高等学校の職業教育に関する教科構成等，③ 盲・聾・養護学校における障害児の特性に応じた新教科の創設等，④ 各学校段階間の連携による教育課程の一体的編成，⑤ 一定地域内の複数の学校での教育課程等の改善，⑥ 科学・芸術等の特定分野の才能を伸ばす教育課程等の研究開発

● II　学校教育の当面する課題についての研究開発（特定の教科等の研究開発や児童生徒の状況に応じた教育課程の研究開発）＝① 体験活動を重視した教育課程，② 学習の進んだ児童生徒等，特別の教育課程，③ 外国語教育や情報教育の教育内容・方法や教科設置，④ キャリア教育の充実，⑤ 小・中学校での不登校・いじめ経験のある児童生徒への指導方法，⑥ 小・中学校での学習障害児，注意欠陥／多動性障害児，高度機能自閉症児又はその他障害のある児童生徒に対する特別の教育課程と指導方法，等の研究開発

● III　各学校や地域における課題についての研究開発　I，II に掲げる課題の他，各学校や地域の状況に応じて特に研究開発が必要と認められる課題

善及び充実を図る教育課程」という 5 項目でした。それが，2000 年を迎えた研究開発学校の課題例では，資料 3-1 のように変更しています。「新しいタイプ」の研究開発学校の登場です。

この「新しいタイプ」の研究開発学校制度は，公募制で予算規模が大型化したほか，教科・領域に関する多様な研究開発課題を設定するようになりました。この時期以降の研究開発課題は，上記 12〜14 項目にほぼ対応し，現在も若干の変更がありながらも踏襲されています。ここでは 3 つのグループに整理しました。

A　学校園間の連携に関する研究開発課題＝① 幼・小連携　② 小・中連携　③ 中・高連携（高・大連携）

B　新教科・領域等学習指導に関する研究開発課題＝④ 外国語教育　⑤ 論理力・思考力・資質／能力育成のための新教科　⑥ 科学技術・理科教育　⑦ 既存の教科等の充実　⑧ その他の新教科（国語教育／情報教育）等

C　現代的教育課題＝⑨不登校・生徒指導　⑩職業教育・キャリア教育（地域との連携・企業との連携を含む）　⑪特別支援教育　⑫学年を越えた習熟度別指導等

研究開発学校では，これらの課題を複数組み合わせてテーマ化していますが，ここでは2008年3月告示の学習指導要領に反映されたと考えられるB「新教科等学習指導に関する研究開発課題」に焦点をあてます。このテーマを探究する研究開発学校は，全体の3分の1強から2分の1という規模となっています。

「新しいタイプ」の研究開発学校での実践的研究開発

開発の端緒となったのは，2000年代前半での小学校の外国語活動と「高次の認知能力」を重視した実践的研究開発です。

(1) 外国語活動の実践的研究開発　　それは，①小学校での英語科教育の内容と教育課程の研究開発（千葉県成田市立成田小学校，金沢市立南小立野小学校，大阪府河内長野市立天野小学校），②小・中学校間での英語教育・活動の連携に関する研究開発（前記の3小学校をはじめ，福岡県小郡市立東野小学校，鹿児島県薩摩川内市立平佐西小学校・川内中央中学校等），③中学校1年生で週6時間英語を集中的に行い，その後は週3時間を2〜3年生で学ぶという重点的教育課程編成での研究開発（東京学芸大学附属世田谷中学校），等々で精力的に取り組まれました。このような小学校からの英語教育・活動は，実践が徐々に蓄積されてきていますが，そこでの課題を整理すると次のようなことがあげられます。

1つめは，教科の主な目的を英語活動・英会話等の英語（外国語）教育と異文化・国際理解教育のどこにおくか，2つめは，教育方法や教育課程の組み方に関することで，教育内容設定と学習材選定の視点（ローマ字・母語教育と読み指導等）ならびにその授業時数と形態，開始学年と中学校での英語教育との接続問題，3つめは，15分程度のモジュール学習短時間学習とネイティブ・スピーカーによる指導体制や，学習進度や苦手意識に対応した指導や授業編成のあり方（例：少人数・習熟度別指導等），そして4つめとしては学習効果をどのような指標と方法で評価するのか，という課題です。

(2)「機能」「高次の認知能力」を重視した教育課程編成　この大規模な実践的研究開発は，東京都品川区立伊藤小学校，上神明小学校，冨士見台中学校での研究開発（2001〜03年度）があげられます。それは，教科の「系」による再編を構想しながらも，ほぼ既存の教科を「基礎学習」とし，その上に「系の学習」として「スキル学習」を位置づけ，さらにその上に「スキルアップ学習」を位置づけるというものになっていました。この「系の学習」は，既存の教科・領域との対応でいえば，言語系＝国語・英語，自然系＝算数・数学・理科・技術，社会教養系＝社会・道徳・特活，健康系＝保健・体育・家庭，芸術系＝図工・美術・音楽となっていて，それぞれの系に固有の「スキル」が構想されています。そのスキルとは，コミュニケーションスキル，観察・推測スキル，批判的思考スキル，健康行動スキル，感性をみがくスキル等が想定されています。

その他の機能に着目した先導的実践は，「ことばの時間」を国語科とは別に設定し，各教科等で「共通して育成すべき資質・能力」として「観察する」「比較する」「問いを持つ」「推論する」等を独自に取り上げた事例（鹿児島市立伊敷台小学校）や，「情報を読み解く」「自己を表現する」「相互に理解する」という領域を設け，氾濫する情報から情報を選択し，効果的に相手に発信する主体者の形成をめざすとした「情報コミュニケーション科」設置の試み（文京区立目白小学校）がありました。これらは，2008年告示の改訂学習指導要領で強調されている「知識・技能の活用など思考力・判断力・表現力等の育成」あるいは「高次の認知能力」（問題解決，創造性，意思決定等）重視（松下，2010）の流れとの関連で探ることも可能でしょう。

中等教育段階での教育課程開発

また，教科新設に関わる研究開発が中等学校教育段階でも広がったという点も指摘できます。それは，中高一貫校での「科学技術科」（東京大学教育学部附属中等教育学校），「総合人間科」（名古屋大学教育学部附属中・高等学校），中学・高等学校での一貫教科「表現科」（秋田市立御所野学院），新教科「産業基礎（職業教育科目）」（愛知教育大学附属高等学校）の新設等，様々です。さらに2004年度からは，「総合的な学習の時間」と教科を一体化して，「総合社会科」「科学技術科」「生活健康科」「表現創造科」「情報活用科」の新設（上越教育大学附属中学校）や，教科融合・総合単元としての「ワールド学習」の開発（高知大学教育学部附属中学校），等の試みもなされていました。ここでは，教科内容の融合・再編とともに，小・中あるいは中等学校段階での学校階梯の再編・連携が課題となっているといえます。

5 「競争的」環境のもとでの研究開発学校

地方分権と教育課程行政

このように研究開発学校の研究開発課題の変更がなされたわけですが，その翌年2002年度からはさらに新しい「新々タイプ」といえる研究開発学校が登場しました。それは，内閣府が直接関わってくる構造改革特別区域法（2002年）による「教育特区」内の構造改革特別区域研究開発学校制度（2003年）と，もう1つは「学習指導要領によらない教育課程編成を認める制度等」の実施です。

この2つの「新々タイプ」の教育課程改革の動向は，直接的には学習指導要領や教育課程政策には反映される性格のものではありませんが，文部科学省以外の省庁が学校教育課程と教育行政に関与してくる1つの契機でした。このことは，「競争的」環境（市場原理・規制緩和策の導入）の中で，初期の研究開発学校の開発課題性格・目的が拡大解釈されたことを意味しているといえます。

まず，「教育特区」における研究開発学校についてです。「教育特区」は，地域を限定して各種の規制を緩和し，税制上の優遇措置を与えて経済を活性化するための施策です。文部科学省は，この教育特区内の研究開発学校には経費支出を行わないが，「適当と考えられる部分があれば，学習指導要領等の改善の検討のための実証的な資料として生かしていく」という考えを，表明しています。「特区」全体に占める「教育特区」は，2003年度では65件（約20%）で，その中で25の研究開発学校が設置され，「英語・外国語教育」「IT（情報技術）」関係と「不登校児童・生徒」のための学校・居場所づくり等（8件）に取り組んでいます。一定の時期，量的にも増加するとともに，文部科学省管轄の研究開発学校よりも大胆な取り組みもみられるようになりました。例えば，小・中一貫教育特区において4－3－2年制を試行したり，「英語会話科」「英語科」関連科目をはじめ，「言語・数理運用科」（広島市，小5から中3まで），「相手意識に立つものづくり科」（長野県諏訪市），環境教育とキャリア教育を合わせた科目等の新設や総合的な学習の時間を全廃して国社数理英体と選択科目に割りふる事例（長崎県小値賀町）等，多様な取り組みもみられます。

この「教育特区」での研究開発学校の特徴は，「『幼・小・中』生活改善・知能向上教育特区」という名称にもあるように，市町村長らの行政改革あるいは地域経済発展の一環として，学校教育の改革が位置づけられているという点です。「教育特区」は文部科学省の「地域の特色等を生かした特別の教育課程を編成する学校の取組」のサイト情報によれば，2003～05年で80余りが地域学校指定されていますが，経済活動発の行政と教育改革行政との間で学校教育がどうあるべきかが問われました。この関係は，「未来の学校」とGIGAスクール構想との間にも再出しています。

学習指導要領によらない教育課程行政施策の模索

もう1つの新しい動向は，「学習指導要領によらない教育課程編成を認める制度等」施策が拡大されたことです。この先例として2002年度に設けられたのが，スーパー・サイエンス・ハイスクール（SSH），スーパー・イングリッシュ・ランゲージ・ハイスクール，コミュニティ・スクール（SELHi）です。当初は約各20校の指定を想定し，後期中等教育政策の1つの重点としています。

① 高校理数科教育推進としての「スーパー・サイエンス・ハイスクール」——「高等学校等において，先進的な理数教育を実践することにより，将来の国際的な科学技術関係人材の育成を推進する」ことを目的とし，「創造性，独創性を高める指導方法，教材等の開発等の取組」を意図した高校改革です。その成果は2022年度実施の高校での「課題研究」「総合的な探究の時間」や理数科科目「理数探究」等に反映されていきます。

② 高校英語教育の推進役としての「スーパー・イングリッシュ・ランゲージ・ハイスクール」——a）大学との連携によって大学教員や留学生等を高校に派遣，b）海外姉妹校と衛星通信やインターネットでの合同授業・交換留学，c）英語による授業，d）大学や海外姉妹校との連携等の実践的研究を目指した高校です。ただ，これは2007年度に終了し，スーパー・グローバル・ハイスクール制度に継承されましたが，2020年度に公募中止となり，その後ワールド・ワイド・ラーニングコンソーシアム（WWL）として実践研究されています。他に，コミュニティ・スクール内の事例（2002年度創設），専門高校内で目指せスペシャリスト（2003年度創設）もありましたが，後にこれらの制度は規制緩和政策の中で再変更されます。

2010年前後の研究開発学校での試み

次に，2008年と2017〜18年の学習指導要領告示前後で，どのような研究開発課題に取り組んでいたのかを比較してみます。2007年度と2017年度に，新たに研究開発学校で取り組んだ

表 3-1　2007 年と 2017 年に指定された新規研究開発学校群の数

	①	②	③	④	⑤	⑥	⑦	⑧	⑨	⑩	⑪	⑫	計
2007 年	2	**8**	0	5	3	1	2	**7**	1	4	1	0	**34**
2017 年	2.5	**2.5**	0	9	3	0	3	**10**	0	0	2	1	**33**

研究開発課題を第 3 節と同じ区分で整理すると次のようになります（表 3-1：①〜⑫は p. 131 の区分に対応。2.5 は①と②に両方に関わることを示す）。

この 2007 年と 2017 年の開発課題でみると，②「小・中連携」と④英語教育，⑧「その他の新教科等」が相対的に多くなっています。そこでまず考えられることは，研究開発学校での④英語教育の「実証的資料」は，小学校学習指導要領改訂にあたって外国語活動，外国語科新設に反映されたであろうということです。その他②⑧の研究開発課題をみると，近年強調されるようになった資質・能力や「非認知能力」の育成に関わるテーマが多くなっています。

②「小・中連携」の中身をみると，a)「英語科」「ことばコミュニケーション科」「国際コミュニケーション科」「言語技能科」等や，b)「ことば科」「論理科」「言語技術科」等を設置し，そこで会話力，読解力，論理力・思考力・考える力，リテラシー，問題解決能力を 6 ないし 9 年間一貫させて育成するという構想が多くなっています。

③「中・高連携」をめざす広島大学附属福山中・高等学校では，「中等教育における科学を支える『リテラシー』の育成を核とする教育課程の研究開発」として，ほかのすべての教科の授業を通

して育成する「新サイエンスプログラム」の開発を試行しています。

また，⑤論理力・思考力の育成のための新教科開発研究も相対的に多く取り組まれています。これらをみると，小・中学校あるいは中学・高校の連携についての研究開発課題としては，各教科の中で会話力，読解力，論理力・思考力・考える力，リテラシー，問題解決能力等，いわば「非認知能力」「高次の認知能力」育成に収斂させた教育実践・教育課程開発だったといえそうです。これらのことは，新教育基本法・学校教育法で提示された資質・能力の3つ柱でいう「思考力・判断力・表現力等の育成」の「実証的資料」を提供することにも連なっていたことになります。

現行学習指導要領改訂前後にみるSSHでの教育課程開発

研究開発学校での実践研究を基にした「実証的資料」の提供が，近未来の学習指導要領改訂に反映されていく過程をみてきました。と同時に2008年には，規制緩和策が教育界に浸潤する中で，教育課程の弾力的な編成をうかがわせる「教育課程編成特例校」制度（予算措置なし）の導入がありました。

ここでは，これら近年の教育課程開発研究に関わって，研究開発学校制度とほぼ同じ機能を果たしているスーパー・サイエンス・スクール（SSH）制度と，教育課程編成特例校制度をみてみます。

前者のSSHは，①先進的な理数系教育を実施している高校等をSSHに指定・支援し「将来のイノベーションの創出を担う科学技術関係人材の育成」と，②高等学校等の理数系教育課程（学習指導要領）改善のための「実証的資料」を得ることを目的としています。2022年現在SSH校は217校（過去設置校の73校を含む）で，当初研究開発期間は3年でしたが現在は4〜5年（延長も可能）となり，世界的な科学技術関係人材の育成を目指した教育課程，教育内容・方法の実践的な研究が，大学等と連携しながら展開されています。近年の成果は，高校の授業科目「理数探究基礎」「理数探究」「総合的な探究の時間」「課題研究／探究」に反映されているとしています（中央教育審議会第228号答申，2021）。各SSHでは，STEAM教育を通して，生徒の探究心を育成するコンテンツと実践の開発と普及を共通の課題とし，各校の校風を生かして展開することが要請されています。STEAMとはScience/Technology/Engineering/Art/Mathematicsの略称で，その教育は「各教科での学習を実社会での問題発見・解決にいかしていくための教科横断的な教育」とされています。

「令和の日本型学校教育」構想の具体化と授業時数特例校

後者の教育課程編成特例校制度は，現在では「学校段階間の接続」「特別の配慮を要する児童生徒の実態」「学校や地域の実態」「教育課程の基準の改善」に資する研究を，一定の条件をクリアすれば申請・採択・実施できるものとして整備されてきました。2021年現在，小中一貫に関しては207件，1768校にも上ります。

また，2022年度には，教育課程特例校制度から授業時数特例校制度を分離・拡大しています。この制度は，「教育課程の編成に当たって，各学年における各教科の授業時数について，標準授業時数（学校教育法施行規則に定める授業時数の標準をいう）の1割を超えない範囲内の授業時数を減じ，他の教科等の授業時数に充てること」を特例的に認め，「教科等横断的な視点に立った資質・能力の育成」や「探究的な学習活動の充実に資する教育課程編成の一層の推進」を図るとしています（2021年7月創設，77校）。その設置理由は「令和の日本型学校教育の構築を目指して」（中教審答申第228号）を踏まえ，教科等横断的な視点に立った資質・能力の育成や探究的な学習の充実をカリキュラム・マネジメントできる学校裁量の幅を拡大させることだといいます。

その授業時間増減の事項としては，①言語能力，②情報活用能力，③問題発見・解決能力，④伝統や文化，⑤主権者教育，⑥消費者教育，⑦法教育，⑧知的財産教育，⑨郷土や地域の教育，⑩海洋教育，⑪環境教育，⑫放射線教育，⑬生命尊重教育，⑭心身健康教育，⑮食の教育，⑯防災・安全教育等の「効果的な実施」を例示しています。このように，学習指導要領で示す標準授業時数を「最低基準」としながらも，「学校や地域の実態」「教育課程の基準の改善」という理由から，弾力的な実践研究と運用を「効率的」に進めようとしています。

現行高校学習指導要領改訂議論での「教育のイメージ」

2017年告示の学習指導要領改訂では，すべての学校教育活動を統一するように「教育課程の構造化」が徹底され，全教科等で「知識・技能の習得」「思考力・判断力・表現力等の育成」「学びに向かう力・人間性等の涵養」という「資質・能力の3つの柱」に即した学習指導計画が要請されました。それに加えて，今回の学習指導要領改訂にあたっては，全教科で「○○科における教育のイメージ」という各学校段階に即したモデルが提示されています（文部科学省中教審答申，2017）。その中で，SSHに関わ

図 3-1　高等学校段階の「理科における教育のイメージ」（概要）

高等学校		発展（世界をリードする人材として）
	応用（科学技術立国としての日本を支える人材として）	
	基礎（善良な市民として）	

（注）文部科学省，2017「別添 5-2」をもとに作成し，高校部分の区分を略記している。

って小・中・高校の学習指導要領理科編での「目的」「改訂にあたっての基本的な考え方」の主旨に対応させて提示された「理科における教育のイメージ」（文部科学省，2017）があります。その小・中・高校段階を通した教育目標並びに教育課程についての「理科における教育のイメージ」は，これまでにみられない3層に区分したもので，その階層的表記は他教科の資料にはありません。

この資料説明では，上層に「発展」（explore science）型を位置づけ，「世界をリードする人材」の育成をめざすとしています。それは「科学的課題に徹底的に向き合い，考え抜いて行動する態度を養う」「科学的な探究能力を活用して，専門的な知識と技能の深化・統合化を図るとともに，自発的・創造的な力を養う」というものです。中間には「応用」（advanced science）型をおき，「科学技術立国としての日本を支える人材」養成をめざすとします。それは「科学的に探究する能力と態度を養うとともに，論理的な思考力や創造性の基礎を養う」「観察・実験や探究活動を一層充実させて，科学的な探究能力の育成を図る」としています。下層には「基礎」（basic science）型を想定し，「善良な市民として」の教育をめざし，観察・実験や探究活動を充実させることにより，「科学的な探究の過程を通じて，中学校で身に付けた資質・能力をさらに高める」としています。このイメージは，新たな多様化・階層化像といえるかもしれません（三石，2023）。

SSHは，この「発展」レベルに相当し，その目的達成のための教育課程と教育内容・方法の開発研究が期待されているわけです。「令和の日本型学校教育」構想では，高校教育制度の抜本的改革議論に関わっており，今後の進捗状況を見守る必要があります。

◎引用・参考文献

安彦忠彦編，1999，『新版カリキュラム研究入門』勁草書房。

科学技術振興機構，「SSHに関する報道資料」「SSH各校の研究開発実施報告書」「指定校による成果物」

北原琢也，2006，『「特色ある学校づくり」とカリキュラム・マネジメント――京都市立衣笠中学校の教育改革』三学出版。

京都市立高倉小学校，2008，『「確かな学力」「豊かな心」「健やかな体」を育む高倉教育――学校・家庭・地域・大学の連携』（研究紀要）。

児島邦宏・東京学芸大学附属大泉小学校編，1995，『学習をつくる 生活をつくる 自分をつくる――豊かな学力はどう育てるか』ぎょうせい。

滋賀県栗東町立治田東小学校，1992，『子どもが拓く全学年の生活体験科』。

柴田義松，2000，『教育課程――カリキュラム入門』有斐閣。

田中耕治・西岡加名恵編，2008，『学力向上実践レポート――実践の成果と舞台裏』教育開発研究所。

田村学，2018，『深い学び』東洋館出版社。

新潟県上越市立大手町小学校，1987，『雪の町からこんにちは』日本教育新聞社出版局。

新潟県上越市立大手町小学校，1998，『新しい教育課程ににじの色の夢――教科・領域を超えて！ 新しい単元群の構成と実践』日本教育出版社。

根津朋美，2001，「研究開発学校におけるカリキュラム評価の実態と課題――研究開発学校報告書を手がかりに」山口満編『現代カリキュラム研究』学文社。
松川禮子，1997，『小学校に英語がやってきた――カリキュラムづくりへの提言』アプリコット。
松川禮子，1999，「小学校への英語学習導入のカリキュラム編成」『カリキュラム研究』8号。
松下佳代編著，2010，「〈新しい能力〉概念と教育――その背景と系譜」『〈新しい能力〉は教育を変えるか――学力・リテラシー・コンピテンシー』ミネルヴァ書房。
三石初雄，2004，「1990年代以降の学校教育カリキュラム開発の動向」『東京学芸大学教員養成カリキュラム開発研究センター年報』3号。
三石初雄，2023，「高校理科の学習指導要領改訂に見る新たな動向」『理科教室』通巻826号。
文部科学省，「研究開発学校ならびに教育課程特例校制度」
文部科学省，2008，「現行制度において既に認められている教育課程編成上の特例」(平成20年文部科学省告示第30号)。
文部科学省，2017，「理科における教育のイメージ」中央教育審議会「中教審答申」第197号関係資料「別添5-2」
文部科学省，2021，「『令和の日本型学校教育』の構築を目指して～全ての子供たちの可能性を引き出す，個別最適な学びと，協働的な学びの実現～」中央教育審議会答申第228号。

＊なお，本章で考察した研究開発学校関連の資料については，各校が刊行している紀要等や研究発表会要項，研究開発実施報告書を参照した。

第4章　教育課程の思想と構造

▲デューイ・スクールで「作業」（ウールを紡ぐ）する子ども（1900年当時）（H. M. Kliebard, 1986, *The Struggle for the American Curriculum 1893–1958*, Routledge & Kegan Paul.）

教育課程は子どもたちの成長と発達に必要な文化を組織する行為ですが，はたして子どもたちに必要な文化とは何か，それはどのように組織されるべきなのかをめぐって，教育課程のあり方は大きく異なることになります。この章では，教育課程の思想的な基盤としての「生活と科学」をめぐる問題，教育課程を「領域」化する際に問われる問題，さらには教育課程の履修原理に関する問題を取り上げて，教育課程の思想と構造に迫っていきたいと思います。

この章では，前章までで説明された学習指導要領の変遷を念頭において，その変遷の背後にある教育課程の思想と構造について考えてみたいと思います。

1 思想的な基盤としての「生活と科学」

教育課程の性格を示す対立した概念として，「経験主義の教育課程」（または経験カリキュラム）と「系統主義の教育課程」（または教科カリキュラム）という2つの用語が使用されます。「経験主義の教育課程」とは，子どもたちの生活から出発して，その生活の改善をめざして組織された経験の系列を意味します。他方，「系統主義の教育課程」とは，教科を構成している基礎科学（学問）の論理によって組織された知識・概念の系列を意味します。このように，教育課程において「生活」と「科学」のどちらを重視するのかをめぐる対立は，近代学校のすぐれて歴史的な課題に根ざしています。すなわち，近代科学の成立を背景として誕生した学校教育は，家庭や地域といった日常生活といったん離れることによって，むしろそうすることによって日常生活をより深く認識する機関にならなければならないという，一見して困難で矛盾する任務を担っていたからです。

生活を重視する思想　学習指導要領の歴史に当てはめると，1947（昭和22）年と51（昭和26）年の学習指導要領は基本的には経験主義の教育課程でした。そして，その思想的な基盤として，デューイ（Dewey, J. ; 1859–1952）の教育・学校観が紹介されました。もっともデューイの思想や理論がどの程度正確に日本で紹介・実践されたかという点になると検討の余地がありますが，当時のいわゆる「新教育」に与えたデューイの大きな影響を否定する人は少ないでしょう。また，「生活科」や「総合的な学習の時間」の思想的な根拠として，デューイの考え方が再評価されるようになっています（上野，2022)。そこで，デューイの教育・学校観によって生活を重視する経験カリキュラムの思想を代表させてみたいと思います。

教育の世界においてデューイの名前を有名にしたのは，シカゴ大学の附属実験学校の創立とその実践を紹介した『学校と社会』（デューイ，1957〔原著 1899 年〕）の出版でした。「(新教育は）子どもが太陽になり，その周囲を教育の諸装置が回転する」とした教育におけるコペルニクス的な転回を宣言した本書は，当時勃興しつつあった世界の新教育運動に強いインパクトを与えました。その後出版された『民主主義と教育』（デューイ，1975〔原著 1916 年〕）は，デューイの教育哲学を宣言した著作として，アメリカのカリキュラム研究者に最も大きな影響を与えました。また，『経験と教育』（デューイ，2000〔原著 1938 年〕）は，当時デューイの名において実践されることが多かった「進歩主義」教育のあり方について，その反知性的な行過ぎに対して苦言を呈したもので，デューイの教育・学校観を明確に示しています。

教育と生活の結合

さて，『学校と社会』で描かれた近代学校の問題点はシャープなものでした。デューイは，19 世紀後半の産業革命の進展によって，従来機能していた家庭や地域の教育力が衰弱したという問題意識のもとに，学校に家庭や地域の教育力を導入すること（例えば作業教育など）によって，経験の再構成としての学校教育の活性化を試みようとします。おそらくデューイの念頭には，19世紀の中頃に，開拓農民の子どもたちが，両親や近隣の人々から厳しい自然や社会の中で生きる知恵を学んでいたことが理想的にイメージされていたことでしょう。産業革命はまさに家庭や地域の教育力を奪ったために，そこでの教育力を学校において復権させようとしたのです。

したがって，デューイにあっては「教育は，生活の過程であって将来の生活に対する準備ではない」（生活準備説批判）のであって，「学習は生活することを通してまた生活することとの連関において行われる」（「なすことによって学ぶ」learning by doing）と主張されます。今を生きる子どもたちに大人の判断で将来必要になるからとの理由で文字通り砂をかむような「勉強」をさせるのではなく，今ここに生起している問題に実際に取り組むことによってこそ，本物の学習・知性は成立すると考えられたのです。

しかし，ここで注意しなくてはならないのは，「なすことによって学ぶ」とは単なる体験を豊かにするという意味ではないということです。実験的経験主義を主張するデューイにあっては，このような問題解決の取り組みを実験的・科学的方法で行うことによって，実験的知性の習得を目標にしようとしました。それは，よく知られているように「問題意識の発生—ばくぜんと，問題の明確化—知性的に，仮説構成—解決のための暗示と観察・情報，推理作用による仮説の吟味—観念作用，仮説のテスト」と進行すると定式化されます。ここでは，「情報」（information）はそれ自体としては意味がなく，この問題解決に生きることによってはじめて「知識」（knowledge）となるのです。実験学校で採用された

「作業（オキュペーション）」は，家庭生活の衣食住に関わる仕事（「裁縫」「料理」「木工」）を意味しますが，デューイはこれらの「仕事」をより広い社会的文脈（社会の仕組みや人々の仕事のあり方）の中でとらえ，子どもたちを社会生活の研究へと導こうと意図しました（小柳，2020）。

このようなデューイの考え方が教育課程に具体化されると，問題選択の枠であるスコープ（scope）として社会機能法が，他方問題排列の順序であるシーケンス（sequence）として児童の経験領域の地域的拡大法（同心円拡大法）が採用され，その交差するところに「単元」（unit）が成立すると考えられたのです。アメリカで開発されたカリフォルニア・プラン（1930年）やバージニア・プラン（34年）は典型的な経験主義の教育課程とされ，戦後初期の学習指導要領に影響を与えることになります。なお，「広域カリキュラム」（broad-field curriculum）や「コア・カリキュラム」という呼称は，経験主義の教育課程の具体例として使用されました（ホプキンスほか，1950〔原著1937年〕）。

経験主義批判

しかしながら，このような生活を重視する経験主義の教育課程に対しては，戦後日本において起こった「問題解決学習論争」や「基礎学力論争」の中で，次のような問題点が指摘されるようになりました。問題解決学習によれば，先述したように子どもたちが問題場面に直面したときに，その解決に必要な情報や知識（informationと総称）が集められ，問題解決のプロセスを通じて主体内部に有機的な知識（真の意味でknowledge）として再構成され，この過程を通じて実験的・科学的方法を体得すると考えます。逆にいえば，この問

Column① コア・カリキュラム連盟の活動

戦後初期の学習指導要領に刺激を受け，教育現場からのカリキュラム改革を担うべく，1948年にコア・カリキュラム連盟（コア連）が発足します。その発足に参加した人々としては，石山脩平（「福沢プラン」指導），梅根悟（「川口プラン」指導）などがおり，教育現場からは戦前の大正自由教育に参加していた学校が多く参加しました。機関誌『カリキュラム』（49年発刊）や研究大会を中心として，研究者と実践家がオープンに相互交流を図りながら研究・実践を進めるというスタイルは，戦後の民間教育研究団体の源流となりました。

発足当初のコア連は，各教科ごとの単元学習を批判して，学習指導要領の主旨をより合理的に実践するためには統合した生活学習を行う「中心課程」（コア・コース）を設定することが必要であるとして，従来の教科を配列する「周辺課程」との2課程を提起します。その後，1951年の「新潟集会」において，コア連のカリキュラム構造論の頂点とされる三層四領域論（三層…基礎課程，問題解決課程，実践課程，四領域…表現，社会，経済〔自然〕，健康）が承認されます。『カリキュラム』誌上には「水害と市政」（53年12月号）や「西陣織」（54年2月号）などの有名な実践記録が掲載されます（日本生活教育連盟，1998）。

題解決のプロセスを抜きにしたinformationの教授は，詰め込み以外の何ものでもないのです。

これに対して，系統主義の立場からは，問題解決の必要に応じて事実や知識が選択されるとすれば，結果的に「断片的経験に断片的知識をかぶせたもの」であり，「はいまわる経験主義」（矢川，1950）になると批判します。問題解決を行うためには，まず何よりも知識の系統的な教授が優先されるべきであって，それこそが子どもたちの将来の生活にとって必要なものと考えられたのです。もちろん，このような批判に対しては，それこそ生活準備説であって，知識の詰め込みになるとの反論がなされました。また他方では，経験主義の教育課程に対して，『山びこ学校』(1951年) に代表される生活綴方の立場から，想定されている「生活」が敗戦直後の日本の現実からみて，あまりにも「牧歌的」と批判を受けることにもなりました（日本作文の会，2001)。

科学を重視する思想

1960年を前後して，アメリカや旧ソビエトそして日本において，いわゆる「現代化」と総称される動向が顕著になってきます。その共通する特徴は，飛躍的に進展する現代の科学技術（「知識爆発の時代」）に比して，学校で教えている教科内容は時代後れになっているという認識のもとに，現代科学の内容と方法でもって教科内容をドラスティックに再編成することを要求し，かつそのことは子どもたちにとっても学習可能であるという主張でした。特に，アメリカや日本においては，進歩主義や経験主義に対する批判意識とそれに代わる知的卓越性（excellence）をめざす教育課程論の確立ということが強く自覚されました。文部省の学習指導要領も，このような動向を反映して，「系統学習」(1958年改訂)，「現代化」(1968年改訂）を打ち出していきます。また，民間教育研究団体からは，この時期遠山啓たちによる「水道方式」や板倉聖宣たちによる「仮説実験授業」，さらには明星学園の教師たちを中心とする「にっぽんご」の指導体系が提案されます。

この科学を重視する系統主義の教育課程において，その思想的な根拠を与えるのに影響力をもったのはブルーナー（Bruner, J.

Column② もう1つの現代化――民間教育研究団体の成果

戦後初期の経験主義批判を契機として，1950年代になると民間教育研究団体が陸続として発足します。とりわけ，遠山啓をリーダーとする数学教育協議会（51年）が提唱した「水道方式」と「量の数学」は民間の側から提唱された「現代化」として有名です（遠山，1972)。1963年には，科学史家の板倉聖宣によって「仮説実験授業」が提唱され（板倉，1974)，明星学園の教師たちを中心として「にっぽんご」の指導体系（奥田・国分，1964）が確立されます。

柴田義松はこのような「現代化」にふさわしい教科内容編成の基本原理として，「分析・総合方式」と「一般から特殊へ」という原理を「水道方式」から析出します（柴田，1971)。「水道方式」では計算体系を〈分析〉して「素過程」を導き，それから「典型的な複合過程」（一般）から「典型的でない複合過程」（特殊）へ計算問題を〈総合〉（配列）していることに学んだのです。この基本原理は，やがて社会科において自然地理（「世界の気候」プラン，『教育』1965年5月号）を先習させる指導体系の構築に導きます。

S.; 1915-2016）でした。ブルーナーの名が歴史の舞台に登場するのは，1959年に開催されたウッヅ・ホール会議の議長を務め，その会議の内容をまとめた『教育の過程』（ブルーナー，1963〔原著1960年〕）を出版したことによってでした。ウッヅ・ホール会議とは，1957年に旧ソビエトが人工衛星の打ち上げに成功し，そのことがアメリカにおける科学技術教育の立ち後れを自覚させ（「スプートニック・ショック」)，全米科学アカデミーによって当代一流の科学者や心理学者をウッヅ・ホールに召集して，科学技術

資料 4-1　学校観の相異――デューイの「私の教育信条」とブルーナーの「デューイの後に来るもの」

●教育は生活過程であって，将来の生活に対する準備ではない。学校は，現在の生活――子どもが家庭において，近隣において，あるいは運動場において営んでいるものと同じように，彼にとって現実的で生き生きした生活――を表現しなければならない（デューイ，1897，p. 13）。

●学校はただ外部の広い社会との連続性，あるいは日常経験との連続性を準備するだけでもって足れりとしてはならない。学校というところは，人間が知性を駆使して新たなものを発見したり，想像だにしなかった新たな経験の世界へと飛躍するための，特殊な社会なのだ（ブルーナー，1962，p. 183）。

教育のカリキュラム開発について論議した会議のことです。『教育の過程』は学問中心カリキュラム（discipline-centered curriculum）の福音書として世界で読まれていくことになります。

教育と科学の結合

当時のブルーナーが厳しく批判したのは，生活適応（life-adjustment）教育であって，「デューイの後に来るもの」（“*After John Dewey What?*”: 1962年）はデューイの「私の教育信条」（“*My Pedagogic Creed*”: 1897年）を逐次批判することによって，系統主義の教育課程，その典型としての学問中心カリキュラムの立場を鮮明に宣言しています。その最も重要な主張は，学校固有の役割を強調して，学校と社会は連続しているのではなく，社会から飛躍する場所であるとしているところです（資料 4-1）。

それでは，ブルーナー理論の核心にあたる点を整理してみましょう。まず学問のもつ基本的な観念である「構造」（structure）を重視したことです。例えば，生物体にはある環境刺激に対して一定の反応を示す「走性」(tropism) という性質があります。尺取虫はどのような角度の板塀を登るときにも最大傾斜15度の傾きを維持するとか，太陽光に対して植物は正か負の走光性を示すなどです。このように多様な自然現象に「走性」という観念をもち込むことによって，より本質的な理解に到達できるとともに，そのことによって記録力や転移力を増すことができると指摘します。

しかしながら，このような現代科学の最先端で解明されつつある「構造」を，はたして発達途上にある子どもたちが理解できるのかという問いが発せられることでしょう。この点について，ブルーナーは「どのような教科であっても，どの発達段階のどの子どもであっても，知的性格をそのままに保って，効果的に教えることができる」(ブルーナー仮説) と主張します。この場合の発達段階とは活動的 (enactive)，映像的 (iconic)，記号的 (symbolic) な段階を意味しており，それぞれの発達段階の特質に応じて教材や教具を工夫すれば，「構造」の教授は可能とされます。例えば，「二次関数」を「バランス・ビーム」で教えるといった工夫です (ブルーナー，1966〔原著1966年〕)。さらには，このような発達段階に即して，「構造」を繰り返し教える「ラセン型教育課程」を提起します。

そして，「知的活動は，知識の最前線であろうと，第3学年の教室であろうと，どこにおいても同じである」と述べられているように，子どもたちは「構造」を学者・研究者が行う同じプロセスで，発見的，探究的に学ぶ必要があるとします。以上の考え方に基づいて，PSSC物理 (1956年)，SMSG数学 (58年，図4-1)，BSCS生物 (59年)，CHEMS化学 (60年) といった学問中心カリキュラムが次々と開発され，日本においても68年改訂の学習

図 4-1　学問中心カリキュラムの実例

●SMSG 数学では，幼稚園用の教科書から「集合」を登場させます。ここで紹介するのは，SMSG 数学の小学校 4 年生第 1 期用教科書「集合（部分集合と補集合）」の記述です。

「貯金箱の中に貨幣がはいっている。これを机の上にあける。右の絵を見てその散ったようすを見よ。N はニッケル，P はペニイ，D はダイム，Q はコーターをあらわす」

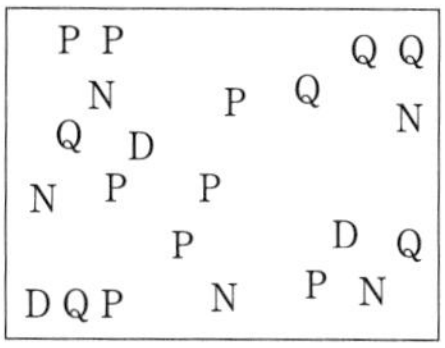

「右の貨幣の集合は，ペニイの集合である。この境界はすべてのペニイを囲む。すべてのペニイは囲いの中にあり，他のすべての貨幣は，囲いの外にある」

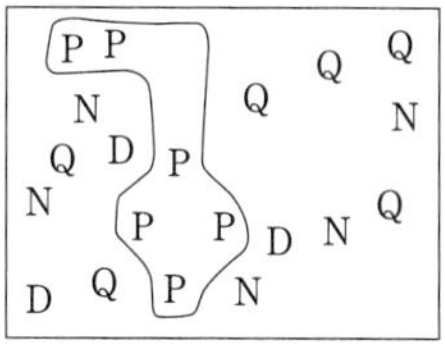

「では次の図を見よ。ペニイの集合は貨幣の集合の中にある。われわれはこのように見ることができるのだ。ペニイは，この図の内側の小さい輪である。ペニイでない貨幣は，小さい輪の外側で，大きい輪の内側にある」

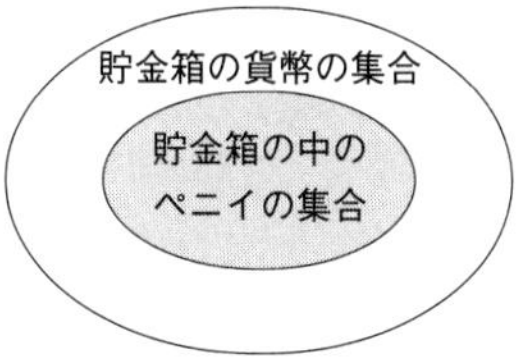

貯金箱の貨幣の集合

貯金箱の中のペニイの集合

（出所）栗原，1966，p. 79 より。

指導要領に大きな影響を与えることになりました。

このような学問中心カリキュラムの志向は，アメリカにおいては，その学問のあり様と子どもたちの自律のあり方を模索しつつ，その後も大きく飛躍・展開することになります（大貫，2023）。

系統主義批判

その後，学問中心カリキュラムに対しては，アメリカにおいては「（その学問や科学が）社会にとって適切であるかどうか，あるいは実際にその授業を受ける子どもたちに適しているかとか，役立つものであるか」という視点が欠落していたとして，主知主義的なアプローチとの批判を浴びて，「人間化カリキュラム」(the humanistic curriculum) が登場してきます。ブルーナーその人も，後に社会や子どもたちにとってのカリキュラムの「適切性」(relevance) に関心を向けていきました（ブルーナー，1972〔原著 1971 年〕)。日本においても，教育課程が高度化・低年齢化する中で大量の「落ちこぼれ」が生じていることが 1970 年代のはじめに問題視されて，いわゆる「ゆとり教育」政策に転換していきます。そして，今日，アメリカでは再び知的卓越性を求める「スタンダード運動」が展開され（ラヴィッチ，2008〔原著 2000 年〕；本書第 9 章 1 節参照)，日本でも「ゆとり教育」政策の見直しと「学力向上」が強調されるようになっています（第 2 章参照)。

このように学習指導要領とその根拠となっている思想の変遷をみてくると，教育課程における「生活」と「科学」のどちらかに，振り子が揺れているようにみえます。しかしながら，経験主義や系統主義への批判に明らかなように，「科学」を軽視する「生活」の脆弱さや「生活」を無視する「科学」の歪みを考えるならば，教育課程における「生活」と「科学」は二者択一ではなく，いかに統一して理解すべきかが問われているといえるでしょう（田中，2017)。かつてタイラー（Tyler, R. W.; 1902–1994）が，教育課程における教育目標の選択を行う際に，ボビット（Bobbit, J. F.; 1876–1956）の提起した「活動分析法」(大人の社会的な活動分析や職務分析から教育課程を編成する立場）を克服して，「学習者についての研究」「現代生活の研究」「教科専門家から得られる示唆」という 3 つの源泉を指摘したこと（タイラー，1978〔原著 1949 年〕）は，今も教育課程における「生活」と「科学」の統一を考える際に重要な指摘となっています（タイラーについては，第5章参照）。

2 学力とモラル

●領域論 I

教育課程における「領域」

教育課程を編成する際に，どのように「領域」を設定するのかについても，論争的な課題となってきました。ちなみに，現行の学習指導要領の構造では，小学校と中学校では教科，特設道徳（2017〔平成29〕年改訂から「特別の教科 道徳」），特別活動等であり，高校は教科等と特別活動から成り立っており，2022（令和4）年度からは「総合的な探究の時間」が設置されました。ここには，教育課程編成における学力とモラルの関係（領域論 I），分化と統合の関係（領域論 II）をめぐる論点が潜んでいます。本論に入る前に，まず教育課程において，「領域」が成立するための条件を確認しておきましょう。

① 他領域に解消されることのない，その領域に特徴的な指導と学習の質を抽出することができること。

② その領域に固有な指導計画（教育目標・内容，教材，指導過程と学習形態，教育評価）をたてることができること。

③ 学校の全体的な教育計画において，一連のまとまった学習時間数を要求することができること。

特設道徳をめぐる論争

「学力」（「わかる力」）と「モラルや態度」（「生きる力」）との関係をどのように考えるのかをめぐる論点が，教育課程の再編において最も鋭く問われたのは，「道徳」の時間を特設することになった1958年学習指導要領の改訂時でした。第二次世界大戦後，戦前の超国家主義，軍国主義を最も顕現していた「修身，日本歴史（国史），地理」が廃止され，それに代わって「社会科」が創設されました。モラルの教育は，修身科のように「道徳」の時間を特設するのではなく学校教育の全面において取り組まれなくてはならないこと，とりわけ「社会科」には社会認識の形成を通して民主的な人格の形成を行うことが強く期待されました。

しかしながら，1955年前後から文部省を中心として，社会科における道徳教育は人間関係の理解を中心におくために，基本的な生活習慣や道徳的な心情を養成するのには困難があるとして，「道徳」の時間の特設が提起されます。そして，この特設「道徳」の提起をめぐって激しい論争が展開されました。このように論争が激化した背景には，朝鮮戦争を契機としてアメリカの対日政策が転換し，「愛国心」の教育が再び強調され始め，このことが戦前の修身科の復活につながるのではないかという危機感を強く生んだからです。

この論争を教育課程の編成という立場から読み解くと，そこには学力が生きて働くように形成されることこそが何よりもモラルの形成につながると考える「社会科」の立場と，学力とモラルは源泉を異にしており，それぞれにほかに解消されない独自の方法が必要であるとする特設「道徳」の立場との対立が，浮かび上がってきます（森，1955）。その後，周知のように特設「道徳」の時間が学習指導要領における「領域」として設定され，今日に至っています。さらには，2017年改訂において，「特別の教科　道徳」が提案され，再び三たび大きな論争に発展しました（貝塚，

2015)。

今日,「教科」となった道徳教育のあり方を考える際には,かつて特設「道徳」の立場に対して投げかけられた次のような批判的な提起は,大切な視点になるでしょう。第1は,時の政府による「道徳」の独占はあってはならず,あくまでも憲法や教育基本法に基づく民主主義的なモラルを追求すること,第2は,ある道徳の命題を子どもたちの実態を無視して押しつける徳目主義に陥ってはならないこと,第3は,形成されるモラルが民主主義的な性格をもつためには,学力形成との関係を常に意識すること,以上です(船山,1981)。

生活指導は領域か機能か

特設「道徳」をめぐる論争が繰り広げられていた同じ頃(1958年から59年)に,小川太郎と宮坂哲文との間で,「生活指導は領域概念か機能概念か」という論争が行われました(『日本教育論争史録』第4巻現代編(下)=久木ほか,1980,所収)。この論争は,学校教育の「機能」である学力とモラルの形成を,教育課程としてどのように組織(領域化)するのかをめぐる論争でした。その場合,両者ともにモラルの形成を特設「道徳」で行うという立場にはたたず,第二次世界大戦前に生活綴方教師たちによって,モラルの教育であるとともに,その方法を示す概念として提起された「生活指導」の教育課程上での位置づけをめぐって論議がなされることになります。

宮坂は,生活指導は機能概念であって,教科と教科外の両方の領域を貫くものと考えました。確かに,教科を指導する授業においても,仲間づくりを指導する教科外の活動においても,生活指導（モラルの指導）は働いており，特に前者は「教育的教授」の意味であり，当時は「教科を通しての生活指導」と呼称されていました。これに対して，小川は宮坂のように規定すると，主として学力を形成する（＝陶冶機能）ために教科内容の教育的系統性を追求しなくてはならない教科指導と，主としてモラルを形成する（＝訓育機能）ために集団づくりの系統化を進めなくてはならない生活指導の，それぞれの固有性を希薄にすると考えました。そこで，生活指導は教科外の領域において主としてモラルの指導を行うことと規定します。

もちろん，小川においても教科指導において学力の形成を通じてのモラルの形成は展望されていましたが，それはあくまでも学力形成の固有性を通じて達成されると考えられていました。この点については，1964年に広岡亮蔵の「学力モデル」に対してなされた論争において（別冊『現代教育科学』64年2月），学力形成における「態度主義」（科学や芸術のもつ陶冶力を過小に評価して，科学や芸術にとって外在的で，したがって非合理的な「態度」をもちこむこと）が問題となり，教科内容の教育的系統性を通じて態度やモラルが形成されなくてはならないことがあらためて強調されます。また，小川のように生活指導は教科外の領域において主としてモラルの指導を行うことと規定することによって，宮坂が想定していた生活綴方的生活指導（「仲間づくり」）に代わって，全国生活指導研究協議会（略称「全生研」）によって「学級集団づくり」（「班・核・討議づくり」）という自治能力の形成をめざす生活指導固有の方法が提起（表4-1）され，さまざまな課題を含みつつ（田中，2019），特別教育活動論にも大きな影響を与えることになります（竹内，1969；折出，2003）。

表 4-1　全生研による「班・核・討議づくり」

〈学級集団づくりの発展のすじ道〉

	Ⅰ　寄り合い的班の段階	Ⅱ　前期的班の段階			Ⅲ　後期的班の段階
班づくり	○教師が班を編成するか、あるいは自由に好きな者どうし集まって班を編成させる。 ○班内の個人の対立、協力を、班と班との競争・対立・協力に結びつけていく。 ○班の編成替えのくりかえしの中で、リーダーについて学び集団と個人との関係についての認識を深めていく。	○班長立候補、その中から集団により班長を選出する。選ばれた班長は全員の前で各自の班を編成する。 ○班と班との競争の恒常化。 ○班長会の確立。	○核指導による班長の推薦制と班長会による班の編成。 ○問題別による目的的小集団の発生。	○班の固定化と部分的な班の解散と編成。 ○問題別小集団の確立。	○班の固定化と、部分的な班員の移動の定期性の確立。
核づくり	○核候補者を発見して、集団行動の先頭に立たせていく。 ○班長の脱落と新しい班長の発見。〈核の発見〉 ○班長（核）が班員とは違った特別な自覚をもつようになる。〈核の確立1〉	○班長(核)の立候補制の確立。(リーダーとしての自覚と行動を全集団の前で明示する。そして全集団の支持を受ける。)〈核の確立2〉 ○班長リコール制の確立。	○班長と核の分離。〈核の発展1〉 ・指導権の確立。 ・常任議長制の確立。 ・指導権の部分的・暫定的委託始まる。	○核と活動家との分離。〈核の発展2〉 ○班長会による指導的管理権の確立。	○指導的管理の多様化。 ○指導権委託の恒常化。
討議づくり	○班内の話し合いと班と班との討議の確立。（討議の二重方式） ○日直による班の点検と、日直への逆点検制の確立。（班日直） ○集団がばかにされたときに怒りを表現する能力をもつようにする。	○集団による支持と拒否の能力の定着。 ○日直の管理権の確立。（班単位による個人日直制） ○班内での個人への援助的話し合いの確立。	○日直の管理的指導の多様化。 ○自己批判・相互批判の定着。 ○個人に対する全集団的討議の廃止と、集団に対する集団的批判への完全な移行。	○特定個人への管理権の部分的委託。	○個人日直制。 ・日直に対する点検の廃止。 ・特定個人への管理権の委託の恒常化。

（香川サークル案による）

（注）　全生研では学級集団づくりの発展のすじ道を上のように提案することで，生活指導固有の役割を主張します。
（出所）　全生研常任委員会，1963，pp. 25–27。

以上，学力とモラルの関係についてのとらえ方の相違が，教育課程の構造に重要な影響を及ぼすことをみてきました。それでは次に，教育課程の構造を強く規定するもう1つの要因としての，分化と統合の関係について考えてみましょう。

3 分化と統合

●領域論 II

「総合的な学習の時間」が提起されて以降，教育課程における分化と統合をめぐる論議が活発になりました。この分化と統合をめぐる論議とは，この間繰り広げられてきた「生活」と「科学」という基本的な立場をめぐる論点が，教育課程における「領域」の問題として提起されたものと考えてよいでしょう。

総合的な学習の主張

まずは，総合的な学習を支持する人たちがこの分化と統合の問題に対して，どのように主張しているのかを3点で整理してみますと次のようになります。

① 教科分立のカリキュラムでは，統一した人格形成は行えない。教科分立のカリキュラムにある「予定調和」（各教科を教えておけば，それらは子どもたちの中で自動的に統合されるだろうと考えること）は単なる願望にすぎない。

② 子どもたちの学習を活性化するためには，教科枠に閉じ込められた系統学習では限界がある。その場合，活性化の契機は，子どもたちの「実感」「経験」「生活」を重視することと，他方では子どもたちが生きている現代の「問題」「課題」と

対決させることであり，それこそが統合の原理となる。

③ 特に「現代的課題」（環境，家族と性，異文化理解，平和など）は，教科の枠組みを超えて，総合的な取り組みを要求している。ただし，この場合は少なくとも小学校中学年あたりからの総合的な学習が構想されることになる。

このような「統合」の立場からの教育課程の構想としては，すでに戦後初期の経験カリキュラムの時期に，当時のコア・カリキュラム連盟によって三層四領域論（三層とは基礎課程，問題解決課程，実践課程であり，問題解決課程で統合されるという構造）が提起されていました。しかしながら，学習指導要領が系統主義に転換していく中で，この構想それ自体も頓挫することになります。この構想が再び脚光を浴びるのは，系統主義の典型としての学問中心カリキュラムの問題性が顕在化した1970年代であって，問題解決課程は「総合学習」として再提案されることになりました（日本教職員組合，1976）。

総合学習批判

しかし，このような教科指導と教科外指導と並んで，事実上の「領域」として提起された「総合学習」に対しては，「屋上屋を架す」だけでなく，従来の教科指導や特別教育活動を軽視することにならないかという厳しい批判がなされました。例えば，その急先鋒であった城丸章夫は次のように批判します。「授業というものは，新しい知識をただ情報として伝達すればよいものではなくて，伝達するためにも，既習事項を整理し，これと新しい学習内容を結びつけ，位置づけ，基本となる原則を確かめ，応用力のきく認識や技能として，学習者に定着させなければならないのである。そして，こう

*Column*③ 教科学習と総合的な学習の関係——3類型

教科学習と総合的な学習の関係については，次の3つの立場が存在します。

① 教育課程全体を「総合的な学習」化しようとする構想であって，そこでは「総合的な学習」とは区別される教科学習の独自性それ自体を批判または否定の対象とする立場。

② 教科学習の「総合性」を重視し，「総合的な学習」は事実上教科学習の軽視または否定につながると考える立場。

③ 教科学習の「総合性」には解消されない「総合的な学習」の「総合性」の独自性を認めた上で，両者の「相互環流」を構想しようとする立場。

筆者の立場は③ですが，従来の学習指導要領のもとで取り組まれてきた教科学習の「総合性」をめざす実践の中には，明らかに「総合的な学習」の「総合性」を内包しているものがあり，②の立場は③の立場への過渡的形態と考えることも可能です。

いうことを達成することが知的訓練であり，その結果として生まれてくるものが，学習内容の総合化・構造化なのである。教科の授業をきちんとやらないでおいて，その外側に，『総合学習』を設けて，なんとか総合化・構造化を図ろうとすることは，ちゃんとした食事をとらないで，栄養剤で栄養をとろうとする誤りに似ている」(城丸，1975）と。

以上の「総合学習」に対する批判は，「現代化」以降の系統主義の教育課程研究の蓄積を踏まえて，総合的な学習は教科学習の「総合性」を疎外し，結果として教科学習を形骸化していくのではないかというものでした。そこで，あらためて教科学習の「総合性」に解消されない，総合学習固有の「総合性」の質とは何かが問われることになったのです。ここでは，以下に述べる総合学習の３つの特質から，教科指導にも教科外指導にも解消されない，もう１つの教育課程における「領域」が成立するのではないかと考えたいと思います（*Column*③参照）。

総合学習の特質

まず第１に，総合学習の時間では，子どもたちの「体験」や「直接経験」を重視します。しかし，このような活動は，従来「はいまわる経験主義」と批判され「科学」の系統的教授においては軽視され，または従属的な意味を負わされていました。この立場では，明らかに「科学」と「体験」「直接経験」とは対立すると理解されています。しかし，「科学」と「体験」「直接経験」を二元論的に把握することは，その「科学的認識」のあり方にゆがみが生じることから，あらためて「体験」「直接経験」の意義が強調され，それを保証する総合的な学習に期待が集まっています。

第２の特質として，総合的な学習では課題の総合性と方法知の学習が強調されることです。総合的な学習が提起する総合的なテーマは，「解決しなくてはならないという必要，あるいは解決したいという要求」はあるけれども，「その解決を保障するような方法がまだ確定しておらず，必要な知識や技能も構造化されていない」問題です。したがって，「その難問の前では教師と子どもはともに解決に取り組むものであるという点で対等である」という関係が生じます（松下，1995）。つまり，「学び」の質に着目すると，「習得的な学び」（learn）と「探究的な学び」（research）が区別され，教科学習は「learn から research」へと展開していくのに対して，総合的な学習は「research から learn」をとらえなおすことであると理解してよいでしょう。

したがって，子どもたちは学習過程の自己決定者として，その問題を共同して解決するために，学校内外のさまざま人的・物的リソースに様々な「参加と学習のスキル＝方法知」を駆使してアプローチすることになります。そして，このようにして獲得した知識やスキルを活用して，さらに問題に肉薄していきます。まさしくこのプロセスこそ，「学問（学び問う）」という行為の基本です。とりわけ，問題の解明のためにとられる「参加と学習のスキル＝方法知」を意識的に教育内容の対象とすることによって，「方法知」に凝縮される学問方法論にふれることになるのです。例えば，「フィールドワーク」とは「自文化中心主義」(ethnocentrism) を克服するためにとられた方法であって，異文化の現地の人々の主観的視点を知ろうとする行為です。その方法としては，「参与観察」と「聞き取り調査」がありますが，いずれにしても自他の視点を交互することによって，対象の襞に迫ろうとするものです（藤巻ほか，1996)。「方法知」といった場合，「方法」と「方法論」を区別しつつ，「方法知」＝「方法（技法)」（例えば「手紙の書き方」「インタビューの仕方」「資料の探し方」など）とのみとらえるのではなくて，「方法」に具現化される「方法論」の意味内容をも子どもたちが理解することが大切なのです。

第3に，総合的な学習は，学習の節々でその活動の成果を発表・交流することを意識的に行っています。また，個人のレベルでも記録をとることやレポートにまとめることを積極的に位置づけます。それは「表現」を重視した評価を追求しているからです。すなわち，このような取り組みは，教師にとっては，子どもたちの学習の実相を深く診断するものであるとともに，それ自体が学習を活性化させる指導方法の一環となります。子どもたちは，その評価方法に参加する中で，自らの「学び」を自己評価・相互評価するとともに，より深く多層的な理解を得ることができるようになるのです。「表現」を重視した評価とは，知識の記憶の有無のみを評価対象とする画一的な方法が横行し，さらには評価行為自体が教育実践と隔絶して一種の「儀式化」の様相を帯びている状況を打破するための重要な問題提起となっています。そして，この評価方法として，最近注目を浴びているのが「パフォーマンス評価」や「ポートフォリオ評価」です（第6章参照）。

以上，教育課程の編成における「領域」のあり方について考えてきました。このように「領域」を設定するとは，その「領域」固有の指導を保証するためです。しかし，同時に考えておかなくてはならないことは，それらの「領域」間の関係を図ることです。例えば，総合学習において，「総合的な課題」を探究していく場合，その学習が質的に高まっていくためには，子どもたちの側に教科指導によって獲得された確かな学力の形成が必要とされます。他方，教科指導も総合学習との内的な関連性を意識することによって，従来にもまして発展的な学習を展望できるようになります。まさに，両者が「相互環流」する必要があります。2008年に改訂された学習指導要領では，以上のことが教科指導における「習得」「活用」と総合的な学習における「探究」を相互関連的にとらえることと整理されています。さらに，2017年改訂の学習指導要領では，国際的な動向を踏まえて，「資質・能力（コンピテンシー）」として統合され，それを育成する「主体的・対話的で深い学び」が求められています（*Column*④）。

Column④ 学力モデルと「資質・能力」

2008年改訂の学習指導要領に関する中教審答申（2008年1月17日）では，「ゆとり教育」政策の問題点として，次の5点が指摘されています。①「ゆとり」か「詰め込み」かの「二項対立」があったこと，②「子どもの自主性を尊重する余り，教師が指導を躊躇する状況」があったこと，③基礎的・基本的な知識・技能の習得やそれを活用する教科学習と探究活動を行う総合的な学習との「適切な役割分担と連携が必ずしも十分に図れていないこと」，④基礎的・基本的な知識・技能の習得や観察・実験やレポートの作成，論述といった知識・技能を活用する学習活動を行うためには，「現在の小・中学校の必修教科の授業時数は十分ではないということ」，⑤「家庭や地域の教育力が低下したことを踏まえた対応が十分ではなかったということ」。つまり，全体として，「ゆとり教育」政策では基礎的・基本的な知識・技能の「習得」やそれを活用する教科学習の軽視と，さらには総合的な学習を中心とする「探究」との内的関係が弱かったことを率直に認めたのです。そこで，改正学校教育法（2007年6月）の第30条（教育の目標）2項において，学力モデルとして，「生涯にわたり学習する基盤が培われるよう，基礎的な知識及び技能を習得させるとともに，これらを活用して課題を解決するために必要な思考力，判断力，表現力その他の能力をはぐくみ，主体的に学習に取り組む態度を養うことに，特に意を用いなければならない」（下線筆者）と規定され，2008年改訂の学習指導要領が提起されることになります。

2017年改訂の学習指導要領においては，OECDのDeSeCoプロジェクトが示した「キー・コンピテンシー」（key competency：「①相互作用的に道具を用いる，②異質な集団で交流する，③自律的に活動する」）を踏まえ，「21世紀型能力」（国立教育政策研究所，2013）として3層〈基礎力，思考力，実践力〉構造に整理しています。学校外でも通用する汎用性のある「資質・能力」(「できるようになる」とするコンピテンシー)を育成するために,「主体的・対話的で深い学び」(当初は「アクティブ・ラーニング」と総称)が求められています(水原,2017)。

4 教育課程における「履修原理」

何をもってその教育課程を履修したと判断するのかを問うことも,教育課程の思想と構造を解き明かしていくときに重要な課題です。この履修原理について,履修主義と修得主義という2つの原理があることを明示したのは,續有恒でした。そこでまず續に従って,2つの言葉の意味を説明しましょう(續,1973)。

履修主義

履修主義とは,被教育者が所定の教育課程を,その能力(または心身の状況)に応じて,一定年限の間,履修すればよいのであって,所定の目標を満足させるだけの履修の成果をあげることは求められていません。現代の日本の義務制諸学校では,基本的にこの履修主義が採用されています。したがって,履修主義の教育では,ある教育の課程を被教育者はそれぞれの能力に応じて履修すればよく,履修の結果や成果がどの程度であったのかは問われないのです(資料4-2)。

修得主義

これに対して修得主義とは,児童・生徒は所定の課程を履修して,目標に関して一定の成果をあげることが求められます。履修したという資格が

資料 4-2　履修主義の実相

●実際に起こった事例です。神戸に住む小学校5年生の女子が，ある事情で5年生の課程をほとんど履修できなかったにもかかわらず（したがって，父親から進級認定処分の取り消し要求が出されたにもかかわらず），裁判では「同一年齢同一学年」という履修主義と年数主義のために申し立てが却下され，本人の意志に反して進級させられました。たしかに，この例は特別なものではありますが，履修主義と年数主義の問題点を考える好例ではないでしょうか。

（出所）　下村哲夫「法律の目 教育の目」『日本教育新聞』1994年2月5日付より。

なければ，その課程の学習が修了したとは認められません。さらには，この修得主義の場合には，教育目標の設定においては，被教育者が多数であっても一定の水準以上の履修の成果をできるだけ多くの者（願わくば全員）が示すように期待されているのです。

年数（年齢）主義と課程主義

この履修主義と修得主義が卒業や進級の要件の場面で使用されると，年数（年齢）主義（social promotion）と課程主義（merit promotion）となります（梅根，1966）。前者は，卒業要件として一定年限の在学を要求し，「グレード」（grade）とは「在学年数」（学年）を意味します。後者は，卒業要件として一定の課程の修了を要求し，「グレード」とは「教材習得の段階」（等級）を意味するのです。このような履修や進級の原理の相違には，歴史的には経験主義と系統主義のそれぞれの立場が反映しており，履修主義・年数（年齢）主義には子どもたちの社会的・集団的な成熟や自発性を重視する考え方が，修得主義・課程主義にはある教科内容の獲得を重視する考え方が反映しているのです。

ちなみに，義務教育段階で課程主義が取られる国は，先進国ではフランスやドイツが有名です。日本のように義務教育段階で落第の措置が取られることがない国からみると，落第のある国は子どもにとってむごい国と映じます。他方それらの国からみれば，必須の事項を習得させないまま進級させることはかわいそうだと映ることでしょう。事実，フランスの教育事情を紹介した本（中島，2016）によれば，留年や飛び級は珍しいことではなく，むしろ「留年はチャンス」と受けとめることもあると報告されています。

フランスの場合には，課程主義の採用は，再学習権の保障（留年しても必要な内容を習得できるチャンスがある）と考えてよいでしょう（細尾，2021）。

ところで，日本においてもこの課程主義が純粋に採用された時期がありました。それは明治初期の時代です（田中，2022）。欧米列強と対峙するために，国民皆学と「開化日新の学」を強力に普及・導入するために，8等級がおかれ，進級するためには，厳格な「試験」を突破しなくてはならなかったのです（第1章参照）。その結果は，多くの落第者と退学者を生み，「等級制」に基づく課程主義は頓挫します。フランスと比較すると，子どもたちの再学習権を保障するために，「課程主義」が作動するのか，それとも，個人主義的な競争を扇動するために，「課程主義」を採用するのかで，大きな相違が生まれます。

なお，日本におけるナショナル・カリキュラムである「学習指導要領」は，履修主義と年数主義の原理に基づくかぎり，児童・生徒全員が到達すべき最低ラインではなく，それをどの程度理解するのかは本人と教師次第という性格を保ってきました。しかしながら，1999年の年初から本格化した「学力低下」批判を背景として，「学習指導要領」は「最低基準」という性格が強調され，文部科学省から課程主義に転換する主張がなされ始めたことがあります。そこでは,「原級留置」の可能性も示唆されました(「河村プラン」2004年8月10日)。しかしながら,先に説明した履修原理の2つの考え方を踏まえると,「年数(年齢)主義」を維持しつつ(「飛び級」「落第」を基本的には認めないで),その「学年」に属するすべての児童・生徒に共通の「課程」の修得を求めるという,年数主義的な修得主義とでも呼称できるような原理こそが「生活と科学」や「学力とモラル」の統一的な形成にとって大切であるとも考えられます。今後の展開を注視しておきましょう。

なお,2001年に改訂された「指導要録」において「目標に準拠した評価」が全面的に採用されることになったことは,教育評価の場面から,履修主義から修得主義へと履修原理の転換を押し進める条件が整ったことを意味します。まさに,「目標に準拠した評価」とは「児童・生徒は所定の課程を履修して,目標に関して一定の成果を上げること」を前提とした教育評価の考え方だからです(第6章参照)。

●引用・参考文献

板倉聖宣,1974,『仮説実験授業——〈ばねと力〉によるその具体化』仮説社。

今井康雄,2004,『メディアの教育学——「教育」の再定義のために』東京大学出版会。

上野正道,2022,『ジョン・デューイ——民主主義と教育の哲学』岩波新書。

梅原利夫,1990,「教育課程の構造と総合学習」『和光大学人文学部紀要』第25号。

梅根悟,1966,『教育史学の探求』講談社。

大貫守,2023,『アメリカにおける科学教育カリキュラム論の変遷——

科学的探究から科学的実践への展開』日本標準。
奥田靖雄・国分一太郎編，1964,『国語教育の理論』麦書房。
折出健二，2003,『市民社会の教育――関係性と方法』創風社。
貝塚茂樹編集，2015,『文献資料集成――日本道徳教育論争史』第 15 巻 日本図書センター。
栗原九十郎，1966,『SMSG と算数教育の現代化』明治図書出版。
国立教育政策研究所，2013,「教育課程の編成に関する基礎的研究」(報告書 5)。
小柳正司，2020,『デューイ実験学校における授業実践とカリキュラム開発』あいり出版。
須田清，1967,『かな文字の教え方』むぎ書房。
柴田義松，1971,『授業の基礎理論』明治図書。
城丸章夫，1975,「総合学習について」『教育』11 月号。
全生研常任委員会，1963,『学級集団づくり入門』明治図書。
タイラー，R. W.／金子孫市監訳，1978,『現代カリキュラム研究の基礎――教育課程編成のための』日本教育経営協会。
高浦勝義，1998,『総合学習の理論・実践・評価』黎明書房。
竹内常一，1969,『生活指導の理論』明治図書。
田中耕治編著，2017,『戦後日本教育方法論史』上・下，ミネルヴァ書房。
田中耕治，2019,「第 10 章　教科外教育活動を構想する」田中耕治・鶴田清司・橋本美保・藤村宣之『新しい時代の教育方法』改訂版，有斐閣。
田中耕治，2022,「序論 『学級』の誕生」田中耕治編著『学級経営の理論と方法』ミネルヴァ書房。
續有恒，1973,『教育心理学の探求』金子書房。
デューイ，J.／宮原誠一訳，1957,『学校と社会』岩波書店（市村尚久訳，1998,『学校と社会――子どもとカリキュラム』講談社)。
デューイ，J.／松野安男訳，1975,『民主主義と教育』上・下，岩波書店。
デューイ，J.／大浦猛訳編，1977,『実験学校の理論』明治図書。
デューイ，J.／河村望訳，2000,『経験と教育』人間の科学社（市村尚久訳，2004,『経験と教育』講談社)。

遠山啓，1972，『数学の学び方・教え方』岩波書店。
中島さおり，2016，『哲学する子どもたち』河出書房新社。
日本教職員組合，1976，「教育課程改革試案」『教育評論』5・6月号。
日本作文の会編，2001，『日本の子どもと生活綴方の50年』ノエル。
日本生活教育連盟編，1998，『日本の生活教育50年――子どもたちと向き合いつづけて』学文社。
久木幸男・鈴木英一・今野喜清編，1980，『日本教育論争史録』第4巻現代編（下），第一法規。
藤巻正巳・住原則也・関雄二編，1996，『異文化を「知る」ための方法』古今書院。
船山謙次，1981，『戦後道徳教育論史』上・下，青木書店。
ブルーナー，J. S.／鈴木祥蔵・佐藤三郎訳，1963，『教育の過程』岩波書店。
ブルーナー，J. S.／田浦武雄・水越敏行訳，1966，『教授理論の建設』黎明書房。
ブルーナー，J. S.／橋爪貞雄訳，1969，『直観・創造・学習』黎明書房。
ブルーナー，J. S.／平光昭久訳，1972，『教育の適切性』明治図書。
ブルーナー，J. S.／岡本夏木・池上貴美子・岡村佳子訳，2004，『教育という文化』岩波書店。
ホプキンス，T. ほか／勝田守一・白根孝之訳，1950，『インテグレーション――カリキュラムの原理と実際』桜井書店。
細尾萌子，2021，「フランスの教育評価制度」田中耕治編著『よくわかる教育評価』第3版，ミネルヴァ書房。
松下佳代，1995，「習熟から学習論をとらえる」『教育』5月号。
水原克敏編著，2017，『全教科・領域が1冊でわかる！ 新小学校学習指導要領改訂のポイント』日本標準。
森昭，1955，『教育の実践性と内面性』黎明書房（『森昭著作集』第3巻，1978，黎明書房，所収）。
矢川徳光，1950，『新教育への批判――反コア・カリキュラム論』刀江書院（矢川徳光『矢川徳光教育学著作集』第3巻，1973，青木書店，所収）。
ラヴィッチ，D／末藤美津子・宮本健市郎・佐藤隆之訳，2008，『学校改革抗争の100年――20世紀アメリカ教育史』東信堂。

第5章 教育課程の編成

▲パフォーマンス課題（磁石タワーゲーム）に取り組む子ども

各学校は，教育目標を達成することをめざして，教育課程を編成します。本章の第1節では，教育目標論の変遷を紹介します。最近では，教育目標として，「資質・能力」の育成が強調されています。第2節では，「資質・能力」の育成をめざして，教育課程はどのような構造で編成されるのかについて提案します。第3節では，教科，総合学習，特別活動については，それぞれ領域の特質を踏まえつつ，相互環流を図ることが重要であることを提案します。第4節では，教科と教科外教育それぞれについて，具体的な教育課程編成のあり方を検討します。

1 教育目標論の変遷

タイラー原理

教育課程は，学校が教育目標を実現するために，子どもたちに必要な学習経験を組織することによって編成されます。社会に存在する文化のすべてを学校で提供することはできないため，教育課程編成にあたっては，教育者が社会に存在する文化の中から次世代に伝えたい内容を選び取ることによって編成されます。その選択にあたってまず問われるのは，どんな子どもを育てたいのか，すなわち教育目標だといえるでしょう。

教育課程編成を文化からの選択としてとらえた代表的な論者としてはまず，アメリカのタイラー（Tyler, R. W. ; 1902–1994）があげられます。タイラーは，教育課程編成を，①「学習者についての研究」「現代生活の研究」「教科専門家から得られる示唆」に基づいて目標（objectives）を設定する，②目標を達成するために必要な教育的経験を明確にする，③これらの教育的経験を効果的に組織する，④目標が達成されているかどうかを評価する，という4段階でとらえました（タイラー，1978〔原著1949年〕）。これを，タイラー原理といいます。タイラー原理は，教育課程編成において，教育目標の設定を明確に位置づけた点，またその目標と照らし合わせて教育評価を行うことを主張した点で，大きな意義がありました。

デューイとブルーナー

教育目標の設定に関しては，「教育と生活の結合」をめざす立場と「教育と科学の結合」をめざす立場に大別されてきました（第4章参照）。前者の代表的論者とされるデューイは，現実社会を反映するような共同体として学校を構想することを提案しました（デューイ，1977〔原著1897年〕）。将来のための準備ではなく，子どもたちの今の生活を充実させることをめざしたのです。具体的には，「問題状況，問題設定，仮説の構成，推論，仮説の検証」から構成される問題解決学習に取り組ませることを提案しました（デュウイー，1955〔原著1910年〕）。

一方，「教育の現代化」を牽引したブルーナーは，学校を社会と連続したものではなく，社会から飛躍する場所としてとらえました。ブルーナーは，学問のもつ基本的な観念（「構造」）の系統性に沿って，効果的な教育課程を編成することを主張しました（ブルーナー，1963〔原著1960年〕）。

ブルームの教育目標論

その後，問題解決に有効に働くような思考力・判断力などを含む「高次の学力」を教育目標に取り入れようとする試みが，様々に展開してきました。

「教育目標の分類学（タキソノミー）」を提唱したブルーム（Bloom, B. S.; 1913–1999）は，認知的領域の目標を「1. 知識」「2. 理解」「3. 応用」「4. 分析」「5. 総合」「6. 評価」，情意的領域の目標を「1. 受容」「2. 反応」「3. 価値づけ」「4. 組織化」「5. 個性化」という階層構造でとらえることを提案しました（ブルームほか，1973〔原著1971年〕）。

「教育目標の分類学」は，教育目標に質の違いがあることをとらえる枠組みを提案したという点では，画期的なものでした。しかしながら実際には，階層構造が指導過程論と混同されてしまったために，「高次の学力」が後回しになってしまうという問題点が生じました。また当時，評価方法として用いられたのは主に筆記テストであり，実際の評価対象・教育目標として位置づけられた学力はやや低次のものにとどまるという限界もみられました。その後，「教育目標の分類学」については，後進の研究者たちによって改訂版が提案されています（石井，2015b）。

到達度評価論

日本において1970年代に登場した到達度評価論においても，目標論の研究が進みました。到達度評価論は，すべての子どもに学力を保障することをめざし，到達点がはっきりしている目標（到達目標）を設定し，それと照らし合わせて学力評価を行うことを主張するものでした。そこでは，当時隆盛していた「教育の現代化」を背景に，特に学問の系統性に即して目標を設定することが強調されました。具体的な目標設定の手順としては，多くの場合，上位目標を分析することによって下位目標を明らかにする目標分析の手法がとられました。

到達度評価論は，学力評価を教育評価の中核に据えることによって学力保障を教育者の責任として明確に位置づけた点で，大きな意義をもちました。また，情意面を目標にどう位置づけるのかについて検討した学力モデルも様々に考案されました（田中，2008）。

「真正の学力」

「高次の学力」を構想する上で有効な視点を提供したのが，「真正性」（authenticity）という概念です。「真正の学力」の重要性を指摘したアーチボールド（Archbald, D.）とニューマン（Newmann, F.）は「真正の学力」の条件として，①他者の生み出した知識の単なる再生やそれに対する応答ではなく，知識そのものを生み出すものである，②訓練された探究（disciplined inquiry），すなわち先行する知識の基盤と深い理解に基づく，統合的な知識の生産である，③単に学習者の有能性を示すことのみを目的とするのではなく，「審美的な，実利的な，あるいは個人的な価値」をもつものである，という3点を指摘しています（Archbald and Newmann, 1988）。学力の真正性は，教育と生活や科学との結合という課題に取り組む上で，新たな視点を提供するものといえます。

なお，学力の真正性を重視する主張の背景には，構成主義的学習観があります。これは知識を，受動的に伝達されるものとしてではなく，主体が能動的な行為者として環境と相互作用しながら構成するものとしてとらえる学習観です。

さらに，「真正の学力」論を基盤として，「真正の評価」論の主張も登場しました。「真正の評価」論とは，「人が仕事の場や市民生活の場，個人的な生活の場で『試されている』，その文脈を模写したり，シミュレーションしたり」しつつ評価を行うことを主張するものです（Wiggins, 1998, p.24）。「真正の評価」論においては，知識やスキルを使いこなすような評価方法である，パフォーマンス評価を活用することが提唱されています。

コンピテンシー論

2000年代に入るころから，従来の教育目標論の範疇ではとらえきれないような能力論が，様々な国家や産業界のレベルで盛んに論じられるようになりました（松下，2010；松尾，2015；田中，2016）。そこでは，問題解決や創造性といった高次の認知能力や，コミュニケーションやチームワークといった対人関係能力が強調されています。

例えば，OECD（経済開発協力機構）は，あらゆる文脈で働いている「キー・コンピテンシー」（key competency）（ライチェン＝サルガニク，2006〔原著2003年〕）を定義するプロジェクトを行いました（171頁の*Column*④も参照）。そこでは，キー・コンピテンシーが，「相互作用的に道具を用いる」「異質な集団で交流する」「自律的に活動する」という3次元でとらえられています。さらに，それらのコンピテンシーを使いこなすために，中心には「省察」（reflectiveness）があると位置づけられています。「省察」には，「メタ認知スキル（思考に関する思考）の使用，創造的な能力と批判的スタンスを取ること」が含まれるとされています。なお，OECDが実施しているPISA（国際学習到達度調査）は，表5-1の下線部に対応する調査です。

このようなコンピテンシー論の背景には，グローバル化や情報技術の革新によって知識基盤社会（ドラッカー，1999〔原著1968年〕；ベル，1975〔原著1973年〕；トフラー，1991〔原著1990年〕）へと転換していることに教育を対応させたいという経済界からの要請があります。同時に，地球温暖化の進展など，近代国家の枠組みでは解決しきれない課題に対応することが求められるという社会的・政治的な要請もあります（石井，2015a）。さらに，認知科学や学習科学の発展により構成主義的学習観が受け入れられるよ

表 5-1　OECD のキー・コンピテンシー

相互作用的に道具を用いる	異質な集団で交流する	自律的に活動する
なぜか ・技術を最新のものにし続ける必要性 ・自分の目的に道具（ツール）を適合させる必要性 ・世界と活発な対話を行う必要性	**なぜか** ・多元的な社会において，多様性に対応する必要性 ・共感の重要性 ・社会的資本の重要性	**なぜか** ・複雑な世界で自分のアイデンティティを実現し，ゴールを設定する必要性 ・権利を行使し，責任を取る必要性 ・自分の環境とその機能を理解する必要性
どんなコンピテンシーか A. 言語，シンボル，テクストを相互作用的に用いる B. 知識と情報を相互作用的に用いる C. 技術を相互作用的に用いる	**どんなコンピテンシーか** A. 他者といい関係をつくる B. 協力する，チームで働く C. 争いを処理し，解決する	**どのようなコンピテンシーか** A. 全体像の中で行動する B. 人生計画と個人プロジェクトを形づくり実行する C. 権利，利益，限界やニーズを弁護し主張する

（出所）　ライチェン＝サルガニク，2006；OECD, 2005 をもとに筆者作成（下線部は引用者）。

うになるとともに，学習の転移や適応的熟達など状況に応じた柔軟な対応力を身につけるためには深い理解やメタ認知が重要であることが明らかになってきたことも影響しています（米国学術研究推進会議，2002〔原著 2000 年〕）。

「資質・能力」の 3 つの柱

2017 年改訂学習指導要領においては，「知識及び技能」「思考力・判断力・表現力等」「学びに向かう力，人間性等」という3つの柱でとらえられる「資質・能力」を育成するという方針が掲げられています。この3つの柱は，コンピテンシー論の知見を踏まえつつ，学校教育法で定められた「学力の3要素」(「知識及び技能」「思考力，判断力，表現力」「主体的に学習に取り組む態度」）と親和性の高い目標論を提示するものといえるでしょう。

ただし，この3つの柱は，どのような知識・技能を使いながら思考・判断・表現するのかを整理できる枠組みにはなっていません。また教育課程については，領域ごとの固有性を明示するものとなっていない点でも，課題が残っています。

「資質・能力」をとらえる枠組み

一方，石井（2015a）は，「学校で育成する資質・能力の要素の全体像を捉える枠組み」(以下，「資質・能力」モデル）として，表5-2を提案しています。この表では，「資質・能力の要素（目標の柱)」として，知識，スキル（認知的スキル，社会的スキル)，情意（関心・意欲・態度・人格特性）が位置づけられています。また，「能力・学習活動の階層レベル」として，「知識の獲得と定着（知っている・できる)」「知識の意味理解と洗練（わかる)」「知識の有意味な使用と創造（使える)」，「自律的な課題設定と探究（メタ認知システム)」「社会関係の自治的組織化と再構成（行為システム)」という5つのレベルがとらえられています。これは，カリキュラムにおける理解の深さや能力の階層性をとらえる軸といえるでしょう。この時，知識，スキル，情意という3要素が，「知っている」レベル，「わかる」レベル，「使える」レベルそれぞれに同時に機能していることがとらえられています。

さらに表の左端では，「教科学習」「総合学習」「特別活動」の

表 5-2 「資質・能力」モデル

対応する教育活動	学習の枠づけ	能力・学習活動の階層レベル（カリキュラムの構造）	資質・能力の要素（目標の柱）：知識	スキル：認知的スキル	スキル：社会的スキル	情意（関心・意欲・態度・人格特性）
教科学習	教科等の枠づけの中での学習	知識の獲得と定着（知っている・できる）	事実的知識，技能（個別的スキル）	記憶と再生，機械的実行と自動化	学び合い，知識の共同構築	達成による自己効力感
教科学習	教科等の枠づけの中での学習	知識の意味理解と洗練（わかる）	概念的知識，方略（複合的プロセス）	解釈，関連付け，構造化，比較・分類，帰納的・演繹的推論		内容の価値に即した内発的動機，教科への関心・意欲
教科学習・総合学習	教科等の枠づけの中での学習	知識の有意味な使用と創造（使える）	見方・考え方（原理，方法論）を軸とした領域固有の知識の複合体	知的問題解決，意思決定，仮説的推論を含む証明・実験・調査，知やモノの創発，美的表現（批判的思考や創造的思考が関わる）	プロジェクトベースの対話（コミュニケーション）と協働	活動の社会的レリバンスに即した内発的動機，教科観・教科学習観，知的性向・態度・思考の習慣
総合学習・特別活動	学習の枠づけ自体を学習者たちが決定・再構成する学習	自律的な課題設定と探求（メタ認知システム）	思想・見識，世界観と自己像	自律的な課題設定，持続的な探求，情報収集・処理，自己評価		自己の思い・生活意欲（切実性）に根差した内発的動機，志やキャリア意識の形成
特別活動	学習の枠づけ自体を学習者たちが決定・再構成する学習	社会関係の自治的組織化と再構成（行為システム）	人と人との関わりや所属する共同体・文化についての意識，共同体の運営や自治に関する方法論	生活問題の解決，イベント・企画の立案，社会問題の解決への関与・参画	人間関係と交わり（チームワーク），ルールと分業，リーダーシップとマネジメント，争いの処理・合意形成，学びの場や共同体の自主的組織化と再構成	社会的責任や倫理意識に根差した社会的動機，道徳的価値観・立場性の確立

（注）・社会的スキルと情意の欄でレベルの区分が点線になっているのは，知識や認知的スキルに比べてレベルごとの対応関係が緩やかであることを示している。
・網かけ部分は，それぞれの能力・学習活動のレベルにおいて，カリキュラムに明示され中心的に意識されるべき目標の要素。
・認知的・社会的スキルの中身については，学校ごとに具体化すべきであり，学習指導要領等で示す場合も参考資料とすべきだろう。情意領域については，評定の対象というより，形成的評価やカリキュラム評価の対象とすべきであろう。
（出所） 石井，2015a，p. 23。

それぞれについて，どの階層レベルに主要に関わるのかを整理しています。そこでは，「総合学習」「特別活動」は，学習の枠づけ自体を学習者たちが決定・再構築する点で，教科学習との違いがみられることが表されています。また，主としてメタ認知システムに関わる「総合学習」，主として行為システムに関わる「特別活動」というように，それぞれの特質がとらえられています。さらに，網かけによって，「カリキュラムに明示され中心的に意識されるべき目標の要素」が明示されています。

2 教育課程の構造

学校教育目標

次に，「資質・能力」モデル（表5-2）を踏まえた場合，教育課程はどのような構造をもつものとして構想できるのかについて検討してみましょう。

各学校は，学校全体としてめざす教育の理念や目的を明確にしつつ教育課程を編成します。各学校では，校訓や「めざす生徒像」などの形もとりつつ学校教育目標を設定しています。「資質・能力」重視の方針の中で，問題解決力や協働する力といった汎用的スキルや，「学びに向かう力・人間性等」を強調する学校も増えることでしょう。こういった学校教育目標は，教育課程全体で子どもを育てることにより，結果的に達成されるような目標です。

スタンダード

各学校で教育目標を設定するにあたっては，スタンダード（standard）を考慮することも求められます。スタンダードとは，社会的に共通理解されている目標・評価基準です。

日本においては，学習指導要領が国家の定めたスタンダードとして存在しています。しかしながら，本来，スタンダードは国家だけが定めるものではなく，教科教育について専門的に研究している集団や複数校の連携などによっても開発されうるものです（西岡，2016a）。例えば地域の複数校で教育水準の向上を図ったり，学校間の教育接続を改善したり，入試における公平性を確保したりするためには，複数の学校で連携しつつ，目標・評価基準を共通にしていくことも有意義でしょう。今後は，そのようにボトム・アップでのスタンダード開発も進むことが期待されます。

スコープとシーケンス

学校教育目標に照らしつつ子どもたちに伝達されるべきものだと選び出された文化の内容は，教育目標として分析され，スコープとシーケンスによって構造化されます。スコープとは，教育課程全体においては領域を，ある領域や教科内においては範囲を指します。シーケンスは，子どもの発達段階に即した内容の配列，学習の順序・系統性を意味します。スコープとシーケンスの交差点に位置するのが単元です。単元とは，学習内容を有機的な一まとまりであり，1時間から数十時間程度の一連の授業から構成されます。通常，年間指導計画は，単元を配置する形で設定されます。

領　域

「資質・能力」モデル（表5-2）の到達点を踏まえれば，教育課程については，教科・総合学習・特別活動をそれぞれの特質をもった「領域」とし

Column⑤ 授業の構成要素

通常，授業は，4つの要素によって構成されると分析されています。1つ目の要素は，教育目的を分析し，具体的なターゲットとして設定される教育目標です。教育目標の設定の仕方には，方向目標，到達目標，体験目標があります。2つ目の要素は，教材と教具です。教材とは，教育内容をよりよく伝えるため，つまり教育目標をよりよく達成するために選ばれた題材のことをいいます。そして，日常用語で教材と呼ばれる，実際の授業で使われる道具や資料を，教育学では教具といいます。3つ目の要素は，指導過程と学習形態です。これらは，授業で教師がどのような指導を行っているか，子どもがどのように学習を進めているかに関する要素です。教師の指導では，指導言（説明・発問・指示・助言）や板書が重要です。また，子どもの学習形態には，教師の発問に答える活動のほか，個人で作業を行ったり，グループで探究を進めたりといった多様なものが考えられます。4つ目の要素は，教育評価です。授業における教育評価としては，とりわけ設定された目標に準拠して行う学力評価が重要です。

授業で設定される目標は，指導案に記載されただけでは教育目標とはなりません。教材・教具，指導過程と学習形態，学力評価に具現化されてはじめて，目標としての意味をもつといえるでしょう。

て位置づけることが重要だと考えられます。例えば，「どのように社会・世界と関わり，よりよい人生を送るか」に関するような「学びに向かう力・人間性等」の涵養，問題解決力や協働する力の育成は，総合学習や特別活動においては中心的な目標となります。一方，教科ではあくまで教科の本質的な内容を身につけさせることが主軸となるため，これらの目標は副次的な位置づけとな

図 5-1　教育課程の枠組み

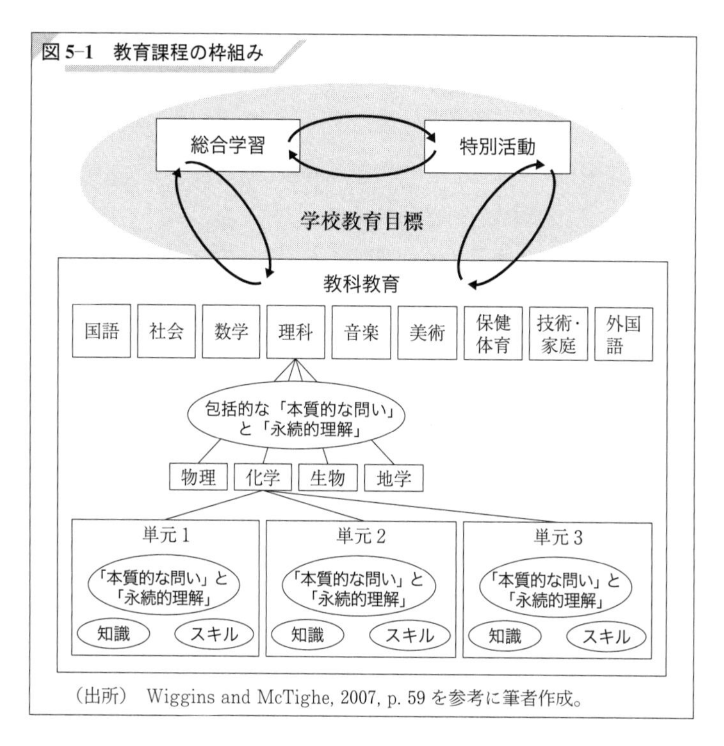

（出所）　Wiggins and McTighe, 2007, p. 59 を参考に筆者作成。

るでしょう。確かに，国語科において「話し合い」を扱う単元であれば，協働する力の主要部分ともなるコミュニケーション力の育成が中心的な目標となります。しかしながら，科学的な知識の習得が中心的な目標となる理科の単元であれば，話し合いなどの活動は科学的な知識の習得という目標を達成するための手段として，有効な場面でのみ取り入れられることとなります。

このように領域ごとの特質を踏まえて単元を計画することと同時に，有効な場面では領域間の相互環流を取り入れることも重要です。たとえば，理科で学んだ科学的な実験の仕方を生かして総合学習で探究を行う，特別活動での体験を活かして国語科で作文を書く，といった形が考えられます。領域の相互環流をも図りつつ，各領域の指導を充実させることによって，教育課程全体で学校教育目標を達成することがめざされることとなります（図5-1)。

では次に，教科教育，教科外教育のそれぞれについて，具体的な教育課程編成のあり方を検討してみましょう。

3 教科教育

「逆向き設計」論

「真正の評価」の代表的な論者であるウィギンズ（Wiggins, G.；1950-2015）とマクタイ（McTighe, J.；1949-）は，教科教育において「深い理解」を保障するために「逆向き設計」論を提案しています（ウィギンズ＝マクタイ，2012〔原著の初版1998年。増補第2版2005年〕)。「逆向き設計」論とは，単元設計（「ミクロな設計」）ならびに年間指導計画や学校教育課程全体の設計（「マクロな設計」）を行う際に，「求められている結果（目標)」「承認できる証拠（評価方法)」「学習経験と指導（授業の進め方)」を三位一体のものとして考えることを提唱するものです。「逆向き」といわれる所以は，教育によって最終的にもたらされる結果から遡って教育を設計することを主張している点，また通常，指導が終わった後で考えられがちな評価方法を指導の前に構想することを提案している点からです。

図 5-2 「知の構造」と評価方法・評価基準の対応

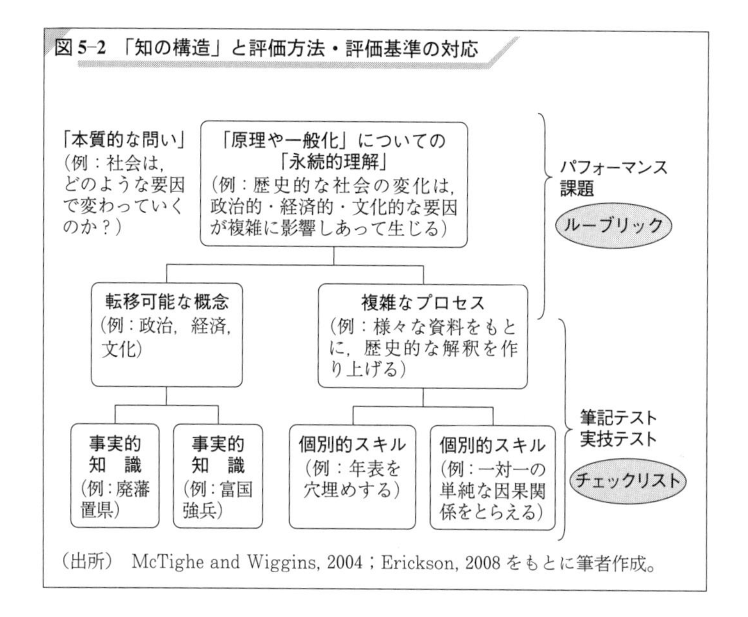

(出所) McTighe and Wiggins, 2004；Erickson, 2008 をもとに筆者作成。

「知の構造」と評価方法

「逆向き設計」論においては，図 5-2 のように「知の構造」と評価方法の対応関係を整理しています。この図において，教育内容は，知っておく価値がある「事実的知識」と「個別的スキル」，知って使いこなすことが重要である「転移可能な概念」と「複雑なプロセス」，「原理や一般化」についての「永続的理解」という 3 つのレベルに分類されています。表 5-2 に示した「資質・能力」モデルにおいては，「教科等の枠づけの中での学習」に対応する「知識」の要素に，「逆向き設計」論の「知の構造」が埋め込まれています。

ここでいう「永続的理解」とは，大人になって詳細の大半を忘れてしまった後でも身につけておくべきであるような，重要な理

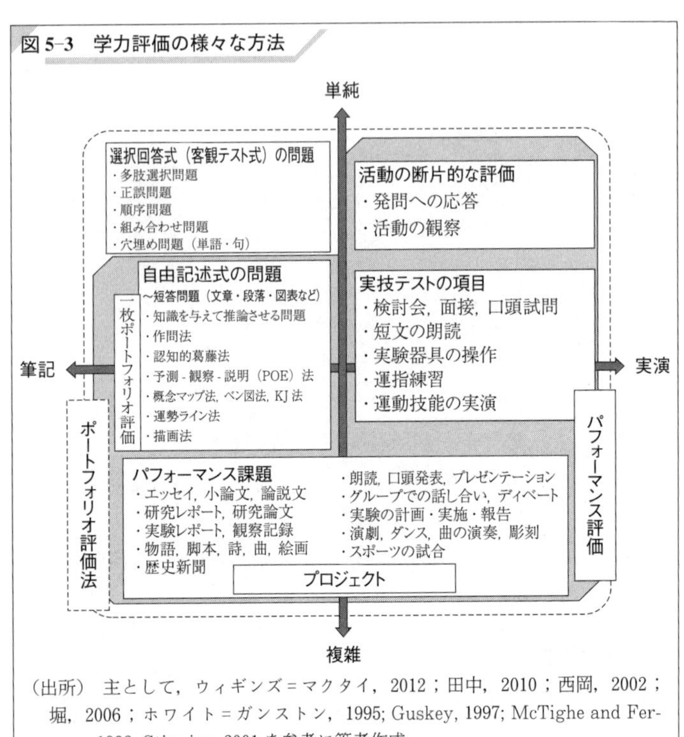

図 5–3　学力評価の様々な方法

（出所）主として，ウィギンズ＝マクタイ，2012；田中，2010；西岡，2002；堀，2006；ホワイト＝ガンストン，1995; Guskey, 1997; McTighe and Ferrara, 1998; Stiggins, 2001 を参考に筆者作成。

解を意味しています。また「理解」は，文脈に応じて知識やスキルを洗練されたやり方で柔軟に使いこなす力として表れます。具体的には，説明する力，解釈する力，応用する力，パースペクティブ（全体像）をもつ力，共感する力，自己認識をもつ力などです。2017 年改訂学習指導要領で重視されている，「各教科等の特質に応じた物事を捉える視点や考え方」（「見方・考え方」）は，「永続的理解」を指すものとして解釈できます。

「事実的知識」と「個別的スキル」，「転移可能な概念」と「複雑なプロセス」を幅広く身につけているかについては，筆記テストや実技テストで評価することが適しています。しかし，「転移可能な概念」と「複雑なプロセス」を使いこなし，「永続的理解」に至っているかどうかについては，パフォーマンス課題を用いることが必要です。パフォーマンス課題とは，複数の知識やスキルを総合して使いこなすことを求めるような複雑な課題です（図5-3）。「逆向き設計」論では，「知の構造」に照らして目標を整理するとともに，多様な評価方法を組み合わせて用いることにより，学力をバランスよく保障しようとしています（西岡，2016a）。

「本質的な問い」

ウィギンズらはまた，教育目標に「本質的な問い」を位置づけることを主張しています。彼らは，問いが本質的であるという意味として，次のように異なってはいても部分的に重なる4つを指摘しています。すなわち，「私たちの人生を通して何度も起こる重要な」問い，「学問における核となる観念と探究」に対応している問い，「生徒に重要だが複雑な観念，知識，ノウハウを効果的に探究し意味を捉えるのを助ける」ような問い，「特定の，かつ多様な学習者に最もよく参加させる」であろう問いです（ウィギンズ＝マクタイ，2012，pp. 131–32）。

各教科において，「本質的な問い」は，入れ子状に存在しています。各教科には，複数の単元で繰り返し問われるような包括的な「本質的な問い」が存在しています。例えば「どのように書けば／話せばよいのか？」（国語・英語），「社会は，どのような要因で変わるのか？　どのように社会を変えていけばよいのか？」（社会），「現実世界の問題を数学的に解決するには，どうすれば

図 5-4 「本質的な問い」の入れ子構造と単元間の構造化

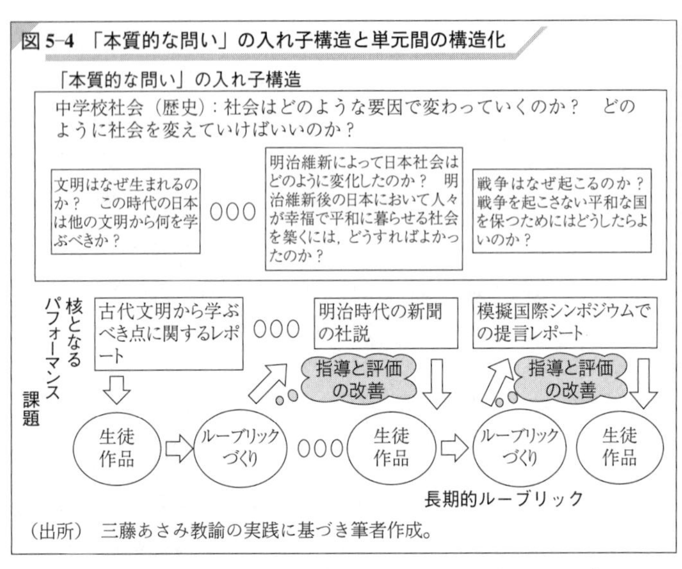

（出所）　三藤あさみ教諭の実践に基づき筆者作成。

よいのか？」（数学），「自然現象はどのような仕組みで生じるのか？　自然現象はどのように探究できるのか？」（理科）といった問いが考えられるでしょう（西岡，2016b）。

また，各単元の教材に即して，単元ごとの「本質的な問い」が設定できます。社会科の例であれば，単元「近現代の日本と世界」については，例えば「戦争はなぜ起こるのか？　戦争を起こさない平和な国を保つためにはどうしたらよいのか？」といった問いが考えられます（図 5-4）。

パフォーマンス課題のシナリオ

「永続的理解」を身につけるためには，子ども自身が「本質的な問い」を探究する中で知識やスキルを活用しながら思考力・判断力・表現力を発揮していくことが必要です。そこでウィ

表 5-3　パフォーマンス課題のシナリオに織り込む 6 要素

な——何がパフォーマンスの目的（Goal）か？
やン——（子どもが担う，またはシミュレーションする）役割（Role）は何か？
だナ——誰が相手（Audience）か？
アア
そ——想定されている状況（Situation）は？
う——生み出すべき作品（完成作品・実演：Product, Performance）は何か？
か——（評価の）観点（成功のスタンダードや規準：Standards and criteria for success）は何か？

（出所）　McTighe and Wiggins, 2004, p. 170 を踏まえて筆者作成。

ギンズらは，表 5-3 に示した 6 要素（各要素の頭文字をつなげて GRASPS と略記される）を明確にしつつ，子ども自身が「本質的な問い」を問わざるをえなくなるような状況設定をしてパフォーマンス課題を設計することを提案しています（表 5-3 に示した「なやンだナ，アアそうか」は GRASPS の翻案です）。

単元「近現代の日本と世界」であれば，「あなたは，平和を守るための調査や研究をしている政治学者です。ところが，……第一次世界大戦，第二次世界大戦と規模が大きく犠牲者も多く出た戦争が二度にわたり起こったため，世界に向けて『なぜ戦争が起こるのか？　どうすれば戦争を防げるのか？』について提言するレポートを作成することになりました。[模擬『国際シンポジウム』で意見交換した上で，提言レポートを B4 用紙 1 枚にまとめてください]」という課題が考えられます（三藤・西岡，2010, p.23）。

なお，表 5-4 には，国語・数学・理科・英語の「本質的な問い」とパフォーマンス課題の例を示しています。各教科において

表 5-4 「本質的な問い」とパフォーマンス課題の例

学年・教科 「本質的な問い」	パフォーマンス課題
小学校・国語 うまく伝えるには，どうすればよいのだろうか？　ポスターセッションで，一番理解が得られるような提案をするには，どうすればよいのだろうか？	**「わが町　ビフォーアフター　プロジェクト」** あなたたちは，この町の役場の人です。この町を誰もが暮らしやすい町にするために2週間後に「わが町　ビフォーアフター プロジェクト」を立ち上げることになりました。この町で多くの人が困っていると思われる場所をどのように改善できるか，ポスターセッションをした中で，一番理解が得られた提案をプロジェクトの企画書にします。現状写真と改善デザイン画を提示しながら，自分の提案について町の人に理解がえられるようにアピールしてください。(足立素子先生の実践)
中学校・数学 自然や社会にある数量の関係を捉え，未知の数量を予測するにはどうすればよいか？　一次関数とは何か？　座標平面上における直線を決定づけるものは何か？	**「花粉の量を予測しよう」** 次の資料は，福岡市における各年ごとのスギ，ヒノキの花粉の量と前年7月の全天日射量を示したグラフです。毎年，花粉症に悩まされている人が多くなっています。花粉の量は，前年の全天日射量が影響していると言われています。それが正しいとした場合，この資料から今年の花粉の量を予測し，予測の根拠を説明しなさい。(八尋純次先生の実践)
中学校・理科 身の回りの事象や現象は，どのように探究していくことができるだろうか？　物質を分類するには，物質のどのような性質や実験手段を使えばいいだろうか？	**「黒い粉の正体」** あなたはある学校の理科の実験助手の仕事に就いています。ある日実験室の整理を頼まれ，薬品棚などを掃除していると，ラベルのはがれた黒い粉の入った瓶が出てきました。あなたは自分でその薬品が何かを調べてラベルをはることにしました。実験室にあるもので物質を調べる実験を考え，実験計画書を作って実際に行い，結果とその考察（根拠を述べて黒い粉の物質名を明らかにすること）を書きなさい。(井上典子先生の実践)
中学校・英語 英語を用いて他者とよりよいコミュニケーションを図るには，どうすればよいのだろうか？　読み手に応じて効果的に伝えるには，どんな工夫が必要か？	**「外国人向け日本生活マニュアルを作ろう」** 福岡では，APCC（アジア太平洋こども会議）が毎年開催されています。そこで，福岡にやってくる沢山の子どもたちのために，日本の生活習慣を書いた「日本生活マニュアル」を作成することになりました。海外の子どもたちが戸惑うであろうことを予想して，グループで役割分担を決め，作成しましょう。(中村国広先生の実践)

（出所） 京都大学大学院教育学研究科 E.FORUM, 2014。

は，包括的な「本質的な問い」に対応して，類似のパフォーマンス課題が繰り返し与えられることとなります。これにより，各教科で身につけるべき「永続的理解」を練り直し，深めていくことになります。その際，ポートフォリオ（後述）に系統的に作品を残すことで，子どもも教師も成長を追えるようにすることにも意義が大きいでしょう。

ルーブリック

パフォーマンス課題などのパフォーマンス評価を用いた場合，成功の度合いには幅があります。そのような評価方法において用いられる評価基準表をルーブリック（rubric：評価指標）といいます。ルーブリックは，成功の度合いを示す数レベル程度の尺度と，それぞれのレベルに対応するパフォーマンスの特徴を示した記述語から構成されます（表5-5）。記述語は，パフォーマンスの質のレベルを規定する基準を示すものであり，場合によっては徴候を含みます。徴候とは，基準が満たされた状況を具体的に示す特徴の例です。例えば，「人をひきつけるような話し方ができる」という基準に対する徴候は，「アイ・コンタクトをとる」「快活な声で話す」「ユーモアを用いる」といったものになります。

表5-5は特定課題ルーブリックですが，記述語の下線部は他の時代の変化をとらえる論説文にも適用できることがわかります。すなわち記述語の抽象度を高めると，単元を越えて発達をとらえる長期的ルーブリックをつくることができます。類似した課題を繰り返し与える際には，そのような長期的ルーブリックを念頭におくと，子どもたちの成長を長期的にとらえることができます。さらに学年を越える長期的ルーブリックを用いれば，学年間で連

表 5-5　パフォーマンス課題「国際シンポジウムで提案しよう!」のルーブリック

レベル	パフォーマンスの特徴
5 すばらしい	なぜ戦争が起こるのかについて時代の流れと当時の状況を把握して最適な内容で具体的に語られている。 どうしたら平和を保てるかについて戦争の原因から導き出し関連づけて主張をしている。経済，民族・宗教，条約・同盟，政治など，複数の事がらを総合的に関連づけて主張している。主張に最適な資料やデータを用いて効果的に活用している。全体的に文章や流れがわかりやすく，事実の解釈の仕方が完全で，主張も強固で説得力がある。
4 良い	なぜ戦争が起こるのかについて時代の流れと当時の状況を把握して具体的に語られている。 どうしたら平和を保てるかについて戦争の原因から導き出し関連づけて主張している。経済，民族・宗教，条約・同盟，政治など，複数の事がらを総合的に関連づけて主張している。主張に必要な資料やデータを用いて効果的に活用している。事実の解釈の仕方は完全である。
3 合格	なぜ戦争が起こるのかについて時代の流れと当時の状況を把握した具体的な例が書かれている。戦争が起こる原因について経済，民族・宗教，条約・同盟，政治など，いずれかについて史実にもとづきはっきりとした主張をしている。 どうしたら平和を保てるかについて主張している。ただし，主張に必要な具体的な資料やデータが少ないか扱い方がやや浅い。
2 もう一歩	主張はあるが，根拠になる史実のおさえが弱い。または取り上げた史実の解釈に誤りがある。史実を取り上げて説明しているが，主張は感想にとどまっている。
1 かなりの 改善が必要	事実が羅列されているだけになっていて主張がない。または未完成である。

（出所）三藤・西岡，2010，p. 25。

携をとりつつ学力保障を図る可能性が拓（ひら）かれることでしょう。

ルーブリックを用いれば，幅広い学力についても客観的な尺度と照らし合わせて評価することが可能になります。また子どもによって習熟度に違いがある場合にも，それぞれの子どもの習熟度に応じて１ランク上をめざす指導と学習を行うことができます。

教科教育においてパフォーマンス課題を用いることによって，教科の本質的な内容についての理解を促すとともに，汎用的なスキル等のコンピテンシーの育成を促進することが期待されます。

4 教科外教育

総合学習

次に，総合学習の教育課程編成について考えてみましょう。2017年改訂学習指導要領において，「総合的な学習の時間」の目標については，「探究的な見方・考え方を働かせ，横断的・総合的な学習を行うことを通して，よりよく課題を解決し，自己の生き方を考えていくための資質・能力」の育成をめざすとされています。また，具体的な目標や内容については，各学校が定めることが求められています。したがって，「総合的な学習の時間」については多様な実践がみられます。ここでは，子どもたち自身が課題を設定し，問題解決に取り組む探究的な学習を主軸とする総合学習の場合を考えてみましょう。

総合学習においては，子どもたちが「課題設定→調べ活動→新たな気づきや疑問→さらなる課題設定……」という「問題解決のサイクル」を繰り返します。その中で，課題設定力，それを支える資料収集力や論理的思考力に加え，協働する力，教科の知識・スキル・理解を応用する力，自己評価力などが育っていきます。

しかしながら，課題設定力は，一朝一夕に身につくものではありません。そこで総合学習の指導計画を立てるにあたっては，複数年度にわたる長期的な見通しをもつことが重要になります。

例えば，資料5-1に示した相模原市立谷口中学校の「谷口ドリーム学習」の場合，①学習のイメージをつかむための「オリエン

資料 5-1 「谷口ドリーム学習」の3年間の流れ

	1 学 期		夏休み	2 学 期		3 学 期
1年生 「身近な社会」 学び方を発見しよう	全体・学級 《谷口中探検》 オリエンテーション 5時間	班・体験グループ (自然の村体験学習を通して) 《相模原探検Ⅰ》 発見学習 33時間	(職業調べ) 《職業を調べよう》 ふれあい体験・生き方 5時間＋α	課題解決学習 学習グループ・個人 相模原探検Ⅱ 《学び方を発見しよう》 30時間	(校内福祉体験) 《地域から福祉を学ぼうⅠ》 ふれあい体験・福祉 4時間	学習グループ・個人 (記録方法の工夫) 《記録に残そう》 14時間
2年生 「広く目を向けて」 課題を追求しよう	全体・学級 《2年生のドリーム学習を見通す》 オリエンテーション 2時間	班 (鎌倉遠足を通して) 《鎌倉を歩こう》 発見学習 17時間	(福祉体験学習) 《地域から福祉を学ぼうⅡ》 ふれあい体験・福祉 11時間＋α	課題解決学習 学習グループ・個人 (領域選択学習) 《課題を追究しよう》 34時間	(職業体験学習) 《地域から生き方を学ぼうⅠ》 ふれあい体験・生き方 18時間	学習グループ・個人 (プレゼンテーションの工夫) 《発表しよう》 10時間
3年生 「方舟地球丸」 未来へ提言しよう	全体・学級 《3年生のドリーム学習を見通す》 オリエンテーション 2時間	学習グループ (修学旅行を通して) 《奈良・京都ふれあい見つけ旅に出よう》 発見学習 23時間	(ボランティア) 《価値ある自分を見つけよう》 ふれあい体験・福祉 2時間＋α (進路体験学習) 《自分の将来を考えようⅠ》 ふれあい体験・生き方 2時間＋α	課題解決学習 個人 (研究会学習) 《未来に提言しよう》 36時間	(進路体験学習) 《自分の将来を考えようⅡ》 ふれあい体験・生き方 2時間	個人 (実践活動を通して) 《私にできる提言活動》 15時間
年間	・ふれあい集会 (2時間)	・生き方講話 (2時間)		・歌声集会 (2時間)		・農業体験 (3時間) 等

(出所) 田中, 2003, 解説書, p. 37。

テーション」，②「発見学習」や「ふれあい体験」「ふれあい集会」といった共通体験の場，③個人やグループで探究を進める「課題解決学習」，という3種類を組み合わせた3年計画がたてられています。②の部分では，子どもたちが何らかの問題意識をもてるような体験を提供することがめざされています。

「課題解決学習」(③) の部分は，1人ひとりの課題が徐々に練り上げられていくような指導計画がたてられています。1年生の「相模原探検」は学級を母体としたグループごとに，地域の「場所」と「人」をテーマに学習を進めます。2年生になると，自分の「ねがい・こだわりを大切にした自由な課題を追究」する「領域選択学習」が行われています。「領域選択学習」では，1人ひとりの関心をキーワードで探り，それを環境，伝統・文化，福祉・健康，国際といった「領域」に分けて，各「領域」内で小グループが編制されます。3年生の「研究会学習」は，2年生の「領域選択学習」からつながるものとして意識されており，2年生の時の学習成果に対する反対意見を探したり，考えをさらに広げたりすることから出発します。共通の大テーマの中で課題を設定するかたちから，1人ひとりが自立的に自由な課題設定を行うかたちへと，徐々に移行する計画であることがわかります。

個々の単元設計については，子どもたちが個人やグループで探究を進める場面と，教師との対話や学級全体での話し合いといった交流の場面とを交互に位置づけることが有効です。交流の場面で学習を振り返ることにより，1人ひとりの子どもが探究の成果と課題を振り返り，次の目標設定を行うことができます。

ポートフォリオ評価法

ここで，「総合的な学習の時間」導入にあたって注目されたポートフォリオ評価法について，確認しておきましょう。ポートフォリオとは，子どもの作品（work）と自己評価の記録，教師による指導と評価の記録などを，系統的に蓄積していくものです。ポートフォリオ評価法とは，ポートフォリオづくりを通して，子どもの学習に対する自己評価を促すとともに，教師も子どもの学習と自らの教育をより幅広く深く評価するアプローチです（西岡，2003）。ポートフォリオ評価法を用いることで，複数の評価方法をコーディネートすることができます。

ポートフォリオ評価法を効果的に進めるには，①子どもと教師の間で見通しを共有すること，②蓄積した作品を編集する機会を設けること，③定期的にポートフォリオ検討会を行うことが重要です。ポートフォリオ検討会とは，子どもと教師やその他の関係者がポートフォリオを用いつつ学習の状況について話し合う場を意味しています。それは，子どもと教師の間で評価をすり合わせつつ，到達点と課題，次の目標を確認し，次に向けた見通しをもつ場となります（宮本・西岡・世羅，2004）。さらに，学習成果を披露する機会ともなります。

ポートフォリオには，①予め決められた評価基準と収めるべき作品を教育者が指定する基準準拠型ポートフォリオ，②子どもと教育者が交渉し合いながら評価基準と収めるべき作品を決めていく基準創出型ポートフォリオ，③子どもが自分なりの評価基準を設定し，自己アピールするためにつくる最良作品集ポートフォリオがあります。これらを目的に応じて使い分けることが重要です。

例えば，教科教育において「目標に準拠した評価」を充実させるためには，基準準拠型ポートフォリオを用いることが有意義だと考えられます。ポートフォリオに残す資料について指定することで，どのような評価方法で評価される目標をめざしているのかを，子どもと教師の間で共通理解することができます。

また総合学習で探究的な学習を進める上では基準創出型ポートフォリオを用いて検討会を行い，子どもと教師で到達点と課題を把握していくことが有効でしょう。「どのように探究を進めているか？」「それまでに何が達成できたのか？」「どんなことに困っているのか？」といった問いかけにより，子どもたちの自己評価を引き出した上で，その後の探究の進め方について相談することとなります。

さらに，最良作品集ポートフォリオに，自分自身にとって重要な作品を蓄積していくことは，自分の生き方やキャリアを考える上で大きな意義をもちます。入試や就職に際して自己アピールする際にも役立つことでしょう。

なお，近年では，「キャリア・パスポート」の実践も行われています。「キャリア・パスポート」とは，「児童生徒が，小学校から高等学校までのキャリア教育に関わる諸活動について，特別活動の学級活動及びホームルーム活動を中心として，各教科等と往還し，自らの学習状況やキャリア形成を見通したり振り返ったりしながら，自身の変容や成長を自己評価できるよう工夫されたポートフォリオのこと」とされています（文部科学省，2019）。しかしながら，実際にはワークシートを集積したものであり，実質的なポートフォリオとしては機能しにくいものとなっています。「キャリア・パスポート」を有効に機能させるためには，子どもたちが自分の学習や活動の履歴を振り返れるような具体的な資料を集積・集約するようなポートフォリオとの併用が求められるでしょう。

特別活動

特別活動は,「集団や社会の形成者としての見方・考え方を働かせ,様々な集団活動に自主的,実践的に取り組み,互いのよさや可能性を発揮しながら集団や自己の生活上の課題を解決すること」を通して資質・能力を育成することをめざすものです(2017年改訂学習指導要領)。具体的には学級活動・ホームルーム活動,児童会活動・生徒会活動,学校行事などに取り組むことを通して,他者と協働する行動の仕方や,集団の中で生じる様々な課題を解決する力,自らの生き方について考え,自己実現を図る力などを育てることがめざされています。例えば中学校1年生であれば表5-6に示したような見通しをもちつつ学級経営を進めることとなります。

特別活動においては,子どもたちが学校において生活者として直面する課題に直接,取り組むことになります。その際の指導方法としては,大きく次の3つが提案されています(田中,2017;西岡,2017)。

第1は,子どもたちに作文を書かせるとともに,それを交流することによって,子どもたちの認識に働きかけ,ひいては行動の変容をもたらすものです。これは,生活綴方の手法を継承するものといえます。例えば,学級にみられる「荒れ」の問題について,子どもたちがどう考えているのかを匿名で書かせ,それらを教師が通信としてまとめることによって紙上討論を組織した実践があります(今泉,1998)。子どもたちの本音を交流することにより,学級には徐々に新しい世論が形成されることとなりました。

表 5-6　中学校 1 年の学級経営の見通し例

4 月：中学生としての心構えの月（生徒，保護者の心構えを促す）
・学期開きの準備（学級の組織づくり，学級目標の設定，学級通信の作成，等）

5 月：生徒の動向分析と指導方針の立案の月
・委員会活動始動，家庭訪問，課題のある生徒の指導・支援，部活動の適合，授業のつまずきへの対応，連休に向けての指導，はじめてのテストの受け方，等

6 月：中だるみ月（目標が持ちにくい月）
・学習，生活確立月間の取り組み（学習会運動，挨拶運動，遅刻ゼロ運動）
・二者面談（生活，学習，部活動，等）で生徒把握

7 月：1 学期のまとめ月
・期末テスト，三者面談，夏休みのすごし方，等

8 月：生徒動向の把握月
・ハガキや電話作戦，部活動参観，個別家庭訪問，登校日，学習会，等で生徒把握の取り組み，等
・夏休みリーダー講習会（学級委員）

9 月：新たな始まり月（1 学期の継続ではない）
・生活リズムの確立，体育祭等の行事で学級の団結

10 月：ピンチにもチャンスにもなる月（生徒の荒れに注目すべき月）
・文化祭等の行事が多く，学校全体が落ち着かない時期
・進路の不安定な 3 年生の荒れが目立ち，下級生への影響が懸念されることもある

11 月：10 月の反省と課題を踏まえる月（生徒指導の充実月）
・生徒会役員の改選の取り組み，マラソン大会の取り組み，期末テスト
・二者面談（生活，学習，部活動，等）で生徒把握

12 月：2 学期のまとめ月
・期末テスト，三者面談，冬休みに向けて，等
・冬休み新リーダー講習会（生徒会役員，学級委員）

1 月：短い 3 学期のポイントづくり月
・生活リズムの確立
・百人一首大会

2 月：学年末準備月
・学年末テスト，三者面談

3 月：学年の締め括り月
・卒業式の取り組み
・学級史，学年史，自分史の作成
・学級じまい（効果的な学年納めと 2 年生への出発式の取り組み）
・次年度に向けて気になる生徒，問題行動をもつ生徒の動向把握と指導

（出所）川地，2013，p. 34（北原琢也作成）。

第 2 は，班や日直，係活動といった仕組みを活用しつつ，子どもたちの間に働く力学を転換して，自治の力を育むことをめざす「集団づくり」の手法です（第 4 章参照）。「集団づくり」においては，班内に生じる矛盾や班同士の対立を顕在化させて問題解決に

取り組む，子どもたちの中に自覚をもったリーダーを育てる，討議を通して理非と真偽を争い，集団としての意志の統一を図る，といった活動が組織されます（大西，1991）。近年では，1人ひとりの子どもの個別的・具体的な状況に配慮しつつ，共生することのできる社会的な関係づくりをめざすケア的なアプローチも提案されています（竹内，2003；全生研常任委員会，2015）。

第3は，子どもたち自身が共同で文化を創造する活動に取り組ませる方法です。例えば，子どもたちが学級で動物の飼育に取り組んだり（鈴木，1967），「遊び」を取り入れた運動会を企画したり（金森，1988），文化祭での演劇づくりを行ったり（林，2013），といった実践がみられます。文化創造への参加を保障することは，子どもたちに共に生きる喜びや充実感を味わわせることともなるでしょう。

●引用・参考文献

石井英真，2015a，『今求められる学力と学びとは――コンピテンシー・ベースのカリキュラムの光と影』日本標準。

石井英真，2015b，『現代アメリカにおける学力形成論の展開――スタンダードに基づくカリキュラムの設計（増補版）』東信堂。

今泉博，1998，『崩壊クラスの再建――新しい荒れをらく～に克服する法』学陽書房。

ウィギンズ，G.＝マクタイ，J.／西岡加名恵訳，2012，『理解をもたらすカリキュラム設計――「逆向き設計」の理論と方法』日本標準。

大西忠治，1991，「定本『核のいる学級』」『大西忠治教育技術著作集』第1巻，明治図書。

金森俊朗，1988，『太陽の学校』教育史料出版会。

川地亜弥子，2013，「教職に求められる教養」西岡加名恵・石井英真・川地亜弥子・北原琢也『教職実践演習ワークブック――ポートフォリオで教師力アップ』ミネルヴァ書房。
京都大学大学院教育学研究科 E.FORUM，2014，「E.FORUM スタンダード（第1次案）」＝http://e-forum.educ.kyoto-u.ac.jp/seika/
鈴木孝雄，1967，『学級文化活動と集団づくり――学級新聞“ブタとアヒル”の物語』明治図書。
全生研常任委員会企画，竹内常一・折出健二編著，2015，『シリーズ教師のしごと1　生活指導とは何か』高文研。
タイラー，R. W.／金子孫市監訳，1978，『現代カリキュラム研究の基礎――教育課程編成のための』日本教育経営協会。
竹内常一，2003，『おとなが子どもと出会うとき　子どもが世界を立ちあげるとき』桜井書店。
田中耕治監修，2003，『実践！自ら考える生徒たち――総合から教科へ，谷口中学校の取り組み』岩波映像。
田中耕治，2008，『教育評価』岩波書店。
田中耕治編，2010，『よくわかる教育評価』（第2版），ミネルヴァ書房。
田中耕治編，2016，『グローバル化時代の教育評価改革――日本・アジア・欧米を結ぶ』日本標準。
田中耕治編，2017，『戦後日本教育方法論史（上）――カリキュラムと授業をめぐる理論的系譜』ミネルヴァ書房。
デューイ，J.，1977「私の教育学的信条」大浦猛訳編『実験学校の理論』明治図書。
デュウイー，J.／植田清次訳，1955，『思考の方法――いかに我々は思考するか』春秋社。
トフラー，A.／徳山二郎訳，1991，『パワーシフト――21世紀へと変貌する知識と富と暴力』フジテレビ出版。
ドラッカー，P. F.／上田惇生訳，1999，『断絶の時代――今，起こっていることの本質』ダイヤモンド社。
西岡加名恵，2002，「教育評価の方法――『筆記による評価』から『パフォーマンスにもとづく評価』まで」田中耕治編『新しい教育評価の理論と方法――新しい教育評価への挑戦』（I理論編）日本標準。
西岡加名恵，2003，『教科と総合に活かすポートフォリオ評価法――新たな評価基準の創出に向けて』図書文化社。
西岡加名恵，2016a，『教科と総合学習のカリキュラム設計――パフォーマンス評価をどう活かすか』図書文化。
西岡加名恵編著，2016b，『「資質・能力」を育てるパフォーマンス評価――アクティブ・ラーニングをどう充実させるか』明治図書。
西岡加名恵編，2017，『特別活動と生活指導』協同出版。
林由紀子，2013，『弥栄のきずな』毎日新聞社。
ブルーナー，J. S.／鈴木祥蔵・佐藤三郎訳，1963，『教育の過程』岩波書店。
ブルーム，B. S.＝J. T. ヘスティングス＝G. F. マドゥス／梶田叡一・渋谷憲一・藤田恵璽訳，1973，『教育評価法ハンドブック――教科学習の形成的評価と総括的評価』第一法規。
米国学術研究推進会議／森敏昭・秋田喜代美監訳，2002，『授業を変える――認知心理学のさらなる挑戦』北大路書房。
ベル，D.／内田忠夫ほか訳，1975，『脱工業社会の到来――社会予測の一つの試み』上・下，ダイヤモンド社。
堀哲夫，2006，『一枚ポートフォリオ評価 小学校編――子どもの成長が教師に見える』日本標準。
ホワイト，R. T.＝ガンストン，R. F.／中山迅・稲垣成哲監訳，1995，『子どもの学びを探る――知の多様な表現を基底にした教室をめざして』東洋館。
松尾知明，2015，『21 世紀型スキルとは何か――コンピテンシーに基づく教育改革の国際比較』明石書店。
松下佳代編，2010，『〈新しい能力〉は教育を変えるか――学力・リテラシー・コンピテンシー』ミネルヴァ書房。
三藤あさみ・西岡加名恵，2010，『パフォーマンス評価にどう取り組むか――中学校社会科のカリキュラムと授業づくり』日本標準。
宮本浩子・西岡加名恵・世羅博昭，2004，『総合と教科の確かな学力を育むポートフォリオ評価法・実践編――「対話」を通して思考力を鍛える！』日本標準。
文部科学省，2019，「『キャリア・パスポート』例示資料等について」
ライチェン，D. S.＝サルガニク，L. H. 編／立川慶裕監訳／今西幸蔵・岩崎久美子・猿田祐嗣・名取一好・野村和・平沢安政訳，2006，『キー・コンピテンシー――国際標準の学力をめざして』明石書店。
Archbald, D. and F. Newmann, 1988, *Beyond Standardized Testing:*

Assessing Authentic Academic Achievement in the Secondary School, National Association of Secondary School Principals.

Erickson, H. L., 2008, *Stirring the Head, Heart, and Soul*, 3rd Ed., Corwin Press.

Guskey, T., 1997, *Implementing Mastery Learning*, 2nd ed., Wadsworth Publishing.

McTighe, J. and Ferrara, S., 1998, *Assessing Learning in the Classroom*, NEA (National Education Association)

McTighe, J. and Wiggins, G., 2004, *Understanding by Design: Professional Development Workbook*, ASCD.

OECD, 2005, "The Definition and Selection of Key Competencies: Executive Summary" =https://www.oecd.org/pisa/35070367.pdf

Stiggins, R., 2001, *Student-Involved Classroom Assessment*, 3rd ed., Merrill Prentice Hall.

Wiggins, G., 1998, *Educative Assessment: Designing Assessment to Inform and Improve Student Performance*, Jossey-Bass Publishers.

Wiggins, G. and McTighe, J., 2007, *Schooling by Design: Mission, Action, and Achievement*, ASCD.

第6章　カリキュラム・マネジメント

▲留学生との交流会で，ポートフォリオを使って話し合う子どもたち

学校の教育課程改善を進めるために，カリキュラム・マネジメントが強調されています。本章の第１節では，教育課程編成の構成要件を整理するとともに，カリキュラム・マネジメントとは何かを確認します。第２節では，教育課程編成論の歴史的な変遷をたどります。第３節では，カリキュラム・マネジメントを進める上での主なポイントを提案します。第４節では，入試と接続のあり方に関して検討します。

1 カリキュラム・マネジメントとは何か

教育課程編成の構成要件

教育課程編成には，様々な構成要件が絡まりあって存在しています（表6-1)。「基本要件」は教育課程の本質的な構成要素です。「教育条件」は，教育課程を実施するにあたって，意図的な操作の対象となる諸条件です。「前提条件」は，教育課程を編成する教師たちにとって，必ずしも操作の対象となりえない，しかしながら考慮せざるをえない諸条件です。ただし，「教育条件」と「前提条件」の区別は，時代によっても変化しうるものです。例えば，学校段階に注目すると，従来は6・3・3制であることが「前提条件」でした。しかし，現在では6・3・3制とは異なる区分の仕方も導入されており，学校段階の区分が必ずしも「前提条件」に入るものではなく「教育条件」へと移行してきていることがうかがわれます。

教育課程編成の基本要件

ここでは，「基本要件」について概観しておきましょう。学校の教育課程編成においてまず問われるのは，学校のミッション（使命）や教育目的です。これによって，学習者に対して提供する文化内容として何を取り入れ，何を排除するかが決定されます。教育課程全体を通して，それらのミッションや教育目的が達成されているかどうかが問われます。その際には，正式な指導計画だけでなく，「隠れたカリキュラム」も教育課程の重要な側

表 6-1　教育課程編成の構成要件

構成要件		主な構成要素や論点
基本要件	教育目的・教育目標	ミッション（使命）・価値・理念・校風（エートス）。目的。目標（教材，指導過程と学習形態，学力評価）。
	編成原理，構造	経験主義か系統主義か。スコープ（領域・範囲）やシーケンス（配列・系統性）の設定。単元の配置。
	履修原理	履修主義か修得主義か。年数主義か課程主義か。必修か選択か。
教育条件	時間配分	1 単位時間。教科等への配当日時数。年間の流れ。
	子ども・青年の集団編制	集団の規模。異質化原理か等質化原理か。固定的か，柔軟に変化するか。
	教職員の配置，力量形成	教科担任制か学級担任制か。TT やゲスト・ティーチャーの有無。研修によって，どのような力量を形成するのか。
	教具，施設・設備	教具の種類と数。教室の種類と配置。オープン・スペースの有無。
	学校間の接続	接続校との関係（連携，一貫など）。入試のあり方。
前提条件	入学する子ども・青年	発達段階，学力，性格特性，ニーズなど。
	保護者や地域社会	学校への期待，協力体制，地域文化など。
	学校の特色	伝統，各種教育資源など。
	上級校・下級校，近隣校との関係	連携の有無。学校間競争の有無。
教育課程編成の制度		中央集権による統制か，「学校を基礎にしたカリキュラム編成」か，学校間ネットワークの形成か。学校におけるカリキュラム・マネジメント（教育課程経営）のあり方，学校のビジョン（将来構想）とストラテジー（方略）。カリキュラム評価（教育課程評価）の主体と進め方。

面となります。例えば，学校がどのような共同体として存在し，どんな校風（エートス）が生み出されているのかも，子どもの心身の発達に大きな影響を与えるためです。

正式な指導計画を立てる際には，まず編成原理が問われます。編成原理は，子どもたちの経験の系列を重視する経験主義と，学問の論理によって組織された知識の系列を重視する系統主義に大別されます（第4章参照）。編成原理によって，領域の設定や単元の配置なども左右されます。

設定された教育目的については，個々の領域，さらには単元・授業における教育目標として具体化される必要があります。教育目標は，授業における教材・教具，指導過程と学習形態，学力評価に具現化されてはじめて，目標としての意味をもつことになります（p. 190 の*Column*⑤参照）。

一方で，ニーズ，習熟度，興味・関心や進路といった子どもの多様性に教育課程がどう対応するのかも，重要な論点です。教育課程の共通性をどの程度確保し，またどの年齢でどのような形態の教育課程の分化を認めるかについて考える必要があります。教育課程の基本的な履修原理として，履修主義をとるか修得主義をとるかがこれに関わります（第4章参照）。

学習指導要領と指導要録

日本において各学校は，日本国憲法と教育基本法の条文（資料6-1），学校教育法などに従いつつ，教育課程を編成します。中でも学習指導要領は，文部科学省が教育課程の基準として作成している文書です。学習指導要領では，教育課程編成の方針や配慮すべき事項などを記した「総則」，各教科やその他の領域等の

資料 6-1　日本国憲法と教育基本法の条文（一部抜粋）

日本国憲法（1946 年）

第 26 条　すべて国民は，法律の定めるところにより，その能力に応じて，ひとしく教育を受ける権利を有する。②すべて国民は，法律の定めるところにより，その保護する子女に普通教育を受けさせる義務を負ふ。義務教育は，これを無償とする。

旧教育基本法（1947 年）

第 1 条（教育の目的）　教育は，人格の完成をめざし，平和的な国家及び社会の形成者として，真理と正義を愛し，個人の価値をたつとび，勤労と責任を重んじ，自主的精神に充ちた心身ともに健康な国民の育成を期して行われなければならない。

改正教育基本法（2006 年）

（教育の目的）

第 1 条　教育は，人格の完成を目指し，平和で民主的な国家及び社会の形成者として必要な資質を備えた心身ともに健康な国民の育成を期して行われなければならない。

目標と内容などが示されています。学習指導要領は，教科書検定の基準ともなります。一方，指導要録（資料 6-2）は，「児童生徒の学籍並びに指導の過程及び結果の要約を記録し，その後の指導及び外部に対する証明等のために役立たせるための原簿」です（文部科学省初等中等教育局長，2010)。指導要録の「観点別学習状況」欄の観点は，目標設定を評価の側面から既定するものともなっています。

カリキュラム・マネジメント

学習指導要領の 1998 年改訂以降は，各学校において「創意工夫を生かし特色ある教育活動を展開する」ことが推奨されるようになりました。それに伴い，各学校のカリキュラム・マネジメントの実践や研究も本格化しています。2017 年改訂学習指

資料 6-2　2019年改訂小学校児童指導要録の参考様式（一部）

様式2（指導に関する記録）

児童氏名	学校名	区分＼学年	1	2	3	4	5	6
		学級						
		整理番号						

各教科の学習の記録

教科	観点＼学年	1	2	3	4	5	6
国語	知識・技能						
	思考・判断・表現						
	主体的に学習に取り組む態度						
	評定						
社会	知識・技能						
	思考・判断・表現						
	主体的に学習に取り組む態度						
	評定						
算数	知識・技能						
	思考・判断・表現						
	主体的に学習に取り組む態度						
	評定						
理科	知識・技能						
	思考・判断・表現						
	主体的に学習に取り組む態度						
	評定						
生活	知識・技能						
	思考・判断・表現						
	主体的に学習に取り組む態度						
	評定						
音楽	知識・技能						
	思考・判断・表現						
	主体的に学習に取り組む態度						
	評定						
図画工作	知識・技能						
	思考・判断・表現						
	主体的に学習に取り組む態度						
	評定						
家庭	知識・技能						
	思考・判断・表現						
	主体的に学習に取り組む態度						
	評定						
体育	知識・技能						
	思考・判断・表現						
	主体的に学習に取り組む態度						
	評定						
外国語	知識・技能						
	思考・判断・表現						
	主体的に学習に取り組む態度						
	評定						

特別の教科　道徳

学年	学習状況及び道徳性に係る成長の様子
1	
2	
3	
4	
5	
6	

外国語活動の記録

学年	知識・技能	思考・判断・表現	主体的に学習に取り組む態度
3			
4			

総合的な学習の時間の記録

学年	学習活動	観点	評価
3			
4			
5			
6			

特別活動の記録

内容	観点＼学年	1	2	3	4	5	6
学級活動							
児童会活動							
クラブ活動							
学校行事							

（出所）　文部科学省初等中等教育局長，2019。

図6-1　カリキュラム・マネジメントのモデル図

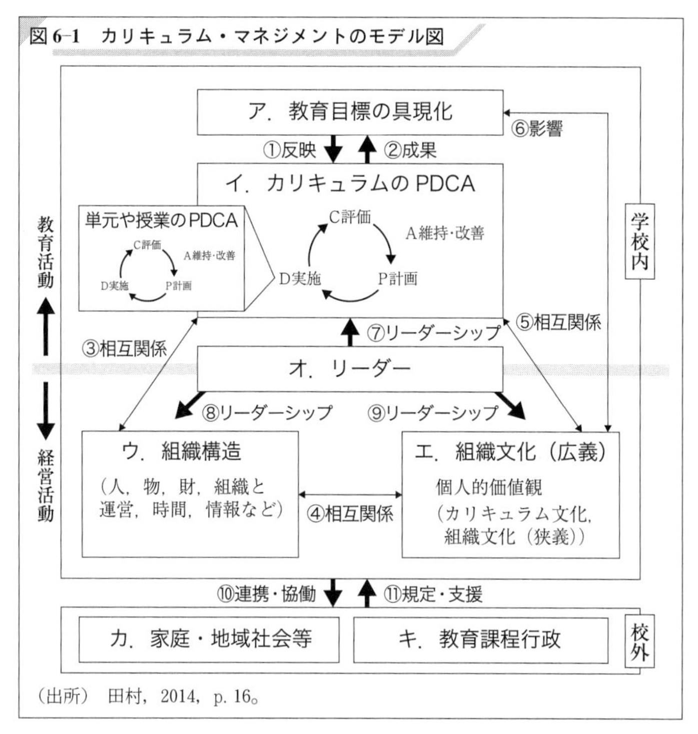

（出所）　田村，2014，p. 16。

導要領では，「教育課程に基づき組織的かつ計画的に各学校の教育活動の質の向上を図っていくこと（以下「カリキュラム・マネジメント」という）に努めるものとする」と述べられています。

カリキュラム・マネジメント（教育課程経営）とは，「各学校が学校の教育目標をよりよく達成するために，組織としてカリキュラムを創り，動かし，変えていく，継続的かつ発展的な，課題解決の営み」（田村，2011，p. 2）です。

図6-1に示した通り，カリキュラム・マネジメントには，教育目標に対応して教育活動を行うことに加え，それを支えるリーダ

ーシップや組織構造・組織文化，さらには家庭・地域社会等との連携や教育課程行政との関係などの経営活動が含まれます。表6-1に示した構成要件と対応させると，教育活動は教育課程の「基本要件」を「計画（P）－実施（D）－点検・評価（C）－改善（A)」することに該当しています。経営活動は「教育条件」を設定するのみならず「前提条件」をも動かしていく営みとしてとらえられていることがわかります。

歴史的には，教育課程編成（カリキュラムのPDCA）のプロセスを対象化する研究も展開されてきました。次に，その諸理論を概観してみましょう。

2 教育課程編成論の変遷

マスタリー・ラーニングと到達度評価

タイラー原理は，教育課程編成を，①目標設定，②目標達成に必要な教育的経験の明確化，③教育的経験の組織化，④評価の4段階でとらえたものでした（第5章参照)。タイラーの目標論を発展的に継承して「教育目標の分類学」を考案したブルームは，教育目標に照らし合わせて形成的評価を行い，目標に到達している子どもに対しては発展学習を，到達していない子どもに対しては回復学習を行うマスタリー・ラーニング論（ブルーム，1986〔原著1981年，論文の初出1968年〕）を提唱しました。

当時のアメリカでは，黒人への平等な教育を要求する公民権運動が盛り上がりをみせていました。その運動に参加したブルームは，公共社会を生きるための学力を明らかにすることをめざすと同時に，その学力をすべての者に保障する方策を考案しようとしたのです。ブルームのマスタリー・ラーニング論は，評価を教育課程改善に活かす道筋を具体的に示した点で，大きな意義があります。

ブルームのマスタリー・ラーニング論にも影響を受けつつ，1970 年代の日本では到達度評価論が登場しました。到達度評価論は，すべての子どもたちに保障されるべき学力を明確な到達目標として設定するとともに，評価の機能として診断的評価・形成的評価・総括的評価の 3 つを位置づけました。診断的評価とは，ある単元を始める前に，その単元に対する子どもたちの学習への準備状態（認知面と情意面の両方）を把握しておくことです。形成的評価とは，教育の過程において成否を確認するものです。その結果に基づいて，指導の改善が図られます。総括的評価とは，実践の終わりに発展性をも含めた学力を総体としてとらえ，評定するものです。評価行為がこれら 3 つに分化したのは，到達度評価論が，まさに「教育を評価する営みである」という教育評価の本質を具現化する主張だからといえるでしょう。

タイラー原理，ブルームのマスタリー・ラーニング，到達度評価は共通して，教育目的から導き出された目標を規準として，教育評価を行うことを主張するものでした。このことは，評価を教育の改善につなげる営みとして位置づける点で，大きな意義がありました。しかしながら，教育によってもたらされる子どもの行動を明示した形で目標設定をすることを強調することによって，教育目標が行動目標化されうるものだけに矮小（わいしょう）化され，「目標つぶし」と称されるような実践に陥る危険性も生じました。

羅生門的接近

教育課程について，明確に設定された教育目標を実現するものとして構造化できるとする考え方の基盤には，近代的な自然科学の合理主義・実証主義を社会科学にももちこむ発想があります。すなわち，教育を「制作（ポイエシス）」の営みとしてとらえる発想です。一方，合理主義・実証主義に対する懐疑を背景に「制作」の発想を「工学的接近（アプローチ）」とよんで批判する立場も存在しています。その立場から主張されている「羅生門（らしょうもん）的接近（アプローチ）」においては，教育が「実践（プラクシス）」の営みとしてとらえられ，教育課程は社会的な文脈において様々な主体が関わり合いながら生み出されていく存在として位置づけられます。工学的接近は系統主義と親和性が高いのに対し，経験主義の論者は羅生門的接近を好む傾向があります。

羅生門的接近の命名者であるアトキン（Atkin, J. M.）は，黒澤明監督が映画「羅生門」で描いたように，1つの事実も多様な角度から多義的に解釈されうることを強調しました。教室の事実についても立場により多様な解釈が可能となるため，教育課程編成にあたっては目標設定を一般的な目標にとどめ，「創造的教授・学習活動」を行うことを主張したのです（資料 6-3）。

教育は本質的に，子どもの発達を促進するための働きかけを意図的に行う営みです。羅生門的接近においては，設定される教育目標がオープン・エンドで一般的なものにとどまるため，実践する教師の力量によっては，効果的な働きかけができなくなるのではないかという疑問が残ります。しかし，様々な視点から教育課程をとらえる発想については，今後の教育課程編成においても生かされる価値のあるものといえるでしょう。

資料 6-3 「工学的接近（アプローチ）」と「羅生門的接近（アプローチ）」の対比

──一般的手続──

工学的接近 (technological approach)	羅生門的接近 (rashomon approach)
一般的目標 (general objectives) ↓ 特殊目標 (specific objectives) ↓ 「行動的目標」(behavioral objectives) ↓ 教材 (teaching materials) ↓ 教授・学習過程 (teaching-learning processes) ↓ 行動的目標に照らした評価 (evaluation based upon behavioral objectives)	一般的目標 (general objectives) ↓ 創造的教授・学習活動 (creative teaching-learning activities) ↓ 記述 (description) ↓ 一般的目標に照らした判断評価 (judgement against general objectives)

──評価と研究──

工学的接近	羅生門的接近
目標に準拠した評価 (goal-reference evaluation)	目標にとらわれない評価 (goal-free evaluation)
一般的な評価枠組 (general schema)	様々な視点 (various perspectives)
心理測定的テスト (psychometric tests)	常識的記述 (common sense description)
標本抽出法 (sampling method)	事例法 (case method)

──目標，教材，教授・学習過程──

	工学的接近	羅生門的接近
目標	「行動的目標を」(behavioral objectives)	「非行動的目標を」(non-behavioral objectives)
教材	「特殊的であれ」(be specific!) 教材のプールからサンプルし，計画的に配置せよ (sampling from material pool and “planned allocation”)	「一般的であれ」(be general!) 教授学習過程の中で教材の価値を発見せよ (discovering the value of materials in teaching-learning processes)
教授学習過程	規定のコースをたどる (predecided)	即興を重視する (impromptu)
強調点	教材の精選，配列 (design of teaching materials)	教員養成 (teacher training, in-service training)

（出所） 文部省，1975，pp. 50–54。

鑑識眼と批評

芸術教育の立場から工学的接近を批判したアイスナー（Eisner, E. W.；1933-2014）は，教育課程編成を，教育についてのイメージや願いをプログラムに転換していく営みとしてとらえました。また，創造性を培うためには，行動目標ではなく，オープン・エンドの目標を設定することが重要だと主張しました。さらに，創造性を育む活動において子どもの学びは多様に展開するため，誰でもが用いることのできる定則など存在しない，と考えます。したがって，教育者には，文脈に応じて価値判断を行う「鑑識眼」（connoisseurship）と，鑑識を言語化して「批評」（criticism）する力が求められることとなります（Eisner, 1979）。

アイスナーの主張は，分析的な行動目標ではとらえきれない学力の重要性を指摘した点で意義深いものです。また，子どもの学びは1人ひとり個性的なものであるため，文脈に応じた鑑識眼と批評力が教師に求められることも事実でしょう。ただし，教師たちは長年の経験の中で，有効な教育方法に関する知見を蓄積してきていることもまた事実です。アイスナーは，そのような教師1人ひとりの素養に裏づけられた鑑識眼と批評力を活かしつつ，教育課程編成を進める立場に立っていたと考えられます。

カリキュラム評価

教育課程編成を進める上では，カリキュラム評価（教育課程評価）が重要な役割を占めます。そこで，カリキュラム評価の理論についても，紹介しておきましょう。教育評価については，学力評価，授業評価，カリキュラム評価，学校評価といったように，様々な評価対象を設定することができます。授業評価，カリキュラム評価，学校評価の関係を整理しています。カリキュラム評価は，学力評価や授業評価を核心部に含みつつ，教室で展開される教授・学習活動を間接的に規定してくるような諸条件に関する評価をも含むものとして位置づけられます（水越，1982）。

ゴール・フリー評価

カリキュラム評価については，主として3つの立場が登場しています。第1は，関係者が価値判断を行う営みとしてとらえる立場です。例えば，スクリヴァン（Scriven, M. ; 1928-）は，完成したカリキュラムが「他の選択肢と比べ，学校システムに採用する際の費用を正当化するために十分な優位性をもっているか」を扱う「総括的評価」として，第三者が「ゴール・フリー評価（目標にとらわれない評価）」を行うことが重要だと主張しました（Scriven, 1972）。スクリヴァンは，「料理人がスープを味見するのが形成的評価であり，お客さんがスープを味わうのが総括的評価だ」とたとえたステイク（Stake, R. ; 1927-）の言葉を紹介しています。スクリヴァンらは，専門家（教師）以外の関係者をも含むようなステイクホルダー（利害関係者）による評価の重要性を指摘したといえるでしょう。

日本においても，スクリヴァンの理論を踏まえつつ，チェックリスト（資料6-4）を用いてカリキュラム評価をすることが提案されています（根津，2006）。当初設定された目標にとらわれずに評価をするための工夫の例といえるでしょう。

学力調査

第2は，教育課程の成否について学力調査を用いて検証する立場です。例えば，

資料 6-4 「特別活動のカリキュラム評価」のためのチェックリスト

項　目	概　要	評　点
1　評価しようとする特別活動の実践は，どのようなものですか。		／10
2　どうしてこの実践を行おうとしたのですか。		／10
3　この実践は，誰に直接働きかけるのですか。また，間接的には誰に影響を及ぼしますか。		／10
4　この実践を行う上で，必要な「もの」「こと」（場所や機材，知識等も含む）は何ですか。		／10
5　この実践（ねらい）は何ですか。		／10
6「5」で示した目標を達成するため，カリキュラム上（学校経営上），どのような工夫や手続きを行いましたか。		／10
7　この実践の結果はどうでしたか。また，どのような手だてで明らかにしましたか。		／10
8　この実践に，どのくらい〈お金，時間，人手，会議，場所，手間〉等をかけましたか。		／10
9　この実践の代替案はありますか。また，他校の実践等と比べてみましたか。		／10
10　他の学校でこの実践を行えると思いますか。また，それはなぜですか。		／10
11　1～10 の評点を足すと，何点ですか。		／100
12　この実践はどこをなおすとよくなりますか。また，どこが優れていますか。		
13　この実践は，どのように外部に報告・発信されますか。		
14　以上の 1～13 の評価結果を，他に評価する人は誰ですか。		

使用法
- 各チェックポイントとも，短文で回答する。
- 判断の根拠としたデータを適宜添付することが望ましい。
- チェックポイント 1～10 については，各 10 点満点で点数もあわせてつける。
- その総計をチェックポイント 11 として加算し，かつコメントを付す。
- チェックポイント 1～11 までは必須であり，12～14 は任意である。
- 記入日，評価者，感想を記入する。

（出所）　根津，2011，p. 62。

OECDによるPISAなどの国際的な学力調査は，学習指導要領の改訂に大きな影響を与えます。文部科学省は，学習指導要領改訂にあたって教育課程実施状況調査を実施してきたほか，現在では全国学力・学習状況調査も行っています。こういった学力調査については，個々の子どもたちの学力調査としての意義以上に，教育課程やリソースの配分などの教育条件を評価するものとして位置づけることが重要です。

アメリカでは，特定のプログラムを与えた実験群と，与えられなかった統制群について学業成績を比較することにより，プログラムの効果をとらえようとする動向もみられます（国立教育政策研究所，2012)。しかしながら，このような「エビデンスに基づく教育」の動向については，小規模な調査で効果が検証されがちである，結果がプラスのもののみ発表されるバイアスがある，効果を検証する評価テストの質が問われにくい，という批判もあります。

学校の教育課程改善のための評価

第3は，教育課程編成のプロセスの中核に学力評価を位置づけ，教育課程改善を図るためのものとしてカリキュラム評価をとらえるものです。例えば，「逆向き設計」論（第5章参照）では，教育課程編成のプロセスが，図6-2のようにとらえられています。「ミクロな設計」では，目標と評価方法，学習経験と指導が対応するように単元設計を行います。設計した単元を実施すると，子どもからのフィードバックが得られたり，子どもの作品が手に入ったりします。学力調査などの外部のデータが入手できる場合もあります。それを踏まえて，単元や授業といった「ミクロの設計」だけでなく，科目や教科といった「マクロな設計」の改

図 6-2 「ミクロな設計」と「マクロな設計」の往還

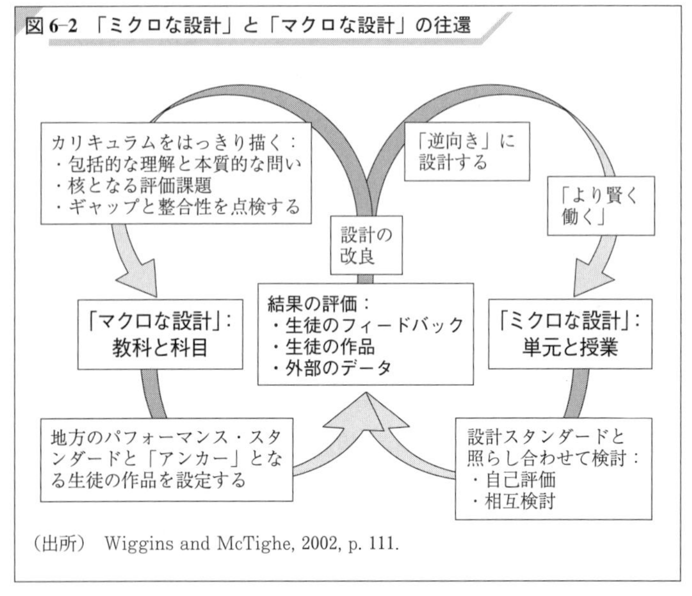

（出所） Wiggins and McTighe, 2002, p. 111.

善も図られるのです。

日本の指導要録については，2001 年改訂において，全面的に「目標に準拠した評価」が導入されました（*Column*⑥）。「目標に準拠した評価」を実践する際には，目標に対応した評価方法を明確にするとともに，その評価方法によってとらえられた実態を踏まえて，指導や教育課程の改善に生かしていくことが求められています。

Column⑥ 学力評価の４つの立場

指導要録に注目すると，学力評価については，その規準のとり方によって，次の４つの立場があることがわかります（詳細は，田中，2008 参照）。

① 認定評価（戦前の絶対評価）：教師の主観的な判断による評価。指導要録の前身である「学籍簿」において採用されていました。主観的・恣意的な評価となるとして，戦後，批判されることとなりました。

② 相対評価（「集団に準拠した評価」）：集団の中における相対的な位置によって個人の成績をつけるもの。教育目標を問い直す回路をもたない点，子どもの成績の相対的な位置は明らかになっても必ずしも学力実態を明らかにはしない点，予め一定割合のできない子どもがいることを前提とし，排他的な競争を生み出してしまう点で，非教育的な評価です。

③ 個人内評価：個々の子どもを規準として評価するもの。1人の子どもの複数の側面や特性を比較して，その子どもの長所・短所，得意・不得意などを評価したり，その子どもの過去と現在を比較して評価をしたりします。

④ 「目標に準拠した評価」：教育目標に照らして，達成状況を評価するもの。実践開始前に実態を把握する「診断的評価」，実践の改善に役立てるために実践途中で実施する「形成的評価」，実践終了時に達成状況を確認する「総括的評価」が行われることとなります。

3 カリキュラム・マネジメントの進め方

カリキュラム・マネジメントの主体と側面

カリキュラム・マネジメントは，教育課程編成の主体である学校によって進められる営みです。各学校の教師たちは，教育を受ける子どもたちの実態を踏まえ，教師たちの願いも込めて，教育課程編成に取り組みます。その際，教育課程の PDCA を進めたり，教育条件を整備したりするカリキュラム・マネジメントにも取り組むこととなります（田村ほか，2016）。

教育政策においては，①「各教科等の教育内容を相互の関係で捉え，学校教育目標を踏まえた教科等横断的な視点で，その目標の達成に必要な教育の内容を組織的に配列していくこと」，②「教育内容の質の向上に向けて，子供たちの姿や地域の現状等に関する調査や各種データ等に基づき，教育課程を編成し，実施し，評価して改善を図る一連の PDCA サイクルを確立すること」，③「教育内容と，教育活動に必要な人的・物的資源等を，地域等の外部の資源も含めて活用しながら効果的に組み合わせること」が，カリキュラム・マネジメントの「3つの側面」として強調されています（中央教育審議会，2016）。なお，①においては「教科等横断的な視点」と書かれていますが，特定の教科や特定の領域に焦点を合わせてカリキュラム改善に取り組むのも，カリキュラム・マネジメントの一環といえます。例えば，目の前の子どもの学習を豊かなものにするために，学年指導計画において単元の配列等を工夫するのもカリキュラム・マネジメントです。カリキュラム・マネジメントは，決して学校管理職だけの仕事ではなく，1人ひとりの教師の仕事といえるでしょう。

実態把握と課題の設定

では，カリキュラム・マネジメントは，具体的にはどのように進めればよいのでしょうか。『学校を基礎にした教育課程編成』を提唱したスキルベック（Skilbeck, M.）は，タイラー原理に改良を加え，教育課程編成を，①状況分析，②目標の明確化，③教授—学習プログラムの設計，④教授—学習プログラムの解釈と実施，⑤教育評価，という5段階でとらえなおしました（Skilbeck, 1984）。タイラー原理と比較してみると，教育課程そのものは教育者の意図に対応するものとして限定づけつつも，新たに①「状況分析」という段階が位置づけられています。つまり，PDCAというよりも，CA-PDCAとなっていることがわかります。また，①「状況分析」においては，個別の学校や子どもの諸条件，「隠れたカリキュラム」など，従来よりも幅広い状況が視野に入り，教育課程の改善に活かされる可能性が生まれます。

カリキュラム・マネジメントを進めるにあたっては，まず学校の状況を踏まえて，教育課程のどの部分を改善する必要があるのか，焦点化した課題を設定することが重要です。近年では，前年度までの成果や課題を踏まえ，「めざす子ども像」，今年度の教育目標や研究主題，重点的な取り組みなどを端的に示した学校経営計画（学校マニフェスト）を公表する学校も増えています。

なお，教育課程改善・改革を効果的に行うためには，改善・改革についても「逆向き」に設計するとよいでしょう（Wiggins and McTighe, 2007）。すなわち，改善・改革の目標が達成できたかどうかを判断できる証拠（エビデンス）を，研修計画を策定する段階で明らかにしておきます。この時，数値目標の達成が目的化するような事態を避けるために，証拠については，数値化されるような量的なものだけでなく，教師の指導案や子どもたちの生み出す作品といった質的なものをも含んで考えておくことが重要でしょう。そのように改善・改革後のイメージを明確にしておくことによって，教育課程改善・改革が成功しているかどうかを，形成的・総括的に評価していくことが可能になります。ただし，改善・改革後のイメージは，改善・改革を進めるプロセスの中で修正が図られるものでもありえます。改善・改革の途中でとらえられた子どもたちの姿や教師たちの反応によって，改善・改革のプラン自体を修正することが必要な場合もあるでしょう。

改善策の実施

重点的な目標が設定できたら，それに対応する具体的な方策を明確にし，取り組みを進めます。その際，特に重要になるのは，教師たちの力量を高める校内研修です。校内研修とは，校内の「全教職員による計画的，組織的な研修活動」です（中留，1994，p. 5)。例えば，「思考力・判断力・表現力の育成」や「アクティブ・ラーニングの充実」が課題であれば，どのような単元を開発すればよいのか，どのような指導方法や評価方法を用いればよいのかについて，理解を深め共有するような研修を行うことは，カリキュラム改善の具体策となります。

学校の教育課程改善・改革を進めていくためには，組織・時間・活動のマネジメントが必要となります（北原，2006)。改善・改革の目標を設定するとともに，校内研修を計画し実施するための推進グループを設置することが必要となります。また，少数のメンバーで先進的に取り組み始めるのか，ネットワーク型の組織をつくり，全員参加を促すのかについても判断が求められることでしょう。次に，実際に校内研修に使える時間を確保し，その時間内で実行可能な活動の計画をたてます。推進グループの会議，全体会，作業グループの会議などを時系列でどのように配置していくのか，また講演・授業研究・ワークショップ（村川，2016）など，どのような活動を行うのか，明確に計画する必要があります。

点検・評価から改善へ

カリキュラム・マネジメントを進める過程では，年度ごとに点検・評価し，改善につなげるだけでなく，具体的な方策の実施中・実施直後に点検・評価を行い，改善につなげることが重要です（盛永，2017）。例えば，年間指導計画が一覧できるような文書を用いて，教育目標に照らして活動の取捨選択を行ったり，単元間の関連を考慮して単元の時数や順序を検討したり，実践を踏まえつつ達成点と反省点を共有したり，といった作業を行うことは，教育課程を点検・評価し，改善につなげる有効な方策といえるでしょう。

「チームとしての学校」

創意工夫を凝らした特色ある学校づくりを推進するために，近年では「チームとしての学校」が提唱されています（中央教育審議会，2015）。具体的には，「個々の教員が個別に教育活動に取り組むのではなく，校長のリーダーシップの下，学校のマネジメントを強化し，組織としての教育活動に取り組む体制を創り上げるとともに，必要な指導体制を整備することが必要である。その上で，生徒指導や特別支援教育等を充実していくために，学校や教員が心理や福祉等の専門家（専門スタッフ）や専門機関と連携・分担する体制を整備し，学校としての機能を強化していくことが重要である」とされています。

現代の学校では，新しい時代に求められる「資質・能力」の育成に向けて，「社会に開かれた教育課程」の実現，アクティブ・ラーニングの視点を踏まえた授業改善などが推進されています。一方では，いじめや不登校，貧困問題など複雑化・多様化する課題にも直面しています。そうした中，組織運営の改善，教職員の指導体制の充実，心理や福祉等の専門スタッフの参画や，地域との連携体制の整備により「専門性に基づくチーム体制」を構築し，学校のマネジメント機能を強化することが重要だと考えられているのです。ただし，このことが教員1人ひとりが力を発揮できる環境の整備につながるのか，注視する必要があるでしょう。

4 入試と接続

学校間の接続

学校は，第一義的には教育機関として存在していますが，現実には社会的地位を付与する選別機構としても機能しています。したがって，上級校（受け入れ校）と下級校（送り出し校）との間の接続（アーティキュレーション）をどのように設計するのかは，教育課程にも大きな影響を与えます。日本においては，とりわけ入試のあり方が大きな論点となります。そこで本節では，第二次世界大戦後の日本における入試（特に高校入試と大学入試）の歴史を振り返り，今後の学校間接続のあり方について，展望を探ります。

6・3・3制の出発

日本においては，第二次世界大戦後の教育改革によって単線型の学校制度が成立しました。まず，戦前には一部の人にしか開かれていなかった中等教育の門戸を国民全体に開かれたものとすることがめざされ，1947年に新制中学校が発足しました。さらに1948年には総合制・男女共学制・小学区制を原則として新制高校が発足し，6・3・3制が成立しました。当時の高校においては，適切な学区制を前提に，定員の枠内であれば入試を実施せず，希望者全入がめざされていました。志願者数が定員を超えた場合には，「知能検査の結果」「学力検査の結果」「教科学習成績」「個人的並びに社会的性格，態度の発達の記録」「職業的見地よりする生活，態度の発達および職業的適性の記録」「身体発達の記録」を総合的に判定して選抜するものとされていました。

新制大学は，1949年に発足しました。大学への入学者を判定するにあたっては，学力検査だけではなく，進学適性検査（進適）や高校からの調査書などを組み合わせた総合的な学力評価がめざされました。進適とは一種の知能検査でしたが，1955年以降には利用する大学が激減し，66年には廃止されています。

「適格者主義」に基づく選抜への転換

1950年代になると，進学希望者の増加（図6-3参照）によって，高校への入学者選抜の際にはほぼ常に学力検査が実施されるようになりました。さらに，1963年の学校教育法施行規則

図 6-3　戦後高等学校進学率・大学進学率および戦後中学校・高等学校卒業者数と大学入学者数の変遷

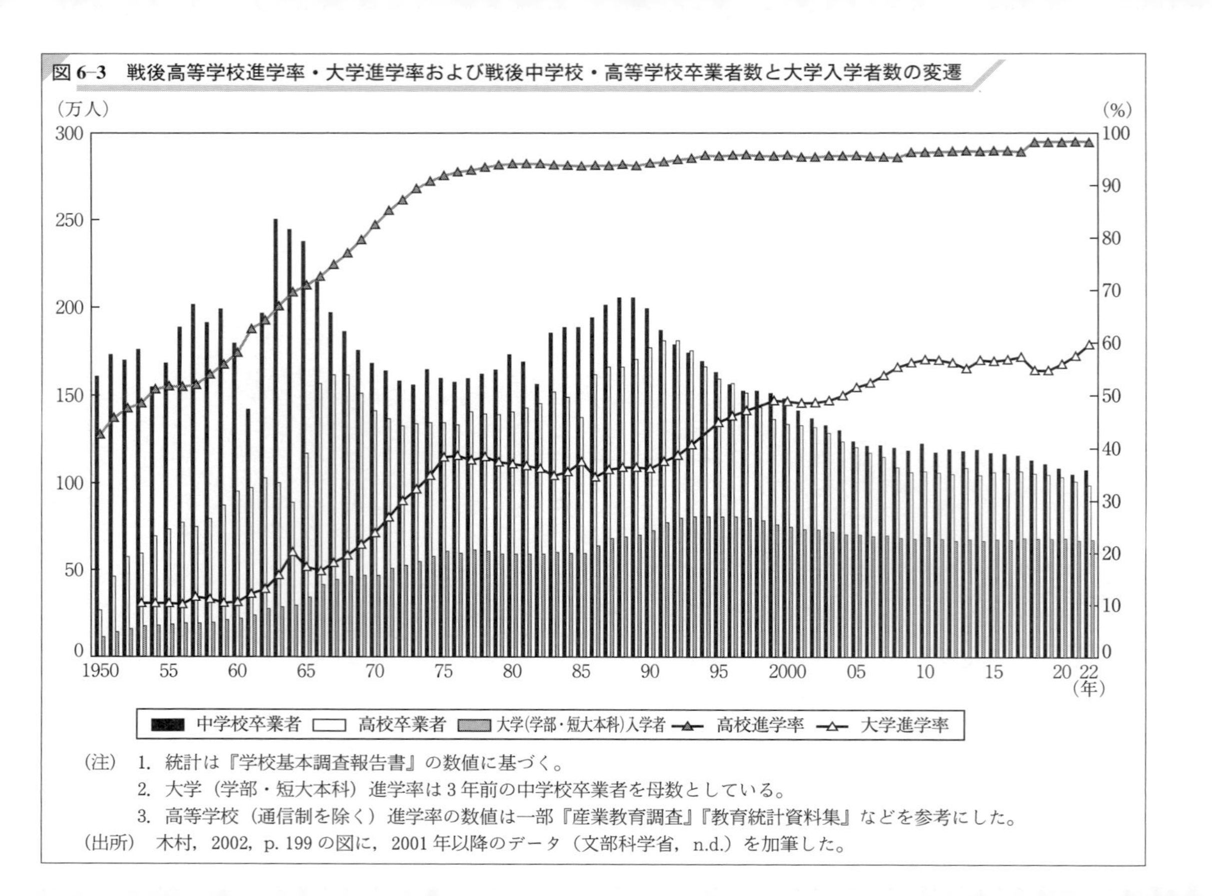

(注)　1. 統計は『学校基本調査報告書』の数値に基づく。
2. 大学（学部・短大本科）進学率は 3 年前の中学校卒業者を母数としている。
3. 高等学校（通信制を除く）進学率の数値は一部『産業教育調査』『教育統計資料集』などを参考にした。

(出所)　木村，2002，p. 199 の図に，2001 年以降のデータ（文部科学省，n.d.）を加筆した。

改正によって，志願者が定員を超過していようといまいと学力検査を含む選抜をしなくてはならないとされるようになりました。つまり，「高校の教育課程を履修できる見込みのないものをも入学させることは適当ではない」とする，いわゆる「適格者主義」が採用されるようになったのです。第一次ベビーブーム世代の子どもたちが高校受験期にさしかかり，また1960年代には高度経済成長を背景に高校進学希望者が急激に増加したにもかかわらず，高校の入学定員の増加は追いつかなかったため，受験競争が過熱しました。小・中学校において相対評価が行われていたこととあいまって，価値一元的で序列的な入試の秩序が学校教育へ浸透し，様々な「病理現象」が問題となりました。

1960年代後半から70年代にかけては，序列競争の弊害を克服することをめざして，いくつかの改革が行われました。第1に，1966年には，「一発勝負」となる学力試験の負担を軽減し，生徒の総合的多面的能力を評価するために内申書重視の方針が打ち出されました。しかしこのことにより，中学校の指導要録において相対評価の厳格な適用がいっそう促進され，教師による評価が選抜資料となる現実を生徒たちが日々意識せざるをえない状況が生まれました。

第2に，「後期中等教育の多様化」政策がとられ，多数の職業学科が設置されました。これは，政策意図としては多元的能力主義をめざしたものでした。しかし，一般的能力や人柄などで採用する「日本的雇用」を企業が採用する実態を反映して，多くの生徒や保護者が普通科への進学を希望したことにより，結果的には偏差値による学校の一元的な序列化がもたらされました（乾，1990)。日本の高校を調査したローレン（Rohlen, T.; 1940–）の著書には，いわゆる「ランク」によって高校の文化が異なる様子が記述されています（ローレン，1988〔原著1983年〕)。

第3に，都道府県によっては，総合選抜制の導入などによって，公立高校を平準化しようとする入試改革が実施されました。例えば東京都ではいわゆる学校群制が導入され，高い社会的威信を得ていた有名公立高校が解消されました。しかし，代わって6年一貫制の私立学校が大学進学実績を高め，新たなヒエラルキーが形成されました。

この時期，進学希望者の増加と，産業界からの高等教育の拡大・再編の要求が絡んで，大学の新設拡充も進められました。しかし同時に高等教育の種別化・多様化の政策がとられたため，大学間格差も生じました。大学入試においては，1966年に学科試験を免除する推薦入学の制度が始まり，また71年には「大学が適当と認める資料」の選抜への活用が認められるようになりました。

選抜の多様化・多元化

1980年代に入ると，入学者選抜法の多様化・多元化が推進されることとなりました。1983年には，高校における入学者選抜は設置者および学校の責任と判断で行われるという方針が打ち出され，「適格者主義」の原則が転換されました。受験機会の複数化，学業以外の活動の評価の拡充，帰国子女等の取扱いの弾力化などが図られました。1990年代には，業者テストの廃止と偏差値追放の方針のもと，各学校の特色に応じた入学者選抜がいっそう強調されるようになりました。スポーツや文化活動・ボランティア活動などの諸活動を考慮する推薦入試が積極的に推進され，また学力検査を実施しない選抜も可能となりました。

大学入試においても選抜方法の多様化，選抜基準の多元化の方針が進められました。1980年代には推薦入試においていわゆる一芸入試が導入され，面接を重視するAO入試を採用する大学も増えました。1987年には，国公立大学においても受験機会の複数化が導入されました。1979年に始まった共通一次試験は，90年には大学入試センター試験へと替わって私立大学も参加することとなり，国公立大学においても少数科目入試が増えました。しかし1990年代末には，大学教育を受けるのに必要な基礎学力すらもっていない学生が入学しているという批判が生まれ，「学力低下」論争を触発することともなりました。

大学全入時代を迎え，2010年代には高大接続改革も新たな段階に入っています（読売新聞教育部，2016；西岡，2017）。2014年12月の中央教育審議会答申では，「学力の三要素」を初等中等教育から高等教育まで一貫させることをめざすという方針が打ち出されました。そこでは，「大学入試センター試験」に代わる新テストとして，「高等学校基礎学力テスト（仮称）」と「大学入学希望者学力評価テスト（仮称）」の導入が提言されました。また，各大学の個別選抜改革に関しても，「学力の三要素」を総合的に評価する視点を担保しつつ，各大学がアドミッション・ポリシーを策定するとともに，面接，集団討論，小論文，調査書等を含めた「多元的な評価」を活用することが提案されました。「多元的な評価」に対応した具体的な手法として，「パフォーマンス評価」「ルーブリック」「ポートフォリオ評価」の活用も推奨されました。

「高等学校基礎学力テスト（仮称）」はのちに，「高校生のための学びの基礎診断」として導入されました。これは，「義務教育段階の学習内容を含めた高校生に求められる基礎学力の確実な習得とそれによる高校生の学習意欲の喚起を図るため，高等学校段階における生徒の基礎学力の定着度合いを測定する民間の試験等を文部科学省が一定の要件に適合するものとして認定する仕組み」（文部科学省，n.a.）となっています。また，「大学入学希望者学力評価テスト（仮称）」は，2021年度に「大学入学共通テスト」として導入されました。「大学入学共通テスト」については一時，記述式問題の導入や外部試験の活用などもめざされましたが，採点の信頼性が担保できるのか疑わしい，地理的・経済的事情への対応が不十分となるといった点が批判され，結果的にこれらの要素は見送られることとなりました（大学入試のあり方に関する検討会議，2021；西岡，2021）。

さらに，AO入試・推薦入試は2021年度入試より，総合型選抜，学校推薦型選抜という名称に変更され，学力評価が必須化されました。2021年度には，総合型選抜・学校推薦型選抜による大学入学者がはじめて半数を超えるに至っています。

「思考力・判断力・表現力」や「探究」を重視する政策，ならびに入学者を確保したい大学の思惑が相まって，多面的・多角的な評価を大学入学者選抜において重視する動向は，今後も続くことが予想されます。一方で，高大接続の「セグメント化」をも称されるように，学習者の移行パターンが細かく断片化した状況（日本学術会議 心理学・教育学委員会 高大接続を考える分科会，2023）の中で，すべての生徒たちに十分な学力をどう保障していくかが問われています。

選抜入試から資格試験へ

2001年改訂指導要録以降，採用されている「目標に準拠した評価」は，目標に到達できているかどうかに照らし合わせて評価を行うものです。しかし，入試というハイ・ステイクスな（利害関係の大きい）評価において選抜試験（相対評価）が行われている限り，「目標に準拠した評価」の原則を教育課程に貫徹することはできません。このような認識に基づき，到達度評価論は，入学・進級・卒業決定のための試験を選抜試験方式から資格試験方式に変えていくことを主張してきました。そこでは，次のような前提条件が提言されています（田中，2005）。

① 下級学校の教育目標が到達目標化されて，公認されていること。

② 「内申書」は生徒の学力実態（目標の到達度）と指導方針を明示できるような様式にしておくこと。

③ 上級校は，アドミッション・ポリシーを公開し，下級校に対して説明責任（アカウンタビリティ）を負うこと。

④ 出題や資格認定は，上級校と下級校の協力で行い，公正で妥当な評価方法を確立すること。

⑤ 有資格者数は，年度ごとに変動することを前提とした制度にしておくこと。

⑥ 受験機会を複数化しておき，未到達目標は指導・学習の資料とすること。

⑦ 個別科目の選択受験方式を採用して，科目ごとに合否を決定すること。

これまで行われてきた選抜試験による入試は，順位だけで合否を決めてしまうものです。しかし，入試を選抜試験から資格試験へと転換できれば，上級校へと進学するために求められる学力の内実が明確になります。このような転換は，下級校での学力保障をも迫るものとなることでしょう。また，入試は単なる選抜資料としてだけでなく，上級校における診断的評価としての意味をももつものとなります。入試の制度と内容を考えることは，下級校と上級校の間で教育内容をどう接続するかを問うことであり，教育課程編成の重大な一局面として位置づくものなのです。

◉引用・参考文献

乾彰夫，1990，『日本の教育と企業社会——一元的能力主義と現代の教育＝社会構造』大月書店。

北原琢也，2006，『「特色ある学校づくり」とカリキュラム・マネジメント——京都市立衣笠中学校の教育改革』三学出版。

木村元，2002，「入試改革の歴史と展望——教育評価の制度的枠組みと入試制度の展開から」田中耕治編『新しい教育評価の理論と方法——新しい教育評価への挑戦（Ⅰ理論編）』日本標準。

国立教育政策研究所編，2012，『教育研究とエビデンス——国際的動向と日本の現状と課題』明石書店。

大学入試のあり方に関する検討会議，2021，「大学入試のあり方に関する検討会議　提言」

田中耕治，2005，「入学試験の過去・現在・未来」『指導と評価』51（1），図書文化。

田中耕治，2008，『教育評価』岩波書店。

田村知子，2011，「カリキュラムマネジメントのエッセンス」田村知子編『実践・カリキュラムマネジメント』ぎょうせい。

田村知子，2014，『カリキュラムマネジメント——学力向上へのアクションプラン』日本標準。

田村知子・村川雅弘・吉冨芳正・西岡加名恵編著，2016，『カリキュラムマネジメント・ハンドブック』ぎょうせい。

中央教育審議会，2014，「新しい時代にふさわしい高大接続の実現に向けた高等学校教育，大学教育，大学入学者選抜の一体的改革について――すべての若者が夢や目標を芽吹かせ，未来に花開かせるために（答申）」。

中央教育審議会，2015，「チームとしての学校の在り方と今後の改善方策について（答申）」。

中央教育審議会，2016，「幼稚園，小学校，中学校，高等学校及び特別支援学校の学習指導要領等の改善及び必要な方策等について（答申）」。

中留武昭，1994，「学校改善を促す校内研修の経営的視角」中留武昭編『学校改善を促す校内研修』東洋館。

西岡加名恵，2016，『教科と総合学習のカリキュラム設計――パフォーマンス評価をどう活かすか』図書文化。

西岡加名恵，2017，「大学入試改革の現状と課題――パフォーマンス評価の視点から」『名古屋高等教育研究』第 17 号，pp. 197-217。

西岡加名恵，2021，「大学入試改革の動向」京都大学大学院教育学研究科教育実践コラボレーション・センター監修／南部広孝編著『検証 日本の教育改革――激動の 2010 年代を振り返る』学事出版。

日本学術会議　心理学・教育学委員会　高大接続を考える分科会（2023）「日本における高大接続の課題――『セグメント化』している現状を踏まえて」

日本経済新聞，2022，「大学入試，偏差値時代終幕の足音：推薦・総合型が過半に（教育岩盤・第 3 部　漂流する入試（1））」『日本経済新聞』2022 年 8 月 15 日付

根津朋実，2006，『カリキュラム評価の方法――ゴール・フリー評価論の応用』多賀出版。

根津朋実，2011，「『特別活動の評価』に関する課題と方法――チェックリスト法の提案」『筑波大学教育学系論集』第 35 巻，pp. 35-65。

ブルーム，B. S.／稲葉宏雄・大西匡哉監訳，1986，『すべての子どもにたしかな学力を』明治図書。

水越敏行，1982，『授業評価研究入門』明治図書。

村川雅弘編，2016，『ワークショップ型教員研修　はじめの一歩――わかる！　使える！　理論・技法・課題・子ども・ツール・プラン 77』教育開発研究所。

盛永俊弘，2017，『子どもたちを“座標軸”にした学校づくり――授業

を変えるカリキュラム・マネジメント』日本標準。
文部科学省，n.d. a,「1. 学校教育総括」文部科学統計要覧（令和5年版)。
文部科学省，n.d. b,「高校生のための学びの基礎診断」
文部科学省初等中等教育局長，2010,「小学校，中学校，高等学校及び特別支援学校等における児童生徒の学習評価及び指導要録の改善等について（通知)」。
文部科学省初等中等教育局長，2019,「小学校，中学校，高等学校及び特別支援学校等における児童生徒の学習評価及び指導要録の改善等について（通知)」。
文部省，1975,『カリキュラム開発の課題――カリキュラム開発に関する国際セミナー報告書』大蔵省印刷局。
読売新聞教育部，2016,『大学入試改革――海外と日本の現場から』中央公論新社。
ローレン，T.／友田泰正訳，1988,『日本の高校――成功と代償』サイマル出版会。
Eisner, E. W., 1979, *The Educational Imagination: On the Design and Evaluation of School Programs*, Macmillan.
Scriven, M., 1972, “The Methodology of Evaluation” in Tayler, P. A. and Cowley, D. M., *Reading in Curriculum Evaluation*, Rand Mc-Nally & Co., pp. 39–83.
Skilbeck, M., 1984, *School-Based Curriculum Development*, Harper & Row.
Wiggins, G. and McTighe, J., 2002, *Understanding by Design: Overview 2002*, PowerPoint Slides.
Wiggins, G. and J. McTighe, 2007, *Schooling by Design: Mission, Action and Achievement*, ASCD.

第7章　社会における教育課程

▲**黒人と白人の子どもたちが一緒に学ぶ教室**（1957年カンザス州：Sarah Mondale and Sarah B. Patton eds., 2001, *School*, Beacon Press.）

本章では，近代の学校が民主主義と人道主義の産物であり，社会の啓蒙と平等化を推進する牽引車であるといわれながら，現実にはその理念の実現を困難にしている原因を社会的，政治的なパースペクティブから解明しようとした考え方を紹介します。その上で，教育課程における「平等と質」の問題，「共通と個性」の問題，「社会階層と教育課程」の問題，さらには「隠れたカリキュラム」の問題について考えます。この作業によって，教育課程を「社会」システムというパースペクティブのもとに，または「社会」システムとの緊張関係のもとにとらえることができるようになります。

この章では，学校教育の現状や問題点を社会的な，政治的なパースペクティブから厳しく問いつめようとした考え方を整理しながら，現代社会における教育課程のあり方を考えてみましょう。

1 近代学校批判と教育課程 I

脱学校論

近代学校の特質を相対化する試みは，先進工業国による「近代化」の標的となることによって，その矛盾を極限において露呈しつつあった周縁の国々に生きる人々によって開始されました。その最も代表的な人物が，ラテン・アメリカを根拠地として活動を続けていたイリッチ（Illich, I.）であり，フレイレ（Freire, P.）です。

イリッチの提唱した「脱学校論」は，「学校」と「教育」とは予定調和するという発想へのラディカルな異議申し立てとなりました（イリッチ，1977〔原著 1970 年〕）。イリッチの問題関心は，現代の諸問題が発生する根本的な原因は，近代産業社会が押し進めた「制度化」にあり，その「制度化」された機構の中で人々は制度への依存と隷属を強め，自立して生活を変革する能力を喪失するところにあるとします。この「制度化」の典型が学校であり，学校は教育を独占することによって，教育を学校化するとともに社会を学校化するに至ったと指摘するのです。

イリッチが指摘する「制度化」された学校の特徴は（資料 7-1），学校化された社会に馴化し，それを前提として教育課程を考えてきた私たちにとっては，あまりにも当然の事象であり，それ自体を問うことは考えつかなかったことです。しかし，彼はこの「制

資料 7-1 「制度化」された学校の特徴

- 通学の必要がある
- 資格のない者は教壇に立てない
- 学校が学習内容を決定する
- カリキュラムは段階づけられ，通過すれば証明書が与えられる
- 年齢別の集団に子どもたちを編成する

（出所） イリッチ，1977，2・3 章参照。

度化」された仕組みの中に，学校化の問題点が集中的に具現化されていると考えたのです。

すなわち，学校とは学習したことは教授の結果であるという前提のもとに組織されており，したがってこの公定の段階づけられた知識体系や学校階梯（かいてい）をのぼることによって能力を証明され，社会的地位を配分されるのです。逆に，この仕組みから逸脱した子どもたちは，無能力者というレッテルを貼られることになります。しかし，イリッチによれば，技能や洞察力を身につける学習という行為は，本来はきわめて主体的・創造的なものであり，実際のところ子どもたちは偶発的にまたは学校の外で生き生きとした学習を展開している存在であると主張します。にもかかわらず，「制度化」された学校は教育を独占し，子どもたちをその仕組みの中に囲い込むことによって，この学習活動を形骸化・無力化していると批判するのです。

そして，イリッチは社会を「脱学校」化した上で，個人が自発的に学習に参加できる学習ネットワークを構想します。そこでは，まず学習したいと思えば人生のいかなる時期でも必要な手段や教材が利用できること。次には，自分の知っていることを他の人と分かち合いたい人には，その知識を学びたいと思う人を見つけ出せるようにすること。そして，公衆に問題を提起しようと思う人

に対しては，そのための機会を保障することという3つの必要条件を提示します。しかし，この学習ネットワーク構想の可能性や妥当性については，必ずしも多くの賛意を得られませんでした。「学校」解体後の学習ネットワークを活用できる人々は富有層に限定されるのではないか，「学校」を解体することよりも「学校」を改善・再生する取り組みを重視すべきではないかといった批判でした。

しかしながら，このイリッチの問題意識や学習ネットワーク構想を観念的で空想の産物とみなすことは早計でしょう。学校が教育を独占することによって，「学校歴」がその人物を評価する唯一の規準となり，本来は学習するために学校へいくはずなのに，学校（特に有名校）へ入るために学習するというように本末転倒が起こり，学習自体が「受験学力」として矮小化される現代日本の状況と重ね合わせるとき，学習主体の側から生涯にわたる教育システムを構築しようとするイリッチの発想は，教育課程の編成を考えるときに重要な問題提起をしているからです。

銀行型教育批判

他方，フレイレの主眼は，成人のリテラシー（識字）教育の実践を踏まえて，「沈黙の文化」に閉じ込められている被抑圧者に，自らの状況を対象化しさらには状況を変革する主体として成長させること（=「意識化」）こそ，人間解放の道に通じると主張するところにあります（フレイレ，1979〔原著1970年〕）。この立場から，イリッチと同様に学校で行われている教育が人間を抑圧していると告発します。フレイレは，その抑圧状況を「銀行型教育」（資料7-2）と象徴的に規定するのです。

資料 7-2 「銀行型教育」の特徴

- 教師が教え，生徒は教えられる
- 教師がすべてを知り，生徒は何も知らない
- 教師が考え，生徒は考えられる対象である
- 教師が語り，生徒は耳を傾ける――おとなしく
- 教師がしつけ，生徒はしつけられる
- 教師が選択し，その選択を押しつけ，生徒はそれに従う
- 教師が行動し，生徒は教師の行動をとおして行動したという幻想を抱く
- 教師が教育内容を選択し，生徒は（相談されることもなく）それに適合する
- 教師は知識の権威をかれの職業上の権威と混同し，それによって生徒の自由を圧迫する立場に立つ
- 教師が学習過程の主体であり，一方生徒はたんなる客体にすぎない

（出所） フレイレ，1979，p. 68。

つまり，「銀行型教育」とは，教師である預金者が金庫（容器）である子どもたちに一方的に情報としての知識を預金します。子どもたちは，それを辛抱強く受け入れ，暗記し，復唱するのです。このような関係を概念化したものです。この結果，子どもたちは預金を蓄えようとすればするほど，世界の変革者としての批判意識を衰退させますが，しかしまさにこの事態こそ抑圧者の利益に合致していると指摘します。イリッチが抑圧状況の原因を「近代化」に伴う「制度化」に求めるのに対して，フレイレはそれを抑圧―被抑圧という権力関係の中に見出しており，したがって次にみるように学校内部における関係の組み替えという提案となって具体化していきます。

すなわち，「銀行型教育」に対置して提案されるのが，「問題提起教育」（problem-posing education）です。フレイレによれば，教育とは「情報の伝達」ではなく「認識の行為」であり，本来の知識とは人間による創造と再創造を通してのみ，不断の交流（コミニュケーション）と探究を通してのみ生成されるものと理解され

ます。したがって，「問題提起教育」では何よりも教師－生徒関係の組替えを要求し，「生徒であると同時に教師であるような生徒と，教師であると同時に生徒であるような教師」を登場させるのです。教師は「調整者」（コーディネーター）となり，認識対象は教師と子どもたち両方に批判的省察を促す媒介となり，子どもたちはまさしく教師とともに批判的共同探究者になります。彼のいう「対話的教育」とはこのような状況を示す概念であり，それに基づくリテラシー教育の構想（後述）はきわめて興味深いものです。

以上のフレイレの提案は，教育課程を考察しようとする私たちにとってきわめて示唆に富むものです。それは，教育課程を「誰が」「どのような規準でもって」「誰に対して」「どのような方法で」構想するのかを厳しく自覚することを迫るものだからです。その場合，教師は真理の独占者ではなく，子どもたちは真理の消費者ではない関係，その観点に基づいて真理探究の対話的関係を構築しつつ，教育課程を構想しようとフレイレは提案しているのです。

2 近代学校批判と教育課程 II

対応理論

イリッチとフレイレによる周縁からの学校批判に続いて，まさに「近代化」の頂点を極めようとしていた先進工業国の住人たちによって，学校神話に対する痛烈な批判が開始されます。これらの批判はラディカル・パラダイム（批判的教育学）からの学校批判と総称されます

（アップルほか，2017〔原著2009年〕)。この批判の急先鋒にたったのは，再生産理論と総称されるボウルズとギンタス（Bowles, S. and Gintis, H.）やアップル（Apple, M. W.）などであり，歴史研究においてはいわゆるリヴィジョニスト（再解釈派）と称される人々でした。ここでは，まず日本にも多大の影響を与えたボウルズとギンタスの理論をみてみましょう。

ボウルズとギンタスは，学校とは社会の民主化や平等化を担う装置と考えるリベラリストによる学校制度の正当化を疑うことから出発します（ボウルズ＝ギンタス，1986；1987〔原著1976年〕)。すなわち，学校とはむしろ逆に経済の社会的関係との対応（この点を強調するので「対応理論」〔correspondence theory〕と呼称）を通じて，経済的不平等を再生産し，人格的発達を歪める役割を果たしていると指摘するようになります。このように主張される社会的な背景には，1970年代になって顕在化したアメリカの深刻な社会・経済構造の危機が，リベラリストによる学校制度の正当化を激しく動揺させたことにあるといわれます。

ボウルズとギンタスが主張する「対応理論」とは，態度・人格特性面における企業と学校との「対応」に着目して，企業のエリートに要求される指導者的性格と動機管理（創造性重視）と一般スタッフに要求される追随的性格と行動管理（外面的基準の遵守）とは，教育制度のレベル（エリートカレッジとコミュニティカレッジ）に対応していると指摘するところにあります。また，高校レベルで高く評価される態度としての「我慢強さ」「秩序を重んじる」「目先の満足を求めない」などの特質（逆に「創造」「独立」は評価が低い）は，企業の監督者の評価規準にみごとに対応しているとも述べています。企業が学校に期待する役割とは，認識能力の形成よりも，企業に有利な態度・人格特性の育成に比重をおいているととらえるのです。

しかしながら，この対応理論としての再生産理論は，経済関係が学校を規定するということを過度に機械的に強調することで，学校のもつ固有の論理を軽視ないし無視することになり，教育活動のリアリティーに迫りえていないとする批判が出されます。この再生産理論を単純に押し進めていけば，社会の変革をまたなければ学校改革はありえないと考えたり，学校それ自体がはたしている役割を分析することを不可能にすることにもつながるからです。この学校を一種のブラックボックスにおく再生産理論に対して，異議申し立てを行ったのがアップルを代表的人物とする批判的教育学の潮流です。なお，その後ボウルズとギンタスもその弱点を自覚して新たな理論展開を行うようになります（小玉，1999）。

教育課程のポリティックス

アップルの問題意識は，しかし社会システムが学校を規定するという把握自体に反対するのではなく，「ヘゲモニー」（階級・人種・ジェンダーにおいて支配的な集団が被支配的な集団に対して積極的な合意をうまく得ようとするプロセス）が学校内部の論理を媒介として，いかに作用しているのかを解明することにあり，さらにその「ヘゲモニー」に対抗する教育実践の可能性を見極めることにあります（アップル，1986〔原著 1979 年〕；1992〔原著 1982 年〕）。この媒介項としての学校内部の論理を課題化するとは，学校を文化・知識の分配機構として考察することであり，社会システムの規定によって「文化」的再生産が行われる場として学校をとらえることです。したがって，アップルの関心は，とりわけ文化・知識の分配とそれをめぐる教育課程のポリティックス（権力の諸関係および権力行使の諸過程）問題に向けられることになります。

アップルによれば，学校は教育課程を編成する過程において文化・知識の選択・構成に積極的に関与し，いわば「優先的知識」または「公的な知識」を抽出します。したがって，この過程ならびに結果は決して「中立」的な性格をもつものではありません。教育課程のポリティックス問題とは，誰の文化が価値をもつものとされるのか，誰の文化が正当化されるのか，誰の文化が保障されるのかといった問題をめぐる権力の諸関係および権力行使の諸過程を考察することなのです（アップルほか，1993）。

ちなみに，アップルによれば，現代の教育課程における「優先的知識」または「公的な知識」とは，秩序と合意をルールとする「技術的知識」（そこでは，科学の発展の契機である「対立」の歴史は排除される）であり，その編成原理はシステム管理に範をとる「行動目標」論であると断定しています。そこでは，学校をあたかも加工工場に見立てて，インプットとアウトプットの関係で子どもたちの学習行為をとらえることになります。したがって，まさにこの過程こそ子どもたちを単なる操作と管理の対象とみなすことであり，子どもたちから社会への批判意識を奪っていくことになると厳しく指弾するのです。

このように教育課程のポリティックスを解明するアップルは，それに対抗する教育実践のあり方として，「民主的な学校」（democratic school）を提示しています（アップル＝ビーン，1996〔原著1995年〕）。そこでは，学校教育に関わるあらゆる人々（教師や生徒，教育の専門家や心理カウンセラー，保護者さらには学校の事務職員たち）が，「学習コミュニティー」への参加者として，学校の運営や方針決定に意見を表明することができます。その場合，参加者の多様性を尊重しつつも，それが矮小な利害対立の場に陥らないためには，民主主義の本質である「共通の善」を追求することが求められています。

他方，「民主的な学校」における教育課程とは，子どもたちが広範な情報にアクセスできることであり，多種多様な意見を表現する権利を尊重されることです。例えば所与の教材に対して「この教材は世界を誰の観点からみているのか」という問いを子どもたちと共有することであり，現実の生活で生じている問題を批判的に探究することを保障することであるとされます。アップル自身も表明しているように，この「民主的な学校」における教育課程の構想は，デューイのそれを継承しようとする意図が含まれているのです。

以上，ボウルズとギンタスやアップルによるラディカル・パラダイムからの学校批判をみてきました。近代学校の価値を特徴づける民主主義や人道主義，そこから発する中立性や機会の均等が言説のレベルでは強調されても，それが実現できない原因について，学校で実施されている「教育」を全面的に肯定するように「社会」システムが方向づけているということ，そしてこの過程を通じて「社会」システムに存在する特権が「再生産」されているという問題状況を指摘・告発したのです。この提起は，教育課程を考察する私たちにとって，その内容と方法を「社会」システムというパースペクティブのもとに，または「社会」システムとの緊張関係のもとにとらえなくてはならないことを示唆しています。それでは次に，以上の近代学校批判を念頭において，具体的な4つの課題について考えてみましょう。

3 教育課程における平等と質

教育課程における平等とは，一定以上の学力をすべての子どもたちに保障することです。他方，教育課程における質とは，卓越（excellence）をめざして学力レベルを高めることです。しかしながら，教育課程において，平等と質を同時に追求することは不可能であり，むしろ相反することであると理解されてきました。すなわち，平等を追求すれば質の高い教育課程は望めないし，他方質の高い教育課程を求めようとすれば平等を犠牲にしなくてはならないというのです。

能力主義

近代の学校は，平等を言説のレベルでは高く標榜しつつも，現実には平等よりも質を追求することになりました。その際に根拠となったものが近代社会の統括原理とされる「能力主義」（meritocracy）の考え方です。この能力主義の考え方について，ボウルズとギンタスは次のように規定しています（ボウルズ＝ギンタス，1986；1987）。

「経済的成功は，認識能力によって決定される」
「その才能をもつ個人は少数のメンバーに限定される」
「その個人が必要な訓練を受け，準備を行う意欲をもつようにするために，給与や地位とヒエラルキー的分業が対応しているのが合理的である」
「このような不平等は社会を維持していくのに不可避である」

しかし，ボウルズとギンタスは，実際の社会状況の分析を通じて，学校で認定された認識能力と経済的成功とはほとんど因果関係をもっていないこと，家族の社会経済的地位こそ経済的成功を規定していることを実証しようとしています（図7-1）。まさしく，能力主義とは学校が現実の経済関係によって厳しく規定されていることを隠蔽する役割を担うイデオロギー（虚偽意識）であると分析するのです。

この能力主義の考え方は，たとえイデオロギーではあっても（またはそれゆえに），学校という場においては純粋に作用することになります。この立場にたてば，子どもたちの中に存在する学力格差の問題は容認されることになります。能力主義によれば，生得的に恵まれた知能を有する子どもたちは限られており，したがって学校は多様な知能をもつ子どもたちをできるだけ早期に選別して，その知能レベルに適合する制度，内容，方法を設計すべきであると主張されるからです。つまり，能力主義に基づく教育課程とは，子どもたちの学力格差や能力格差に応じて限りなく「多様化」されることになります。

「機会の平等」と「結果の平等」

教育における「機会の平等」（形式的平等）も，この能力主義という文脈の中で理解されると，それはあくまで出発点における平等を保障するものであり，その結果としての成功・不成功（学力格差）の責任は個人の能力に帰せられることになります。事実，アメリカにおいて公民権運動が前進して，黒人と白人の間に法的な「機会の平等」が確立されたにもかかわらず，両者の格差が埋まりませんでした。「機会の平等」とは，結局のところ「不平等になるための機会の平等」を提供しているにすぎないこ

図 7-1　IQ，社会経済的背景，学校教育，経済的成功に関する因果関係モデル

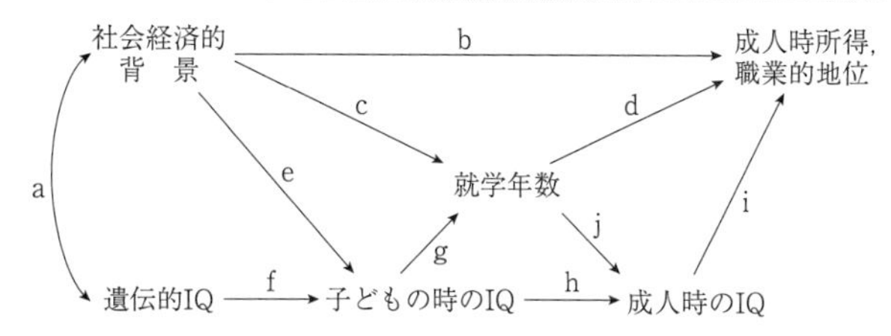

（注）　モデルは，性，人種が同じで，年齢もだいたい同じ人々についてである。所得決定の過程に関して，これらの重要な側面を説明するためには他の系数を必要とするであろう。矢印は因果関係の方向を示す。矢じりが 2 つあるのは，統計的相関から因果関係の方向がわからないものである。

（出所）　ボウルズ＝ギンタス，1986，p. 193。

とになったのです。「機会の平等」が実質的な平等になるためには，出発点だけでなく，まさしく学年末や卒業時という終着点においてこそ，すべての子どもたちの学力が保障されていなくてはならないのです。これを「結果の平等」（実質的平等）といいます。

この「結果の平等」を主張した代表的な人物が，ブルームです。ブルームは，構造的変化に直面する現代社会においては，学校は一部のエリートに高位の社会的地位を付与する選別機関から，すべての子どもたちに質の高い学力を保障する機関に性格を転換すべきことを強調します（ブルーム，1986〔原著 1981 年〕）。そして，この立場から，能力主義や優勝劣敗を原則とする社会ダーウィニズムの「科学」的根拠となっていた「正規分布曲線神話」に対して，「もし，学習成績の分布が正規分布に近づけば近づくほど，その教育的努力は不成功であったと断言してよい」と論駁（ろんぱく）しました。そして，「すべての子どもたちに確かな学力を保障する」

(All Our Children Learning) ために，「形成的評価」を生かした「マスタリー・ラーニング」を「結果の平等」をめざす学校再生の有効な方法として提起します。

ところで，教育課程において平等を追求する立場に対しては，学力水準の低下と凡庸性に陥るという批判があります。しかし，この批判は，平等の目的が画一的・標準的人間の育成にあるという誤解に基づくものです。本来の平等がめざすものは，共通の文化内容を万人に保障することによって，子どもたちがそれに基づいて多様な自立のあり方を個性的に熟慮・模索・判断することを可能にすることにあります。また，平等を追求することは画一的な教育方法に固執することではなく，「形成的評価」で明らかとなった子どもたちの学力実態に即して，教育方法を柔軟に「個別化」「共同化」することでもあります。

つまり，平等と質の関係は対立関係ではなく，平等の実現に裏づけられて質の追求を行うことと理解してよいでしょう。事実，OECD が実施した PISA 調査の結果によれば，平等と質を同時に追求しているフィンランドが好成績をあげたことが報告されています（シュライヒャー，2003)。さらには，平等の実現に裏づけられて質を追求するという立場こそ，専門教育や職業教育ではないまさに「普通教育」(ordinary education, universal education) における教育課程の知の枠組みを示すものであり，教育課程における「必修と選択」問題もこの立場から検討される必要があります。

4 教育課程における共通と個性

教育課程において平等を追求することは，その前提であるとともに帰結として，子どもたちが共通に獲得すべき普遍的な教育内容の存在が想定されています。そしてこのような共通な教育課程を提示するためには，従来の教育課程行政は集権的な特徴を帯びることになりました。他方，民族，社会階層，性別，年齢，地域などのあらゆる文化の多様性を尊重しようとする立場からは，教育課程において共通化を追求する立場は特定の文化を公式の知識体系に仕立てあげて押しつけるものとして批判し，教育課程の個性化や多文化性を促進する分権的なシステムを主張します。ここでは，この教育課程における共通と個性の問題をアメリカにおいて顕在化したリテラシー論争を手がかりとして考えてみましょう。

文化的リテラシー

この点について，ひとつの典型的な主張を行っているのがハーシュ（Hirsch, Jr., E. D.）です（ハーシュ，1989〔原著 1987 年〕）。ハーシュによれば，「リテラシー」とは単なる技能以上のものであって，それを獲得するには学習者の中に情報のネットワークである「文化的リテラシー」（cultural literacy）が形成されていなくてはならないと主張します。しかしながら，現代のアメリカにおいては，とりわけ青年層を中心として「リテラシー」「文化的リテラシー」の低下や欠如が著しく，それは経済的低迷のみならずアメリカにおける民主主義の危機にも通じると警告するのです。

資料 7-3　文化的リテラシーにおける中核情報の例

- 「できるうちに薔薇の蕾を集めておけ」(詩句)
- プロテスタントの労働倫理（protestant work ethic）
- ボヴァリー夫人
- コロイド
- 三つの一致の法則（the unities in drama）
- メフィストフェレス
- ものそのもの（thing-in-itself）

（出所）ハーシュほか，1997。

このアメリカ国民の間の意志疎通を可能にさせる「文化的リテラシー」とは，ハーシュによれば，「市民宗教」(civil religion：アメリカ文化を方向づける価値。例えば，独立宣言やゲッティスバークの演説など）と「国家語彙」(national vocabulary）によって規定される文化領域であり，それらを教科書や読本によって子どもたちに修得させせようとします。その際，ハイスクール・レベルの「文化的リテラシー」を構成する中核情報（core information）5000語をリストアップして，その辞書化を図っています（ハーシュほか，1997〔原著 1987年〕，資料 7-3)。それらは例えば，地名・人名や歴史的事件は言うに及ばず，レトリック（ことわざなど）や科学用語など多義にわたっています。

批判的リテラシー

このハーシュの提案は，リストアップされた中核情報をすべての子どもたちに保障すべきであると主張することによって説得力をもってアメリカで迎えられると同時に，厳しい批判にも直面しました。それは，「市民宗教」や「国家語彙」という言葉に象徴される「文化的リテラシー」は，結局のところ「WASP」(アングロ＝サクソン系の白人で，宗教はプロテスタントに属するという意味）の文化を中心に構想されており，それこそフレイレやアップルが指摘したように世界を読み解く「批判的リテラシー」を抑圧するのではないかというものです。例えば，「文化的リテラシー」においては，「聖書」からの逸脱は許されるのか，国家への奉仕は無条件に要求されていないのかなどの点が，まさしく民主主義の立場から注視されなくてはならないのです。

「批判的リテラシー」のトレーガーであるフレイレは，「普及」と「対話」とを区別して（フレイレ，1982〔原著 1968 年〕），前者は伝達・宣伝と同意語であって，知識や技術を保持する優れた者が劣った者を「正常化」するための行為であり，これこそ「銀行型教育」に象徴されていると考えます。これに対して，「対話」の本質は，いかなる知識（たとえ科学的知識であろうと経験的知識であろうとも）に対しても，その知識の源であり，照射すべき対象である具体的現実との関係において「問題化」し，他者または自己との「対話」を通じて現実をより深く理解・説明し，変革することなのです。例えば，フレイレが例示するように，4×4＝16 を教える場合，それを黒板に書いて暗記させるのではなく，4 つのレンガを 4 列に積み上げるという具体的な学習を通じて，十進法を前提とする「かけ算」と人間の歴史的な営みとの関連を理解させようとします。以上の「文化的リテラシー」と「批判的リテラシー」との論争は，リテラシーには，「機能（社会生活を営むのに必要な側面）」と「批判（現代社会を乗り越えるのに必要な側面）」の二重性があることを示しています（谷川，2008）。

共通と個性の関係

ところで，「批判的リテラシー」による「文化的リテラシー」への批判が，教育課程における共通性を求める志向にまで及ぶとすれば，それは行過ぎというべきでしょう。確かに，共通化の志向が従来は権力を帯びた画一化に陥ったという危険を警戒しつつも，他方では共通化の志向と切断された個性化が相対主義や民族中心主義という閉じた教育課程になる危険にも注意を向けておくべきだからです。シュレージンガー（Schlesinger, Jr., A. M.）が批判したように，「文化多元主義」と「民族中心主義」が混同され，歴史教育カリキュラムにおいて虚偽の「アフリカ中心主義」の歴史が横行するようになっています。多文化性の一方的な主張が，その意図に反して，集団の分離・孤立化を招いているのです（シュレージンガー，1992〔原著1991年〕）。

この点に関して，フレイレはリテラシー教育において「生成テーマ」「生成語」という教育課程編成上の興味深い方法論を提起しています（資料7-4）。すなわち，「対話」におけるテーマは学習者にとって切実で意味のある内容が創造されるべきであり，それを通じて形成される語彙も学習者の世界を批判的に解読しうる性格のものでなくてはならないと指摘します。教育課程における共通性はア・プリオリに存在するもの（画一化）ではなく，現代を生きる学習者の文脈から立ち上がる教育課程の個性化によって，共通性は常に編み直されるものとして理解されているのです。その際，アップルが提起した「学習コミュニティー」としての学校運営の構想は，教育課程行政における集権と分権のあり方を媒介するものとして重要となるでしょう。以上の指摘に学ぶならば，現代日本に生きる子どもたちにとっての「生成テーマ」とは，本書の第8章で展開される「いのち，生きること」「市民性」「環境」「メディア・リテラシー」などがあげられます。そして，「生

資料 7-4　ブラジルでの「生成テーマ」と「生成語」の例

●「生成テーマ」

① 自然と文化の相違
② 自然の中にいてそれとともにある人間の積極的な役割
③ 人間の労働，人間の創造と再創造の所産としての文化
④ 文化の民主化
⑤ 文字を媒介とする交流の世界へと扉を開く

●「生成語」（カッコ内はそれぞれの生成語に関する課題）

スラム（住宅，食糧，衣服，保健，教育）
井戸（保健と風土病，衛生教育，水の供給）
給料（経済的側面，人間の置かれた状況，最低賃金など）
労働（現実を変革する過程，肉体労働と精神活動の分離など）
政府（政治権力，権力組織における民衆の役割など）
財産（富と貧困の対立，支配国と被支配国，民族解放など）

（出所）フレイレ，1979，p. 265，pp. 275-76。

成語」もこのような「生成テーマ」との関連で精選され，新たな「教育基本語彙」として編み直されていくことでしょう。

5　社会階層と教育課程

第二次世界大戦後になると，欧米先進国の間では経済成長と「機会の平等」政策の前進もあって，中等・高等教育機関への高い就学率に象徴される，全階層を巻き込む高学歴社会が到来します。そこでは，戦前には顕著であった出身階級や出身階層による露骨な「差別」はなくなり，中等・高等教育機関の「大衆化」や「民主化」が進んだようにみえました。しかし，多くの調査は大学生の出身階層が，なお圧倒的に社会の中・上階層に偏していることを示しました。他方日本においては，戦後の高度経済成長と農業をはじめとする第一次産業従事者の急激な減少，さらには急

速な高校教育の普及によって，社会移動において階層要因を問題とする議論は長く顕在化することはありませんでした。しかしながら，1990年代を境にして日本においても階層化社会が進行し，それが学力や学習意欲の格差として表面化してきたと指摘されるようになっています（苅谷，2001；山田，2004）。

言語コード

それでは，社会階層の差がどのように教育に影響を与えるのでしょうか。この問題に対して，階層間の言語コード（規則）に着目したのが，バーンスティン（Bernstein, B.）でした。例えば，中産階級と労働者階級の子どもに「絵」（遊んでいて過って窓ガラスを割ったという一連の絵）を見せて，その絵のストーリーを発話させた内容を分析しています（バーンスティン，1981〔原著1977年〕）。

「3人の男の子がフットボールをしています。1人の男の子がボールを蹴り，それが窓へと飛び込み，窓ガラスを割ります」（中産階級の子ども）

「彼らはフットボールをしています。彼がそれを蹴り，それがそこに飛び込み，それがガラスを割ります」（労働者階級の子ども）

バーンスティンによれば，中産階級の子どもは「精密コード」（elaborated code）を，労働者階級の子どもは「限定コード」（restricted code）を使用していると指摘します。「精密コード」とは普遍主義的な言語表現とされ，直接的な経験世界を対象化して，他者に向かって開かれた明示的な言語を発することを意味します。他方，「限定コード」とは個別主義的な言語表現であって，直接的な経験世界の中に閉じこもり，仲間内で通じる暗黙的な言語を発することを意味するのです。もちろん，それぞれの階層によって機械的にコード使用が規定されるわけではありませんが，中産階級の子どもは「精密コード」を，労働者階級の子どもは「限定コード」を使うことを助長するように，家族の言語環境が作用していると述べています。そして，学校文化は明らかに「精密コード」に依拠していることから，中産階級の子どもにとってきわめて有利な環境となるのです。

文化資本

このバーンスティンの問題意識を引き継ぎながら，社会階層における「見えざる手」の影響をより広範囲にわたって解明したのが，ブルデュー（Bourdieu, P.）でした（宮島，1994)。階層間格差の指標は，もちろん各家族の「経済資本」によって明示されますが，それを前提としつつも「文化資本」の質や量も大きな意味をもつことを指摘しました（図7-2)。「文化資本」とは，「身体化された文化資本」（ハビトゥス〔habitus〕とも表現され，無意識的に獲得され蓄積されたものの言い方・感じ方・振る舞い方などの身体化された性向のこと)，「客体化された文化資本」（絵画，書物，パソコンなどといった具体的な形式をもって現れた資産)，「制度化された文化資本」（学歴，資格など）を意味します。

とりわけ，ブルデューが着目したのが「ハビトゥス」であって，人が無意識のうちに身につけてしまった，行動の「型」でした。例えば，大学の進学にあたっては，労働者や農民の子弟は医学部や法学部を選ぶことが少なく，教職と結びついた学部や学科を選ぶ傾向が大きいと報告しています（ブルデュー＝パスロン，1997〔原著1964年〕)。それは，家族の身近にモデルとなる医師や弁護

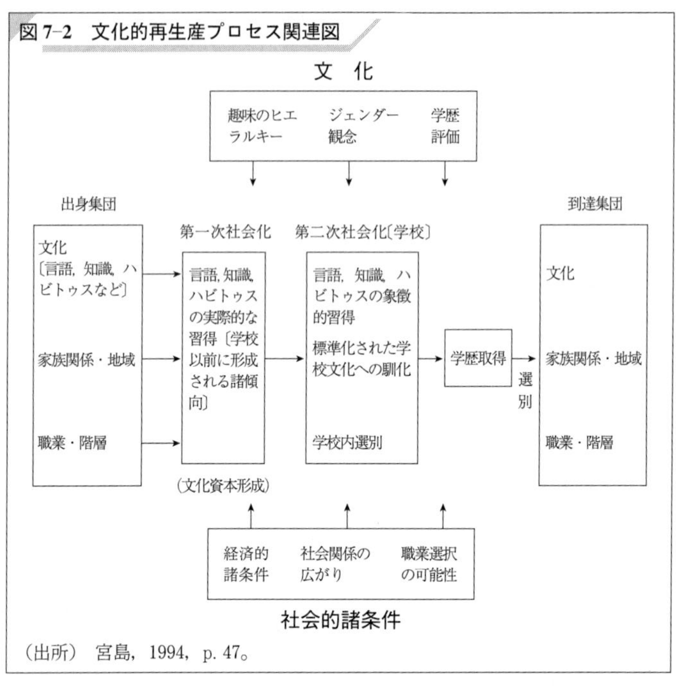

（出所）宮島，1994，p. 47。

士を見出し難く，長い就業年限を要するコースを選択することに自己抑制が働くからです。それに引き換え，教職は労働者や農民の子弟にとって馴染みやすいほとんど唯一の専門職です。この事実は，当の生徒たちには意識されていなくても，それこそ自らの「ハビトゥス」が，大学が保持している支配的な「ハビトゥス」によって「選別」されていることを示すものです。しかし，このような「選別」はあたかも生徒自らが自発的に選択したこととみなされやすく，その階層問題が顕在化しにくいのです。ブルデューの「ハビトゥス」はそこを照射する概念装置なのです。

ところで，教育において階層問題の重要性を指摘することは，階層のもつ宿命的な性格を強調して，その鎖からは逃れられないと主張するためではありません。前述した「能力主義」批判と同様に，子どもたちの生得的な能力差と考えられているものは，実は階層差の反映であることを際立たせようとするためです。ここでは，階層間格差を克服する1つの教育的な営みとして，エドモンド（Edmonds, R.）が提唱した「効果のある学校」（effective school）を紹介しておきましょう（苅谷・志水，2004）。「効果のある学校」とは，生徒集団の学力格差が小さく，かつマイノリティ集団（黒人や低所得者層）に属する生徒の学力が，マジョリティ集団（白人や中・高所得者層）に属する生徒の学力と同等かそれに近くなった学校のことをさしています。このような学校は実際に存在し，そこでは「校長のリーダーシップ」「良好な学習環境」「学習を促進する教授組織」「学習の進歩のモニタリング」などが成功の要因として指摘されています。まさしく，本書の第4章，第5章，第6章を踏まえながら，能力差や階層差を克服する学校や教育課程をどう構想するのかが，あらためて問われているのです。

6 「隠れたカリキュラム」の問題

「隠れたカリキュラム」（hidden curriculum）を最初に提起したジャクソン（Jackson, P. W.）の問題意識は，授業実践を「知識内容」とともに，「知識様式」（「知識内容」が教師と子どもたちの相互交渉を通して構築されるところの様態・様相）にまで拡大して把握しなければ，本当の授業改善にいたらないと考え，授業実践に働く「隠れたカリキュラム」の姿を分析しようとしました。その結果，

「隠れたカリキュラム」として，「群集性」(crowds：学習集団に働く作用)，「評価」(praise：評価場面に働く作用)，「権力」(power：教師の役割) を析出し，あくまでも授業改善のためにこれらの要因をコントロールしようとします (Jackson, 1986)。

ところで，ジャクソンの「隠れたカリキュラム」論は，とりわけ近代学校批判の言説と出会うことで，拡大解釈が行われるようになりました。すなわち，教育課程研究の対象を「知識内容」から「知識様式」にまで拡大すると，教師の意図的計画として目に見えるかたちで表現されるフォーマルなカリキュラムとは次元を異にして，意識化・計画化というかたちで表だっては語られないが「暗黙の了解」のもとに教師と子どもたちに共有される解釈内容をも研究対象とすることが自覚されるようになったのです。そして，前者は「顕在的〔manifest〕カリキュラム」，後者を「隠れたカリキュラム」(または「潜在的〔latent〕カリキュラム」) と呼ぶことが一般化されていきます。

この場合の「隠れたカリキュラム」の問題意識を端的に表現すれば，「学校では実際に何が行われているのか」「授業で子どもたちは実際に何を学んでいるのか」ということになるでしょう。先述したような学校批判の代表的な言説は，意識の程度は様々であっても，実はこの「隠れたカリキュラム」を研究方法論として，現代の学校教育に潜む問題性を剔出(てきしゅつ)しようとしたものといえるでしょう。その結果，学校は社会の不平等を再生産するために機能する機関であるとか，学校は「銀行型教育」によって子どもたちを抑圧する機関となっている，さらには色濃く階層差が学校に反映しているなどの姿が浮かんできたのです。学校教育のリアリティに迫るためにこそ，とりわけ第6章で説明されている現代の教育評価論も踏まえながら，教育課程の2つの次元を意識化することはきわめて大切なことです。このように，学校における教育課程の編成に対して，社会における教育課程というパースペクティブを重ねながら，新しい教育課程を構想する必要があるでしょう。

●引用・参考文献

浅沼茂・中野和光・佐藤学編，1995，『ポストモダンとカリキュラム』C. S. L. 学習評価研究所。

アップル，M. W.／門倉正美訳，1986，『学校幻想とカリキュラム』日本エディタースクール出版部。

アップル，M. W.／浅沼茂・松下晴彦訳，1992，『教育と権力』日本エディタースクール出版部。

アップル，M. W.・池田寛・長尾彰夫編，1993，『学校文化への挑戦――批判的教育研究の最前線』東信堂。

アップル，M. W.＝J. A. ビーン編／澤田稔訳，1996，『デモクラティックスクール――学校とカリキュラムづくりの物語』アドバンテージサーバー。

アップル，M. W.＝W. アウ＝L. A. ガンディン編／長尾彰夫・澤田稔監修，2017，『批判的教育学事典』明石書店。

イリッチ，I.／東洋・小澤周三訳，1977，『脱学校の社会』東京創元社。

イリッチ，I. ほか／松崎巌訳，1979，『脱学校化の可能性――学校をなくせばどうなるか』東京創元社。

苅谷剛彦，2001，『階層化日本と教育危機――不平等再生産から意欲格差社会（インセンティブ・ディバイド）へ』有信堂高文社。

苅谷剛彦・志水宏吉編，2004，『学力の社会学――調査が示す学力の変化と学習の課題』岩波書店。

小玉重夫，1999，『教育改革と公共性――ボウルズ＝ギンタスからハンナ・アレントへ』東京大学出版会。

小柳正司，2010，『リテラシーの地平――読み書き能力の教育哲学』大学教育出版。

佐藤学，1996，『カリキュラムの批評――公共性の再構築へ』世織書房。

シュライヒャー，A., 2003,「OECD 加盟国における生徒の学習到達度について」長尾彰夫監修・日本教職員組合編『どうなる，どうする。——世界の学力日本の学力』アドバンテージサーバー。
シュレージンガー，Jr., A. M.／都留重人監訳，1992,『アメリカの分裂——多元文化社会についての所見』岩波書店。
田中統治，1996,『カリキュラムの社会学的研究——教科による学校成員の統制過程』東洋館。
谷川とみ子，2008,「生きる力と学力」田中耕治・井ノ口淳三編『学力を育てる教育学』八千代出版。
長尾彰夫，1996,『“学校文化”批判のカリキュラム改革』（提言：21 世紀の教育改革 2）明治図書。
ハーシュ，Jr., E. D.／中村保男訳，1989,『教養が，国をつくる。——アメリカ建て直し教育論』TBS ブリタニカ。
ハーシュ，Jr., E. D.＝J. F. ケット＝J. トレフィル／中村保男・川成洋監訳，1997,『アメリカ教養辞典』丸善。
バーンスティン，B.／萩原元昭編訳，1981,『言語社会化論』明治図書。
ブルデュー，P.＝J.－C. パスロン／宮島喬訳，1991,『再生産——教育・社会・文化』藤原書店。
ブルデュー，P.＝J.－C. パスロン／石井洋二郎監訳，1997,『遺産相続者たち——学生と文化』藤原書店。
ブルーム，B. S.／稲葉宏雄・大西匡哉監訳，1986,『すべての子どもにたしかな学力を』明治図書。
フレイレ，P.／小沢有作ほか訳，1979,『被抑圧者の教育学』亜紀書房。
フレイレ，P.／里見実ほか訳，1982,『伝達か対話か——関係変革の教育学』亜紀書房。
ボウルズ，S.＝H. ギンタス／宇沢弘文訳，1986；1987,『アメリカ資本主義と学校教育——教育改革と経済制度の矛盾』Ⅰ・Ⅱ，岩波書店。
耳塚寛明編，2014,『教育格差の社会学』有斐閣。
宮島喬，1994,『文化的再生産の社会学——ブルデュー理論からの展開』藤原書店。
山田昌弘，2004,『希望格差社会——「負け組」の絶望感が日本を引き裂く』筑摩書房。
Jackson, P. W., 1986, *Life in Classrooms*, Holt, Rinehart and Winston.

第8章　今日的課題への挑戦

◀▲自然の中で体験を通して
学ぶ子どもたち

現代に生きる子どもたちが直面する課題をいかに教育課程として受け止めたらよいのでしょうか。ここでは，第1節「いのち，生きることの教育」，第2節「市民性教育」，第3節「環境教育・ESD・SDGs」，第4節「メディア・リテラシーの教育」というかたちで，現代の課題に果断に挑戦している教育課程の理論と実践を紹介します。これらの取り組みは，実のところ21世紀の学校教育のあり方をも豊かに展望しているのです。

1 いのち，生きることの教育

学校の防災マニュアル　2011年3月11日の東日本大震災による津波で，宮城県石巻市立大川小学校の児童および教職員84名が死亡・行方不明となりました。これは，わが国では例をみない犠牲者の数であり，子どもたちの命を守るべき学校・教員の責任が問われることになりました。地震直後の教員は，どうして適切な避難指示ができなかったのでしょうか。防災マニアルではどのように記載されていたのか，などが問題とされました。

教員の判断力　一般に教員は，地元民ではなく「よそ人」である場合が多く，海から3.7 km離れた町の中の学校に津波がくるとは予想できなかったに違いありません。まして51分後に，北上川を逆流して校舎を襲うとは想像もできなかったので，道のない裏山ではなく，行きやすい堤防の道路に向かい被災してしまったのでした。他方，多くの保護者は，地域をよく知っているので，とっさに津波がくることを心配したそうです。仙台市内の高校では，海辺育ちの校長が津波の来襲を直感し，全校生徒を学校に宿泊の措置をとることで，帰宅時の事故から生徒を守ることができた事例がありました。

筆者は，大学の校舎7階で被災しましたが，重い本棚が飛び上がり，ビルが折れると思うほどに傾き，ここで死ぬかと，一瞬家族の顔が浮かびました。大きな本棚が倒れて書籍で体が埋められ身動きがとれなくなりました。這い出せたものの上着もカバンも見つからず，5分ごとにくる強い余震の中，揺れる階段を急いで下りました。中庭で学生や教職員たちと，誰か校舎に閉じ込められていないか，けがをしていないかなど，うち続く余震の恐怖の中で確認しているうちに1時間があっという間に過ぎ，震えがとまらず，判断力を失いました。

石巻市立大川小学校の慰霊碑（筆者撮影，2012年6月）

子どもたちの安全は教員の責任であり，平常な時にこそ防災マニアルの確認と討議をして判断力を磨いておくことが必要です。

困難な情報収集

電気・ガス・水道すべてがとまり，情報は一切入らないので，どこが震源なのか，関東大震災なら東京は壊滅状態か，と考えました。2日後に，福島県沖が震源であること，津波で海岸に多数の被害者が出ていること，そして，東京電力福島第一原子力発電所で深刻な原子力事故が起きていることが判明しました。学生と留学生の安否確認をとりましたが，すでに留学生は，大使館より原発が深刻な事故にある旨の連絡を受けて，その日のうちに帰国していました。原発の深刻な真相を知らないのは，私たち日本人でした。停電が続き，情報が遮断され，噂が飛び交う生活になりました。

苦しい避難所生活への支援

翌日からの日常生活のステージがまた大変でした。避難民がそれぞれの小・中学校に集まり，住居を失い，食料・電気・ガス・水道・着替えのない生活で，食事の配給と安全対策など同校教職員は，避難所経営の会議を毎日開き，お世話係に従事することになりました。これは6カ月から9カ月に及びました。常日頃から，被災に備えた地域との協力体制が必要です。学校は被災後の共同生活・情報センターとしての役割があるのです。

教育課程での防災教育

東日本大震災以後も，全国各地で集中豪雨や大地震が頻発しており，これに対処するために，文部科学省は，学校防災のための参考資料として，「『生きる力』を育む防災教育の展開」(2013) をまとめ，図8-1のように，各種レベルでの災害安全対策をとるように要請しました。子どもたちとの関係で進めるべき防災教育は，防災に関する基礎的・基本的事項の系統的な理解と，思考力・判断力・行動力を高めることです。例えば，2017年改訂の中学校学習指導要領では，社会科で，「国内の地形や気候の特色，自然災害と防災への努力を取り上げ，日本の自然環境に関する特色を大観させる」「自然環境が地域の人々の生活や産業などと深い関係をもっていることや，地域の自然災害に応じた防災対策が大切であることなどについて考える」。理科では，「自然がもたらす恵みと災害などについて調べ，これらを多面的，総合的にとらえて，自然と人間のかかわり方について考察すること」，また，「災害」については，記録や資料などを用いて調べ，地域の災害について触れること」とあります。そして，保健体育では，「自然災害による傷害は，

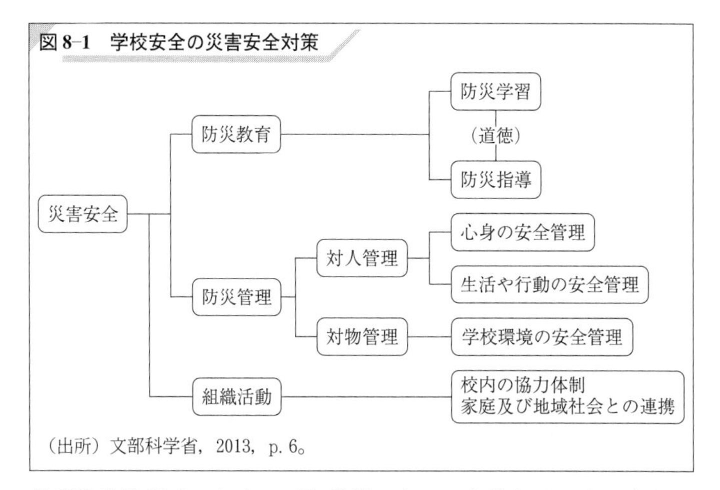

図 8-1　学校安全の災害安全対策
（出所）文部科学省，2013，p. 6。

災害発生時だけでなく，二次災害によっても生じること。また，自然災害による傷害の多くは，災害に備えておくこと，安全に避難することによって防止できること」と要請しています。

同年改訂の小学校学習指導要領では，社会科で，「地域社会における災害及び事故の防止」について，「ア　関係機関は地域の人々と協力して，災害や事故の防止に努めていること。イ　関係の諸機関が相互に連携して，緊急に対処する体制をとっていること」，そして，「見学，調査したり資料を活用したりして調べ，人々の安全を守るための関係機関の働きとそこに従事している人々や地域の人々の工夫や努力を考える」ことを求めています。

これら小・中学校での防災教育は，それぞれの教科で基礎・基本を学習することが期待されますが，同時に，総合的な学習において，「オリジナル防災マップを作る」や「火事になったらどうする」などの問題解決学習として展開する方法もありますので，学校と地域そして子どもの実態に即して，学年ごとのカリキュラ

表 8-1　学生・生徒等の自殺者数の推移

	小学生	中学生	高校生	大学生	専修学校生等	合計
2016	12	93	215	374	97	791
2017	11	108	238	356	104	817
2018	7	124	238	336	107	812
2019	8	112	279	390	99	888
2020	14	146	339	415	125	1039
2021	11	148	314	434	124	1031

（出所）厚生労働省，2022 より。

ムを作成することが必要です。

「命を守る」姿勢の教育と内面支援

片田敏孝（2012）『命を守る教育』では，「自分の命を自分で守る姿勢の教育」が説かれ，また，「助けられる人から助ける人へ」（釜石東中学校）の実践が紹介されています。また，加藤道代・一條玲香（2021）『東日本大震災後の子ども支援』には，父母や友だちを失った子どもたちを支える「親族里親」への支援が紹介されています。被災による突然の喪失がどれほど痛切であるか，ぜひ一読してください。

2016 年以来，青少年の自殺者数は確実に増加しています。その原因は一概に言えませんが，内閣府の「我が国と諸外国の若者の意識に関する調査」（2013・14 年度）によると，「家庭生活及び学校生活に『不満』と回答した若者の割合が多い国では，おおむね自殺死亡率が高くなっており，我が国は家庭生活や学校生活に不満を感じている者の割合が高くなっていた」ので，それらの原因が大きいものと推測されます。

自殺予防教育の合意形成

文部科学省（2014）の『子供に伝えたい自殺予防 学校における自殺予防教育導入の手引』によれば，その教育をする上での「前提条件」が重視されています。それは子どもを直接対象とする自殺予防教育を行う上での関係者との合意形成です。関係者とは①学校教員全体，②保護者，③地域の関係機関です。合意形成の前提条件を整えないと，このプログラムにはリスキーな側面があるという，協力者会議の認識が窺われます。

教育内容の開発とフォローアップ

合意形成が整ったところで，「適切な教育内容」の開発です。同手引には，「プログラムの実際」と展開例が掲載されていますので，これを参考に学校全体で取り組むことが不可欠です。その概要は，「誰にでも死を考えるほどの苦しい時があるかもしれないが，そのような気持ちも必ず変わること，周囲の人に話を聴いてもらうこと（支援を得ること）で，苦しい気持ちは楽になる」というメッセージを伝えることと，「生涯を通じて危機に陥った際に『相談すること』の重要性の理解を深める」ことが大切とされています。また，「自殺をおとしめたり，逆にひどく美化したりするような扱い」をしないように注意が必要です。

そして最後が「ハイリスクの子供をフォローアップする」ことです。自殺する可能性が高い子どもを発見した場合，学校，家庭，地域の専門機関の協力体制で継続的に支えることが必要です。

キャリア教育

1999 年の中央教育審議会答申ではじめて「キャリア教育」というタームが使わ

れて以来，「児童生徒の1人ひとりの勤労観，職業観を育てる教育」の重要性が強調されてきました。「発達段階に応じて選択能力を育てたり将来の生き方や進路などを考えたりする指導」など，その意味するところは小中高いずれの学習指導要領でも求められています。

その結果，中学校などでは職場体験，高等学校ではインターンシップ，小学校ではその土台となる「生き方に関する指導」などを中心に，道徳教育，特別活動，総合的な学習，そして各教科などクロスカリキュラム的なプログラムが開発されています。

育成すべき4つの能力

これに対して文部科学省は2006年に『キャリア教育推進の手引』をまとめ，示唆に富むカリキュラム構造を提案しました。図8-2は高等学校のそれですが，育成すべき能力として，①人間関係形成能力（自他の理解能力，コミュニケーション能力），②情報活用能力（情報収集・探索能力，職業理解能力），③将来設計能力（役割把握・認識能力，計画実行能力），④意思決定能力（選択能力，課題解決能力）の4領域8点の能力があげられ，学校種ごとに目標とすべき具体的な遂行項目，例えば，小学校低学年なら，「家の手伝いや割り当てられた仕事・役割の必要性がわかる」，中学校2年なら，「将来への夢を達成する上での現実の問題に直面し，模索する」，そして高校3年では，「自分の能力・適性を的確に判断し，自らの将来設計に基づいて，高校卒業後の進路について決定する」などが提示されています。

図 8-2　キャリア教育のカリキュラム

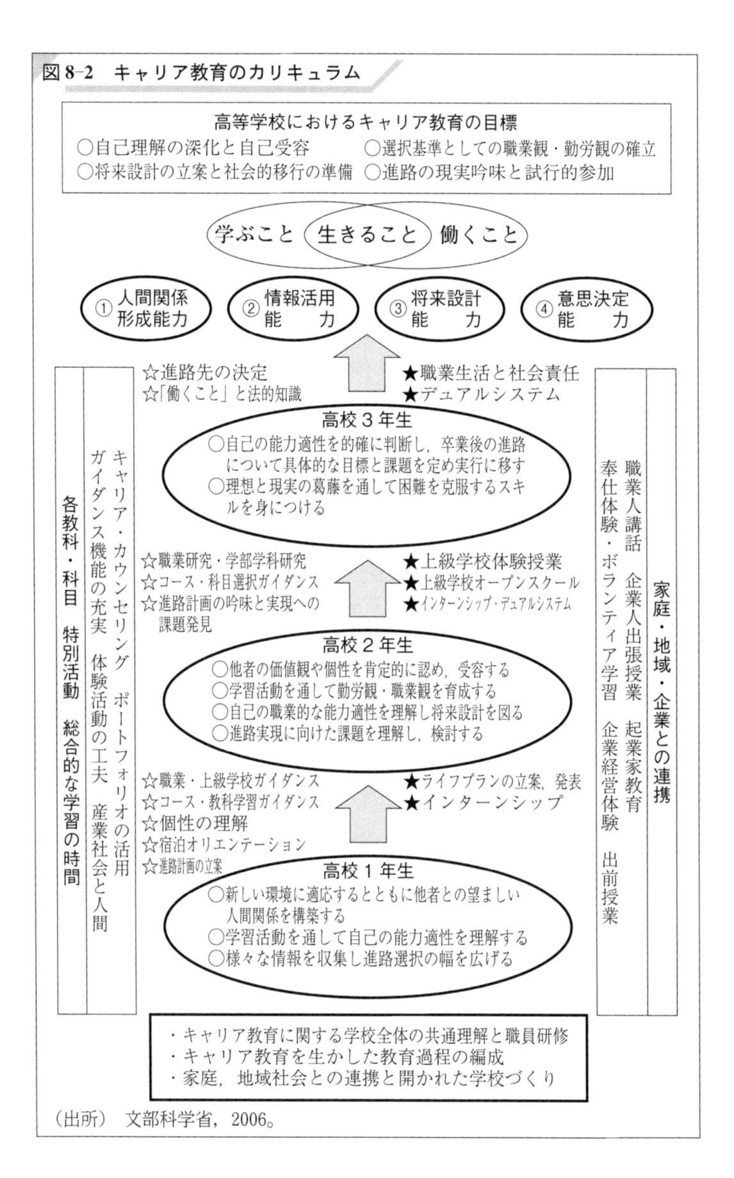

（出所）　文部科学省，2006。

3つのステージ

ここでは総合学科高校の大分県立日田三隈高等学校の実践を紹介します。同校は,「総合学科設置の趣旨に沿い，将来の職業選択を視野に入れた自己の進路への自覚を深めさせる学習」として独特の Mikuma "PAS" System に取り組んでいます。

First Stage の 1 年次は,「産業社会と人間」で，進路学習や外部講師の講演，職場訪問・上級学校見学，時間割作成，キャリアプラン,「卒業生に学ぶ」「求人票の見方」，などを通し,「自分を知る・社会を知る・自分と社会の接点を知る」ことを目標としています。

Second Stage の 2 年次は,「自己理解の深化」「進路理解」「夏の活動」「プレ PAS Final」からなり，職場・上級学校研究，職場での就業体験，上級学校での授業体験，学年発表会，研究テーマの準備などをします。

Final Stage の 3 年次では，設定したテーマに従って，調査・研究・発表をして「PAS Final 報告書」並びに「卒業論文」を提出します。生徒たちはこれを遂行しつつ，就職希望者なら，就職情報の収集，就職模試等での学力伸長，検定・資格等の取得，進学希望者なら，入試等の情報収集と自己 PR の対策，学力伸長などを進めることになります。

進路実現ノートと 30 歳のレポート

これらのステージを進めながら，注目すべき 3 点があります。第 1 は，総合学科公開発表会で，4 月の決意表明，6 月のゼミ別中間発表会，11 月の校内発表会，そして，毎年 1 月の公開発表会という仕方で計画されています。第 2 は，生徒 1 人ひとりの「進路実現ノート」で，内容は，「1か月の計画表や日々の生活の記録，新聞・雑誌の切り抜きコーナー，考査成績の推移や評定平均値の記録，職場や上級学校の見学記録，教師への質問コーナー」などで生徒理解や生徒支援の資料として貴重な役割を果たしています。第3は，最終課題「30歳のレポート」で，卒業後30歳の時点で学校に提出するレポートで，約12年後に出すことになります。高校教育がその後の人生にとってどういう意味をもったのか，1つの区切りである30歳で自分を振り返るという趣旨で，高校側にとってはこれこそ「真の外部評価」となるという位置づけです。同校のキャリア教育への真剣な対応が心に残ります。

以上，3つの事例をあげて，「いのち，生きることの教育」についてみてきましたが，この課題は，大変な重みがあり，生半可なことでは教育できそうにありません。正解のない問いに，教師は，自分の人生観をかけて挑まなければなりませんし，授業以前の段階で，学校全体に教育目的の共有化が求められます。やはり教師間の理解と協力，家庭・地域からの信頼なくしてはできないし，何よりも日々の教育実践の積み上げ，その質によって自ずと可能な教育課程が決まってくるのです。

2 市民性教育

市民性教育とは何か

1990年代以降，各国の教育改革において「市民性（シティズンシップ）教育」と呼ばれうるような教育実践が広がっています（嶺井，2007）。市民性教育とは，公共社会において平等な権利と義務を担う市民を育てることをめざした教育です。市民性教育は，以前から行われてきた人権教育，同和教育，福祉教育，ジェンダー教育，国際理解教育，異文化理解教育などを包摂しつつ成立したものといえるでしょう。

もともとシティズンは，17・18世紀の市民革命によって国家の主権者として台頭した市民層をさし，一部の成人男性に限られていました。その後，すべての階層の人々が国民国家の構成員として包摂されていき，シティズンが国民とほぼ同じ意味で使われた時代もありました。欧米において，個人と国家の関係は双方的な契約関係として位置づけられており，この関係を結ぶことが大人であることの基準にもなってきたのです（小玉，2003）。

しかし1990年代になって，グローバル化・情報化・少子高齢化など著しい社会情勢の変化や，環境・平和・人権など国単位の意思決定にのみ帰せられないような問題の深刻化に伴い，市民をすなわち国民としてとらえることは難しくなってきています。また，モラトリアムの長期化や子どもたちの「荒れ」に対し，従来とは違うかたちでの教育の必要性も認識されるようになってきました。市民性教育の登場・普及の背景には，そのような社会や子どもをとりまく状況の急変に対して学校教育の内容と方法を改革すべきだという意識の高まりがあります。

日本における課題

日本においても，1872年の学制発布以降，教育による国民の創出が図られました。しかし，天皇制国家であった日本においては，国民は主権者としてではなく臣民として位置づけられていました。第二次世界大戦後の戦後民主主義の中では個人が国家との関係を引き受けること自体をタブー視する風潮が生じ，高度経済成長期以降は企業社会が前面にでる社会となってしまいました。

企業社会の伝統的秩序に揺らぎが生じている現在では，公共社会をどの単位としてとらえるか，また個人と公共社会との関係をどう構想するかが問われています。その中で，奉仕活動や規範・道徳教育の重視などに典型的にみられるように，共同社会への秩序・価値への同化と適応をめざす新保守主義的潮流と，自由競争市場において能動的・主体的に行動する強い個人を育てることをめざす新自由主義的潮流が台頭しています。しかし，これらの潮流については，次の2つの問題点が指摘されています（平塚，2003)。

第1の問題点は，両者が権利よりも「責任・義務」を重視していることにあります。その背景には，権利の重視によってモラルハザードや福祉依存が生み出されるという認識があります。しかし，本来，市民の能動的な参加には，社会参加するための諸条件が平等に保障されていることが不可欠の前提です。第2の問題点は，国家と市民社会，ないし市場と市民社会が一体のものとしてとらえられていることです。しかし，市民性教育は，新しい時代に必要な公共性をつくりだしていく市民を形成すべきものです。国家や企業を維持し成立させる手段と化した人材の育成や，国家や自治体の公的責任放棄の受け皿づくりになってしまってはなりません。

現代において，権利としてのシティズンシップ概念は「市民的権利」(財産権や思想・言論などの自由),「政治的権利」(政治参加の権利),「社会的権利」(社会福祉や平等権）を含むものとされています。市民性教育は，これらの権利をすべての人々に実現するための教育として位置づけられるべきものといえるでしょう。

徳目主義の問題点

さて，伝統的な市民性教育には，徳目主義と呼ばれる方法が多くみられました。これは，徳目にふさわしい譬え話を教え，子どもたちへの感化をめざす方法です。その根底には，子どもたちが登場人物の心情に感激すれば，同様の心情をもち同様の行動ができるようになるだろうという仮定があります。

ところが，このような心情主義的解決をめざす方向性には問題があります。まず，道徳的な判断においては，判断にいたるまでに必要な事実を集め，複数存在する徳目間の優先順位も含め，可能な選択肢を慎重に比較・検討するという思考の働きが求められます。しかし，権威づけられた徳目の教化ではこのような思考力を養うことができません。さらには，譬え話で登場する人物は理想的に脚色されがちです。同じように行動できない子どもは，自分には欠陥があると思い込むか，譬え話の世界はあくまで建前の話だという使い分けをするようになってしまう，という危険性があります（藤井，1990）。

市民性教育の構想

そこで，このような問題を乗り越える市民性教育の具体的な進め方として，3つの考え方が登場しています。第1に，教科において科学的な知識やスキルを身につけさせることをめざすものがあげられます。市民の権利やそれを守るための制度が歴史的にどう発展してきたかに関する知識や，議論を深めるための話し合いのスキルなどは，学力としてすべての子どもたちに保障されるべきものでしょう。ただし，教科の学力については必ずしも日常生活に転移しないという問題点も指摘されています。この問題に対応するため，近年では，ロールプレイ，ディベート，フィールドワークなど，学習者の経験や参加を重視した学習方法を取り入れた実践（大津，1992；セルビー＝パイク，2007 など）も登場しています。

第 2 に，学校を 1 つの共同社会としてとらえ，その社会の構成員として実際に行動する訓練を行う実践があります。これは，主に生活指導論として議論されてきたものです。1960 年代から 70 年代にかけては，「班・核・討議づくり」の手法を用いて学級を民主的集団として形成することをめざす学級集団づくり論が理論化され，また実践が行われてきました。そこでの集団は，目的をもち，リーダーがいて，集団成員間の矛盾に対しては討議による相互規制が行われるものとしてとらえられていました。そうして形成された民主的集団には，やがて他学級・全校集団，家庭や地域諸集団へとその活動領域を広げていくことが期待されていました（全生研常任委員会，1971）。しかし近年では社会情勢と子どもたちの変化に伴って，旧来の学級集団づくり論を批判する「新しい〈子ども集団づくり〉」論も登場しています。「新しい〈子ども集団づくり〉」論においては，中央主権的な組織をつくることよりも，個々の子どもの固有な要求に対する共感的理解や，集団における相互主体的な関係性・連帯が強調され，また文化的な諸活動も重視されています（折出，2003）。

第 3 に，総合的な学習の時間の中で市民性教育を行うという方法が考えられます。現代社会において市民が政治的権利と責任を担うべき公共社会をどの単位とするか，またどのような権利と責

Column⑦　実践例「生野南小学校の学校づくり」

経済的な格差が拡大し，子どもの貧困問題が深刻化しています。社会経済的に厳しい条件におかれる子どもたちが直面する様々な困難は，学校においても「荒れ」や「低学力」の問題として顕在化しがちです。社会経済的に厳しい地域にあった大阪市立生野南小学校では，2011 年度当時，激しい「荒れ」に直面していました。

学校を立て直すために教師たちがまず取り組んだのは，一貫性のある生活指導と人権教育の充実でした。問題行動への対応策について教師たちが共通理解するとともに，異学年交流や児童会活動などを重視し，子どもたちを集団として育てる関係づくりを進めました。人権教育に関しては，正しく知った上で違いを認め合い，課題解決の視点をもつことがめざされました。2014 年度からは，暴力ではなく「ことば」で自分の思いを伝えることができる子どもたちを育てるため，国語科の授業を改善する研究が始まりました（田村・西岡，2023）。あわせて，「子どもたち一人ひとりの個性を輝かせる場づくり」が重視され，子どもたちにとって学校は充実感を得らえる楽しい場となっていきました（西岡・小野，2022）。

さらに，2017 年度からは，独自のプログラムである「『生きる』教育」が実践されることとなりました。「『生きる』教育」とは，「子どもたちにとって一番身近であり，心の傷に直結しやすいテーマを授業の舞台にのせ，社会問題として捉えなおす。示された『人生の困難』を解決するために必要な知識を習得し，友達と真剣に話し合うことで，安全な価値観を育む。授業の力で子どもたち相互にエンパワメントを生み出し，個のレジリエンス［引用者注：精神的回復力，復元力］へつなげることをめざす」ものです（小野，2022）。「『生きる』教育」では，支配にも依存にも陥らない人間関係の作り方を学ぶこと，「子どもの権利」を学んで「受援力」を身につけること，自分の過去・現在・未来をつな

図 「『生きる』教育」のプログラム

【中3】社会の中の親子——子ども虐待の事例から

【中2】リアルデートDV——支配と依存のメカニズム

【中1】脳と心と体とわたし——思春期のトラウマとアタッチメント

【小1・5・6】
虐待予防教育

- 家庭について考えよう——結婚・子育て・親子関係（小6）
- 愛？ それとも支配？——パートナーシップの視点から（小5）

【小4】 考えよう みんなの凹凸
——障害理解教育

- たいせつなこころと体——プライベートゾーンを学ぶ（小1）

【小2・3・4】
ライフストーリーワークの
視点を取り入れた教育
——治療的教育

- 10歳のハローワーク——ライフストーリーワークの視点から（小4）
- 子どもの権利条約って知ってる？——今の自分と向き合う（小3）
- みんなむかしは赤ちゃんだった——いのちのルーツをたどる（小2）

（出所）西澤・西岡（2022）を踏まえて筆者作成。

いでアイデンティティを形成することなどがめざされています（図）。虐待などによる心の傷を抱えた子どもたちだけでなく，すべての子どもたちに保障すべき内容が多く含まれたプログラムとなっているといえるでしょう。

任の担い方が望ましいのかについては，論争的です。したがって，教師が指導しつつも価値判断においては子どもと対等な立場にたつ総合的な学習は，市民性教育に適した領域だと考えられます。

これら3つの方法は，どれか1つを選ばなくてはならないというものではありません。むしろ，これらの方法を組み合わせて用いることで，次世代の市民性教育を豊かなものにしていくことが求められているといえるでしょう。

3 環境教育・ESD・SDGs

問題提起型から「持続可能な社会」へ

近年，学校の内外で，環境教育・持続可能な社会のための教育への取り組みがクローズアップされ，SDGs（持続可能な開発目標）という用語は様々な場面で使用されています。それは，地域的個別的な課題だけではなく，地球的人類史的規模の重要課題＝危機的課題の1つとして広く自覚されてきたことを意味しています。しかし，その過程は必ずしも単調ではなく，問題探究あるいは問題提起型の公害学習・教育から，地球レベルで自然との共生を考え，地域で生活・活動する主権者の育成をめざす環境教育へと論点が推移してきています。そのことは，21世紀を前後して「持続可能な社会」の主体形成として環境教育（education for sustainable development：ESD）を考えるという主張となりました。2020年以降の学習指導要領に「持続可能な社会」のための教育が記載されることとなったいま，環境教育の教育課程を編成するにあたって重要な提案をしている3つの点からまず考えてみます。

in, about, for の環境教育

1つは，環境教育の性格と内容を構想する際の視点ともいえるもので，「環境の中での教育」「環境についての教育」「環境のための教育」（Lucas. A. M, “Environment and Environmental Education,” 1972年，およびイギリスでのスクールズ・カウンシル「環境のための教育」1974年）から考える視点です。それは，次のように整理されています（ゲイフォード，1993, p. 187）。

・「環境の中での，あるいは環境を用いての教育」（Education in or through the Environment）＝「環境を，身近な，そして適切な資源として用いて，児童生徒たち自らの直接体験と探究や実験をさせることを中心にした教育」

・「環境についての教育」（Education about the Environment）＝「環境に関わりのある事項に関する知識や理解を深めることを目的とした教育。この中には，環境と関連している価値や態度などに対する知識や理解を深めることを含む」

・「環境のための教育」（Education for the Environment）＝「児童生徒たちが環境または環境にかかわる事柄との関係において，彼らの個人的な責任を学ぶ教育。この中には，現在と未来における，継続性のある開発，思いやりのある環境の利用を行うために必要な理解と行動を含む」

この整理によると，「環境の中での，あるいは環境を用いた教育」（別に「環境を通しての教育」ともいわれる）が，対象との直接的な関わりに留意した教育活動の重要性に着目したものであることがわかります。しかし，「環境の中での教育」は，対象との，より直接的な関わりを重視した教育活動自体の意味と価値を重視するものですが，「調査学習」「体験学習」「問題発見と追求」という場合でも，そこでの探究方法の習得やスキル獲得のみに力点がおかれているわけではない点を注意しておく必要があるでしょう。

これらのことを発展させて，フィエン（Fien, J.）は次のように考えています（フィエン，2001, p. 17〔原著1993年〕）。「環境の中での教育」は，単なる方法としてではなく，事物・事象との直接的関わりの中で環境への感性・感受性や価値意識をも部分的に内包するものとして理解することであり，「環境についての教育」は自然と社会の両システムから環境教育を構想することが重要であること。「環境のための教育」とは，持続可能な社会をめざした価値形成の過程を示すものであり，「価値観教育と社会変革についての明確な行動計画を備えている」ものである，と提案しているのです。フィエンは，これらを「環境における教育＝自由主義的環境教育」「環境についての教育＝新古典主義の環境教育」「環境のための教育＝批判的・創造的環境教育」と性格づけています。

発達の視点からの構想

2つ目は，初等および中等教育での環境教育といっても，6歳から18歳までというかなりの開きがあることから，学習主体の発達段階に即した一定の配慮が必要ではないか，ということです。その点について新旧の『環境教育指導資料』（文部省，1991；1992；国立教育政策研究所，2007）では，その道筋を次のように素描しています。それらを大づかみにいえば，小学校低学年での「体得・感得・気づき」から中学年での「調査・観察・体験学習」「問題発見と追求」，高学年では「自分と外部環境，自分自身の内部環境」へと重点が移るであろうこと，また中学校・高等学校では「体得・感得・気づき」が「認識・理解」へ，そして「思考・判断・選択」「行動」へと展開していくことを期待しているといえます。ここにはローマクラブ『成長の限界』（メドウズ，1972〔原著 1972 年〕）やストックホルム宣言（国連人間環境会議，1972 年），国連の環境教育目標「認識・知識・態度・スキル・評価能力・参加」（ベオグラード憲章，1975年）の知見が一部反映しています。

しかし，このような移行が予定調和的には展開しないところに，教育課程編成の難しさと重要性があります。自然に親しみ体得・感得すれば，自然の不思議さに気づき，親しみをもつとは限らないからです。それは，野山でどう遊んでいいかわからない，自然界を自覚することとは限らない，いわば「自然みしり」（原，1979）の極限的状況が到来しつつあるともいえるからです。このことは，子どもたちが「人工的環境」に親近感をもつ一方で，「自然・モノ」そのものがもつ多面性・多様性から遠ざかることを示しているといえます。

教育課程と授業づくりと教師の役割

ここで，筆者が参観した理科の授業（小学3年）で，「なぜヤゴはサナギにならないの？」というA子の疑問を例に考えてみます（大森，2004）。

その授業では，A子がごく自然に「ヤゴには羽や脚や触覚はあるのに，アオムシにはない。だからヤゴはそのままでトンボになれるの？」と発言していました。ヤゴ捕りから始まる飼育と観察から，ヤゴの羽や脚，触覚，目は親のトンボに類似しているのだから，ヤゴ期のそれぞれの器官を「拡大」していけば「そのままトンボになれる」と推測し，クラスの子どもらはその見解に納得していきました。そして「親に似る子はサナギにならない」（不完全変態）ことを，子どもらは多様で豊かな事実認識をクラスで意見交流する中で発見しています。

ここには，教師の役割の重要さが示唆されています。教師は，子どもらが興味・関心をもつ学習材の開発（出会いづくり）と，そこでの事実認識や疑問の把握，その中で学習内容・対象の本質に関わる事実認識と疑問の共有化を図りながら，授業へと焦点化していっています。つまり，子どもらがもった興味や関心，感想や意見をただアトランダムにとりあげたものではなく，対象・現象に関する典型的本質的な事柄に迫り得るものを，授業展開における重要な結節点で，選定・提示しているということです。

このような授業以前（以外）の，「自然」（実物・実在）との自由な関わり合い（原体験）を基盤として授業が成立しているということは見落とせません。そこでは遊び，採取と観察，飼育と栽培，物づくり（工作）などを介した，個別的ではあれ対象の本質的事実認識と，その認識や技法の交流・確認というひとまとまりの体験（＝原体験）が前提となっています。それは教科レベルでの教育課程編成上の重要な学び，つまり「とりたてての学習（理科等の教科学習）」は対象の本質を反映する原体験を介しての自由で多様な事実認識に支えられずには成立しない（しにくくなっている）のであり，それらを踏まえた広い意味での教育課程を構成する必要があると提案しているといえます。

主権者を育てる価値選択的な環境教育の創造

ところで，この大森実践では，今日的な環境教育実践の新しい提案がなされていると思います。それは，子どもは「生涯にわたり問い続ける主体」であるという子ども理解と，「当事者性と主体性を促しながら学ぶ」機会を保障し，「子どもの参画による行動学習」が重要ではないかという提案です。そして，それらを念頭においたこの実践で留意されていることは，地域で生活し，地域を見守り，見直し，問い続けている大人たちとの出会いの場を設定し，子ども等の実感や感性を手がかりとした学習活動をコーディネイトする教師の仕事・姿が示されている，ということです。

ここには「自然みしり」が浸透しつつある中で，「原因追及」「告発」型の「公害学習」（＝他律的環境観）の歴史的意味を尊重しながら，現代の地球レベルの環境・共生の問題に主体的に取り組む自律的環境観をどう育成するか，という実践課題が提示されています。いいかえれば「自然離れ」「モノ離れ」が進行している中で地域レベルの問題がとらえにくく，かつ地球レベルの環境問題を視野に入れにくい状況で，この地域レベルと地球レベルの問題を，学習主体・主権者を育てるという視点からどう実践していくかという課題提起です。

ESD から SDGs へ

この課題は現在の ESD・SDGs の提言につながります。ESD が国連や UNESCO の国連人間環境会議（ストックホルム会議）等の各種会議とともに，世界人権宣言や子どもの権利条約等の人権擁護の提起の合流点から構想されてきていることをたどる必要（生方ら，2010）があるでしょう。SDGs が 17 のゴールに 169 のターゲットという包括的なものとなっているのは，その経緯を示しています。SDGs の前身である MDGs（ミレニアム開発目標）の 8 ゴールと 21 ターゲット（2001～2015 年）は，主として途上国の開発目標でした。その最終年での達成度が不十分であったことを踏まえ，改めて「地球上の誰一人として取り残さない」ことを念頭におき，先進国を含む全ての国々が協働で SDGs に取り組むこととなったわけです。

日本でも SDGs への取り組みが広がっています。その取り組みについて「技術革新による問題解決という楽観的展望にたつもの」(櫻井歓),「経済成長を求める政策では気候変動に代表されるグローバルな環境危機から抜け出せない」のではないか(斎藤幸平)という指摘があります。2017年告示の『中学校学習指導要領解説理科編』にも,「科学的な根拠に基づいて意思決定させる場面を設けることが大切」と記されています。今後,「同時には成立しにくい事柄を幾つか提示し,多面的な視点に立って」解決策を考え,根拠を探り,試行錯誤して意思決定するような学習機会の設定が求められてくるといえるでしょう。

4 メディア・リテラシーの教育

リテラシーの意味

もともとのリテラシーは,読み書き能力(識字能力)を意味していましたが,1980年代に入ると社会的なコミュニケーションの能力へと意味を拡大して,現在ではコンピューター・リテラシーや科学リテラシーのように特定の分野に関する知識や能力を意味するようになりました。さらに,1990年代になると情報メディアの多様化に伴って,メディアを使いこなす能力としてのメディア・リテラシーが登場してきます。このようにリテラシー概念の拡張は,そのリテラシーの対象や内容が拡大したことによるものですが,実はそれにとどまりませんでした。

この概念の拡張は,リテラシー概念それ自体の変革を伴ったのです。当初の読み書き能力としてのリテラシーでは,自分の名前が書けたり,簡単な文章が読める程度を想定していました。しかし,リテラシーが質の高い科学や多様なメディアを身につけたり,使いこなす意味で使用され始めると，その「身につけ，使いこなす」とはどのようなことかが本質的に問われたのです。その結果，リテラシーとは「文化を読み解き，再構成する能力」と考えられるようになります。このようなリテラシー観は，その原義である「教養」の今日的なあり方を示しており，受け身的にとらえられることが多い「学力」のあり方にも示唆を与えるものです（樋口，2018)。このようなリテラシー概念の深化にメディア・リテラシーは大きなインパクトを与えました。

メディア・リテラシーの起点

メディアに関する教育の伝統は，1930年代のイギリスにさかのぼるとされています。そこでは，大衆メディアの普及による「文化の低俗化」に対して，西洋文化の伝統を守るために，英文学などの「メディア」を教えることが自覚されました。しかしながら，大衆文化を蔑視し，大衆を「啓蒙」の対象としかみなさないメディア教育観はやがて否定され，今日マスターマン（Masterman, L.）やバッキンガム（Buckingham, D.）たちによって批判的で，主体的なメディア教育が展開されています。一方，1980年代にメディア・リテラシーという用語を本格的に使用し始めたカナダの取り組み（とりわけオンタリオ州の取り組み）は世界的に大きな反響を巻き起こし，日本にも積極的に紹介されました（菅谷，2000)。1980年代になるとケーブル・テレビや衛星放送の普及に伴って，隣国アメリカの文化それも暴力を礼賛するような文化がカナダを遠慮なく席巻し始めます。それに危機感をもった人々が，マスターマンに影響を受けたダンカン（Duncan, B.）を中心として先駆的に1978年にメディア・リテラシー協会

(AML) を設立したのです (上杉, 2008)。

一般にテレビという強力なメディアの特徴について,「大人を子ども化し, 子どもを大人化する」と表現されたり,「娯楽を提供するのではなく, すべての事がらを娯楽にしてしまう」と指摘されます。特に後者の面は深刻で, 実際の戦争もテレビによって「ゲーム」の1コマのように受容してしまうことは, この間放映された戦争報道によって私たち自身も経験してきたところです。ちなみに, 1996年にアメリカで行われた調査によれば, テレビに登場する「暴力犯の73% が罰せられない。すべての番組の47% が被害者の傷を見せず, 58% は痛みも表現しない」という結果でした。これを受けて, メディアが描く暴力の特徴として,「メディアの暴力には除感 (desensitization) の作用がある」「メディアの暴力は暴力的な行動を引き起こす」「メディアの暴力は暴力的な解決を促す」と指摘されるようになります。

このようにカナダで取り組まれたメディア・リテラシーは, まさしく「メディアの暴力」から子どもたちを保護することを起点とするものでした。その場合, 子どもに俗悪番組の視聴を禁止するという方法もありますが, メディア・リテラシーの真骨頂はこのような禁止という消極的な対処ではなく, メディアそれ自体に批判的に介入して, その本来のあり方を探ろうとしたことです。このような取り組みの背景には, 情報化社会の進展の中で育ち, 生きていく子どもたちに対して, 様々なメディアの威力を民主的な社会の形成のためにコントロールできる能力の形成こそが重要であるとする判断が働いているのです。

メディア・リテラシーの定義と批判的思考力の形成

それでは，メディア・リテラシーはどのように定義されているのでしょうか。ここでは，オンタリオ州教育省の定義をあげておきましょう（カナダ・オンタリオ州教育省，1992〔原著1989年〕)。「メディアがどのように機能し，どのようにして意味をつくりだし，どのように組織化されており，どのようにして現実を構成するのか」を指導することが大切であり，さらには子どもたちが「メディア作品をつくりだす能力を育成」することが求められています。この定義で大切な点は，メディアは社会，経済的な文脈の中で情報を取捨選択しつつ，私たちの生き方に影響を与える「現実」を構成しているということです。簡単な例をあげれば，ある国の政治家への好悪も実はメディアが流す情報によって判断している場合が多いのです。

したがって，オンタリオ州トロント市教育委員会は，メディアのキー・コンセプトとして，「メディアは現実の構成である」「メディアは自身の形式，美学，技術，流儀をもつ」「メディアの視聴者はテクストの意味をつくる」「メディアは信念と価値メッセージをもつ」「メディアは商業的な意図をもつ」と述べているのです（トロント市教育委員会，1998〔原著1998年〕；Association for Media Literacy, n.d. も参照のこと)。とりわけ，メディア・リテラシーには，「批判的教育学」に影響を受けて（第7章参照)，メディアのもつ社会性に対する批判的な視角が強調されています。そして，このようなメディアの特性を見抜く批判的な思考力として，「立証可能な事実と価値観の違いを区別する」「主張または情報源の信頼性を判断する」「述べられていることが正確かどうか判断する」「確かな主張と不確かな主張を区別する」「歪みを見つける」「述べられている仮定と述べられていない仮定を明らかにする」「論理的矛盾に気づく」「議論がどの程度の力をもつかを判断する」という要素をあげています（カナダ・オンタリオ州教育省，1992）。

メディア・リテラシーの構造と実践例

メディア・リテラシーの定義から明らかなように，メディア・リテラシーは情報に関わるすべての教育を行うわけではありません。山内祐平は，メディア・リテラシーと関連しつつ，それ独自の役割を担うものとして「情報リテラシー」（人間の情報処理過程に着目し，情報を探索・活用・発信するスキルのこと）と「技術リテラシー」（情報やメディアを支える技術に着目し，その操作と背景にある技術的仕組みを理解すること）をあげ，その三者の相互関係を探ることを提案しています（山内，2003）。この提案は，市民権を持ち始めつつあるメディア・リテラシーの名のもとで，この三者が区別されずに混同されており，その結果として三者とりわけメディア・リテラシーの本来の意図が後退することを警告したものといえましょう。

もちろん，メディア・リテラシーの実践で最もよく取り組まれているのは，やはり「情報とメディアを理解するための教育」です。この「理解」の教育について，森田英嗣は，「テキスト分析」（メディアがいかなる意図と表現技法をもってメッセージをつくりだしているのかを調査，分析，確認すること），「生産・制作の分析」（メディアの製作者の社会的，心理的，経済的，文化的要因を分析すること），「オーディエンスの分析」（メディアを解釈する人のもっている経験，ニーズ，文化的・経済的・社会的・政治的背景の分析）という３つの

表 8-2　広告のテクニック

●下の表を使って，製品を実際よりもよく見せる広告のテクニックについて調べてみよう。

広告テクニック	広告の効果
クローズアップ	製品を大きく感じさせる
音響効果	製品をより楽しいもの，興奮をさそうものに感じさせる
特殊なライティング	製品をより魅力的に感じさせる
“おまけ”をつける	製品をより楽しいもの，興奮をさそうものに感じさせる
製品を幸せそうな人と一緒に見せる	あたかも誰もがその製品を楽しんでいるかのように感じさせる
音楽や歌と一緒に見せる	製品を記憶させやすくする
魅力的な人びとがその製品を使っているところを見せる	その製品を使うと，自分も魅力的になったり，評判が良くなるかのように感じさせる
有名な人びとがその製品について話しているところを見せる	その製品を使うと，自分も魅力的になったり，評判が良くなるかのように感じさせる
近くにだれもいない状態で製品を見せる	製品をより大きく感じさせる
「電池は含まれていません」など，文字情報を提示する	アナウンサーが同じことを口に出さない場合，あまり重要な情報でないように感じさせる
ユーモア，親しみやすさ，おそれなどの感情表現を行う	知的表現よりも，より強い反応を引き出す

（出所）　森田，2000，p. 35。

角度からの分析が必要であると指摘しています。表 8-2 は，「広告のテクニック」に関する分析事例です。

ところで，マスターマンの理論に対して，バッキンガムは「オーディアンスは，メディアの被害者ではなくメディアからの自律性を有しつつ，メディアとの関係の中で自己表現する」（時津，2019）ことを重視しつつ，マスターマンの理論に含まれる啓蒙主義的性格を批判し，生徒自らがメディア・コンテンツを制作する教育理論を展開しています。この論争は，メディアのもつ抑圧性と子どもたちの自律性という二元論を克服する論点を提起したものといえます。

デジタル・シティズンシップの育成の時代

2007年に，iPhoneが発売されて以降，急速に若者たちにスマートフォンが普及し，メディア環境は激変しました。いわゆるソーシャルメディアの台頭です。先述したカナダの取り組みにおいては，その対象となっていたメディアは主にテレビや新聞などのマスコミが想定されていました。しかし今やソーシャルメディアがそれらを越える影響力をもつようになりました。2016年に大方のテレビや新聞の予想に反して，ドナルド・トランプが大統領に選出されたことは象徴的でした。ソーシャルメディア上には，トランプ支持の立場から「フェイクニュース（偽情報）」が拡散して，事実が確認された「真実」ではなく，信じたいと感じる「真実」によって政治が主導されるという「ポスト真実」の状況が現出しました（坂本，2022）。

このようなソーシャルメディアの拡大によって，メディアに関する教育は，人権と民主主義を守り発展させる市民性教育（シティズンシップ教育；第8章2節参照）の一環として位置づけられ，デジタル・シティズンシップの育成として位置づけられるようになります。

政府文書においても，日本の子どもたちを取り巻くメディア環境の課題として，次の指摘がなされています。「OECD生徒の学習到達度調査（PISA）2018によると，日本の子どものICT活用状況は，OECD 加盟国間の比較において，学校の授業での利用時間が短く，学校外では多様な用途で利用しているものの，チャット，ゲームの利用に偏る傾向がある。また，スマートフォンは，10 年前にはほとんど子どもたちは持っていなかったが，現在のスマホ保有率は，高校生は 99.1％，中学生が 84.3％ と非常に高く，『フィルターバブル現象』の中で日常的に情報に触れていることに気づかない状況や，大人が想像する以上に子どもにかかる『同調圧力』の影響は非常に大きい。このようななか，学校教育において，メディアリテラシーを育むなかで論理や事実を吟味しながら理解し，子どもたちの『デジタル・シティズンシップ』を育成することは喫緊の課題となっている。」（総合科学技術・イノベーション会議『Society 5.0 の実現に向けた教育・人材育成に関する政策パッケージ』2022 年 6 月 2 日，下線は筆者；図 8-3 参照）。

図 8-3 で示されている「フィルターバブル現象」（echo chamber 現象）こそ，「ポスト真実」世界を蔓延させるものであり，先述したメディア・リテラシーが提起しているメディアの特性を見抜く批判的な思考力の育成（pp. 297-298 参照）が求められています。「フェイクニュース」を見抜く方法として「【だ】だれ？ この情報は誰が発信したのか？，【い】いつ？ いつ発信されたのか，【じ】事実？ 情報は事実か？ 参照はあるか？，【か】関係？ 自分とどのように関係するか？，【な】なぜ？ 情報発信の目的は何か？」（坂本，2022）という「だいじかなチェック」が提案されています。「ネット依存」（樋口，2017）や「ネットいじめ」（原，2021）への対策としてもメディアリテラシーをパワーアップすること，そして，デジタル・シティズンシップの育成が，喫緊に求められている時代となっているといえるでしょう。

図 8-3　デジタル社会における子どもたちを取り巻く環境

学校外での平日にデジタル機器の利用状況（高校 1 年生）2018 年※1

- コンピュータで宿題をする　3.0%　22.2%　OECD 平均
- ネット上でチャットする　87.4%　67.3%　OECD 平均
- 1 人用ゲームで遊ぶ　47.7%　26.7%　OECD 平均
- インターネットでニュースを読む　43.4%　38.8%　OECD 平均

子ども専用のスマホ保有率

2020 年度※2

（2010 年度）

小学生 41.0%（0.0%）

中学生 84.3%（1.3%）

高校生 99.1%（3.8%）

フィルターバブル現象

アルゴリズムにより，自分の考えや嗜好に合う情報がフィルターを通り抜けて提示されるようになり，多様性を欠いた自分の好む情報「だけ」に囲まれ，その他の情報から隔離されやすくなる状況。

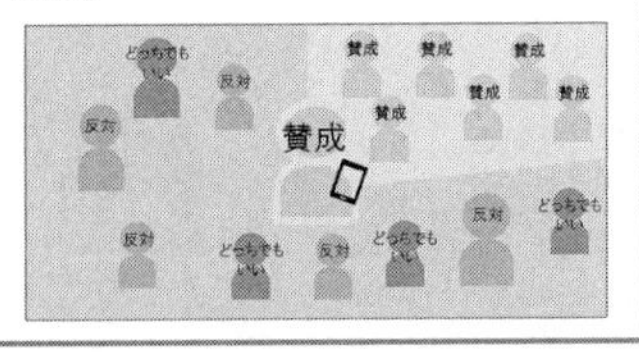

学校外でも同調圧力

日本の子どものチャット利用率は非常に高く，昼夜問わず，グループでのやりとりやメッセージの既読確認ができる環境は，学校外にいても，同調圧力・ヒエラルキーが生じやすい状況。

（注）※1 OECD 生徒の学習到達度調査 PISA2018 をもとに内閣府で作成。

※2 内閣府，2020（令和 2）年度「青少年のインターネット利用環境実態調査結果」をもとに内閣府で作成。2014（平成 26）年度より調査方法等を変更したため，2013（平成 25）年度以前の調査結果と直接比較ができないことに留意。「小学生」の調査対象は，満 10 歳以上。

（出所）　総合科学技術・イノベーション会議，2022 を改変。

日本においては，メディアリテラシー教育は教育課程上に明確な位置づけがないことから，国語科や社会科，または総合的な学習の時間で取り組まれています。SNS を含む高度情報社会を背景とする深刻な教育問題を考えれば，デジタル・シティズンシップを育成するある程度の系統的な指導を保障する教育課程上の工夫が求められているといえるでしょう。

◉引用・参考文献

〈第 1 節〉

大分県立日田三隈高等学校（花宮邦高），2007,「最終課題『30 歳のレポート』を視野に入れたキャリア教育の実践――将来の進路や自己の在り方生き方を主体的に考える力の育成」文部科学省『中等教育資料』No. 848（1 月号）。

片田敏孝，2012,『命を守る教育――3.11 釜石からの教訓』PHP 研究所。

加藤道代・一條玲香編著，2021,「東日本大震災後の子ども支援――震災子ども支援室（"S- チル"）の 10 年」東北大学出版会。

厚生労働省，2022,『令和 3 年度 我が国における自殺の概況及び自殺対策の実施状況』（令和 4 年版 自殺対策白書）。

水原克敏，2001,『自分――私がわたしを創る』東北大学出版会。

水原克敏，2003,『自分――わたしを拓く』東北大学出版会。

水原克敏，2004,『自分 III――わたしから私たちへ』東北大学出版会。

宮下知己，2007,「キャリア教育の推進に向けて（18）」文部科学省『中等教育資料』No. 848（1 月号）。

文部科学省，2006,『キャリア教育推進の手引――児童生徒一人一人の勤労観，職業観を育てるために』。

文部科学省，2010,『子供の自殺が起きたときの緊急対応の手引き』。

文部科学省，2013,『子供に伝えたい自殺予防 学校における自殺予防教育導入の手引』。

文部科学省，2013,『学校防災のための参考資料 『生きる力』を育む防災教育の展開』。

〈第 2 節〉

大津和子，1992,『国際理解教育――地球市民を育てる授業と構想』国土社。

小野太恵子，2022,「『「生きる」教育』とは何か――子どもたちの幸せを願って」西澤哲・西岡加名恵監修／小野太恵子・木村幹彦・塩見貴志編／才村眞理・竹内和雄・橋本和明・大阪市立生野南小学校・田島中学校著，2022,『「『生きる』教育」――自己肯定感を育み，自分と相手を大切にする方法を学ぶ』生野南小学校教育実践シリーズ第 1 巻，日本標準。

折出健二，2003,『市民社会の教育――関係性と方法』創風社。

小玉重夫，2003，『シティズンシップの教育思想』白澤社。
セルビー，D.＝パイク，G.／小関一也監訳，2007，『グローバル・クラスルーム――教室と地球をつなぐアクティビティ教材集』明石書店。
全生研常任委員会，1971，『学級集団づくり入門』（第2版）明治図書出版。
田中耕治編，1999，『「総合学習」の可能性を問う――奈良女子大学文学部附属小学校の「しごと」実践に学ぶ』ミネルヴァ書房。
田村泰宏・西岡加名恵編／小野太恵子・木村幹彦著，2023，『心を育てる国語科教育――スモールステップで育てる「ことばの力」』生野南小学校教育実践シリーズ第2巻，日本標準。
西岡加名恵・小野太恵子，2022，「『荒れ』を克服し『学力』を保障するカリキュラム改善のプロセス――大阪市立生野南小学校の事例検討」『カリキュラム研究』第31号。
西澤哲・西岡加名恵監修／小野太恵子・木村幹彦・塩見貴志編／才村眞理・竹内和雄・橋本和明・大阪市立生野南小学校・田島中学校著，2022，『「『生きる』教育」――自己肯定感を育み，自分と相手を大切にする方法を学ぶ』生野南小学校教育実践シリーズ第1巻，日本標準。
平塚眞樹，2003，「市民性（シティズンシップ）教育をめぐる政治」教育科学研究会編『教育』12月号，国土社。
藤井千春，1990，「我が国における道徳教育の展開」佐野安仁・荒木紀幸編『道徳教育の視点』晃洋書房。
嶺井明子編，2007，『世界のシティズンシップ教育――グローバル時代の国民／市民形成』東信堂。
〈第3節〉
生方秀紀・神田房行・大森享，2010，『ESD（持続可能な開発のための教育）をつくる』ミネルヴァ書房。
大森享，2004，『小学校環境教育実践試論――子どもを行動主体に育てるために』創風社。
ゲイフォード，C.，1993，「イギリスにおける環境教育」沼田眞監修・佐島群巳・中山和彦編『世界の環境教育』国土社。
国立教育政策研究所，2007，『環境教育指導資料 小学校編』東洋館出版社。
斎藤幸平，2020，『人新世の「資本論」』集英社。

櫻井歓，2022，「SDGsと地球時代の倫理」，池田考司・杉浦真理・教育科学研究会編『みんなでつくろう！　SDGs授業プラン』旬報社。
原ひろ子，1979，『子どもの文化人類学』晶文社。
原子栄一郎，2021，「環境教育の今日的段階を巡って」，東京学芸大学環境教育研究センター『研究報告 環境教育学研究』第30号。
フィエン，J／石川聡子ほか訳，2001，『環境のための教育――批判的カリキュラム理論と環境教育』東信堂。
メドウズ・D.／大来佐武郎監訳，1972，『成長の限界』ダイヤモンド社。
文部省，1991，『環境教育指導資料 中学校・高等学校編』大蔵省印刷局。
文部省，1992，『環境教育指導資料 小学校編』大蔵省印刷局。
〈第4節〉
上杉嘉見，2008，『カナダのメディア・リテラシー教育』明石書店。
カナダ・オンタリオ州教育省編／FCT訳，1992，『メディア・リテラシー――マスメディアを読み解く』リベルタ出版。
坂本旬，2022，『メディアリテラシーを学ぶ――ポスト真実世界のディストピアを超えて』大月書店。
菅谷明子，2000，『メディア・リテラシー――世界の現場から』岩波新書。
総合科学技術・イノベーション会議，2022，「Society 5.0の実現に向けた 教育・人材育成に関する政策パッケージ」内閣府ホームページ
時津啓，2019，『参加型メディア教育の理論と実践――バッキンガムによるメディア制作教育論の新たな展開をめざして』明石書店。
トロント市教育委員会編／吉田孝訳，1998，『メディア・リテラシー授業入門――情報を読み解き自ら考える力をつける』学事出版。
バッキンガム，D／鈴木みどりほか訳，2006，『メディア・リテラシー教育――学びと現代文化』世界思想社。
原清治編著，2021，『ネットいじめの現在――子どもたちの磁場でなにが起きているのか』ミネルヴァ書房。
樋口進，2017，『心と体を蝕む「ネット依存」から子どもたちをどう守るのか』ミネルヴァ書房。
樋口とみ子，2018，「リテラシーとコンピテンシー」田中耕治編著『よくわかる教育課程』第2版，ミネルヴァ書房。
マスターマン，L／宮崎寿子訳，2010，『メディアを教える――クリテ

ィカルなアプローチへ』世界思想社。
森田英嗣編，2000，『メディア・リテラシー教育をつくる』アドバンテージサーバー。
山内祐平，2003，『デジタル社会のリテラシー――「学びのコミュニティ」をデザインする』岩波書店。
Association for Media Literacy (AML), n.d., Eight Key Concepts of Media Literacy.

第9章　諸外国の教育課程改革

▲アメリカの小学校での授業風景
◀イギリスの中等学校での授業風景

ここでは「アメリカ」「イギリス」「中国」「韓国」で進行している教育課程改革の動向を分析・紹介します。グローバル化した社会では，教育課程改革が孤立してなされることはなく，様々な国々との相互関係の中で，その国の改革方針が選択されていきます。これらの欧米やアジアの教育課程改革を知ることで，日本での教育課程改革の特徴が鮮明になるでしょう。

1 アメリカ合衆国

公教育システムとその転換

アメリカにおける公教育のシステムは，連邦政府の役割を制限する一方で，州政府が基本的な権限を有しており，さらには初等中等教育においては教育行政の基礎的な単位である地方学区（district）が実質的な権限をもってきました。このような地方分権のシステムをとることによって，州政府の意向を尊重し，学区の人種・民族・社会階層の相違に対応してきたのです。このことは，学校制度の多様性に反映しており，6・3・3制，6・6制，5・3・4制，8・4制，4・4・4制などの制度が混在しています（図9-1)。

しかしながら，1981年にレーガンが大統領に就任すると，ベトナム戦争の敗北（1975年）に象徴される軍事的・経済的な威信低下の回復をめざして，国家レベルの教育改革が強力に進行されることになります。1980年にアメリカ教育省が設立されたことも手伝って，本来は各州の自治に委ねられることが大きかったアメリカの教育政策は，急速に連邦政府主導の方向に転換していきます。本項では，アメリカの最近における教育改革の動向を紹介します。

「優秀性」を求める改革

1983年に「教育の卓越に関する委員会」(The National Commission on Excellence in Education）が提出した報告書「危機に立つ国家――教育改革

図 9-1　アメリカの学校系統図

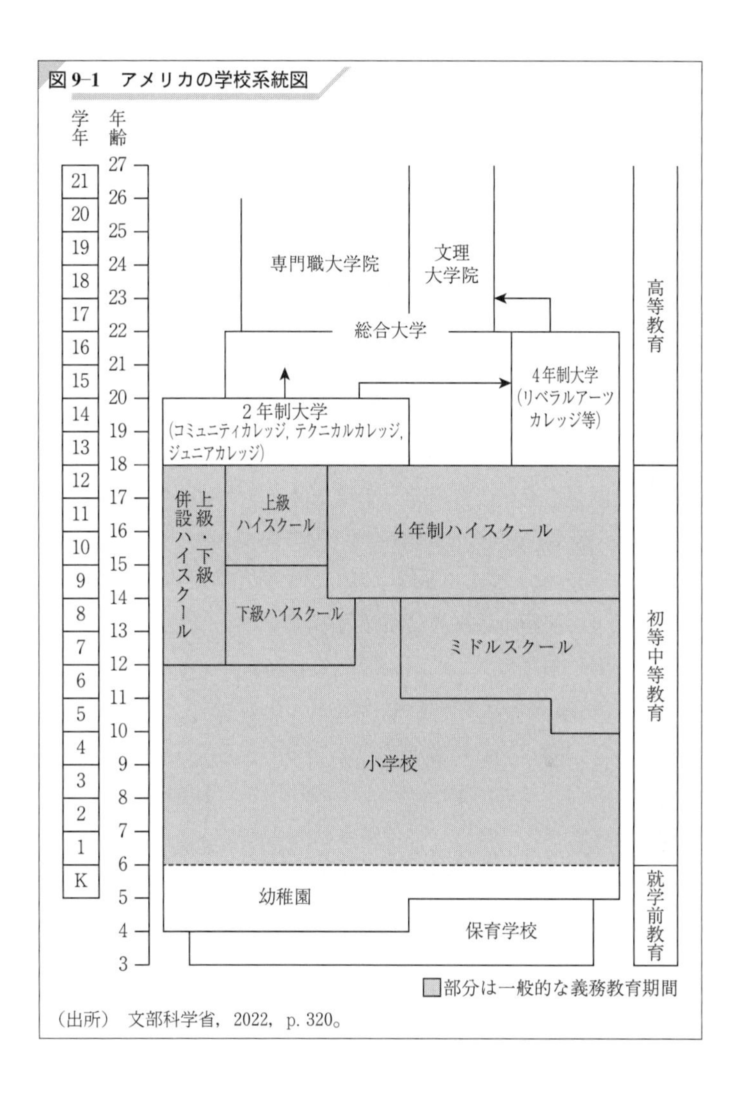

（出所）　文部科学省，2022，p. 320。

の緊急提案」(A Nation at Risk: The Imperative for Educational Reform) は，今日のアメリカの教育問題に対する1つの刺激的な回答を示すことによって，その後の改革論議の導火線となりました。

この報告書は，その冒頭で次のような危機意識に満ちたセンセーショナルな言辞を並べています。「わが国は危機に直面している。かつては貿易，産業，科学，技術革新において他の追従を許さなかったわれわれの優位も，いまや世界中の多くの競争者に奪われようとしている」と。上記では，国家的威信の低下を危機意識として教育改革がドラスチックに打ち出されています。

とりわけ，改革の具体的な動因となったものは，国際的競争力の回復と中堅労働者の質の向上を至上命令とする経済界の要求，SAT (Scholastic Assessment Test: 大学進学共通試験) の成績低下と17歳グループの「機能的非識字率」が13%という深刻な高校生の学力低下の実態，第三次の新移民の増加に伴う貧困や社会不安の増大がありました。したがって，この改革は学力水準の向上を強調し，教育における「凡庸」(mediocrity) に代わって，再び「卓越」(excellence) を教育理念としました。ここで，「再び」と修飾したのは，このスローガンは1960年代に展開された「学問中心カリキュラム」において使用されたものであるからです。この「学問中心カリキュラム」は，1960年代後半に問題化した公民権運動やベトナム戦争さらには深刻化する公害問題によるアメリカ社会の動揺を背景として，主知主義的なアプローチとして批判され，「社会性」「児童性」「適切性」を強調する「人間化カリキュラム」に転換するという経緯を示しました。この度の改革は，その「人間化カリキュラム」に「凡庸」との批判を行ったのです。

改革の内容

もちろん各州において改革の進展には差異があり，また当初のトップ・ダウン式の「強化」策から学校の創意工夫を重視するボトム・アップ式の「構造改革」策へと転換しつつも，改革に共通する主な内容としては，まず卒業要件の厳格化と授業時数の増加があげられます。そこでは，1970年代の「人間化カリキュラム」の時に登場した選択幅が大きくかつ非アカデミックな「甘いカリキュラム」を批判して，英語・数学・理科・社会科を中心とする「NEW BASICS」の履修が必修化されます。また，1日の授業時間を6時間から7時間に，また年間の授業日数を180日から200～250日に増やそうとします。

次には，教育におけるアカウンタビリティ（accountability：説明責任）思想のもとに，教育成果の点検と公表を行うアセスメントが奨励されます。そこでは，国家規模で実施される「アメリカン・アチーブメント・テスト」の創設が志向されており，事実上の「ナショナル・カリキュラム」を構想するものと考えてよいでしょう。その後の展開では，各州単位での「スタンダード・テスト」が厳密に実施されるようになります。他方，アカウンタビリティに基づいて，親の学校選択が承認され，そのことによって学校の自助努力を促そうとします。それは，学校に自由経済の競争原理を導入しようとするもので，チャーター・スクール運動を奨励することになりました（エルモア，2006〔原著2004年〕）。

他方，国家威信の回復をめざして，国民的アイデンティティの拠り所として，西洋文明の復権が強調されます。例えば，NEH（The National Endowment for the Humanities）が1986年に8000人の17歳グループに調査したところによると，その68%が南北戦争がいつ起こったかを知らず，60％が「草の葉」の作者としてホイットマンを特定できないという結果でした（『Newsweek』September 7, 1987)。この歴史と西洋古典に関する「文化的リテラシー」の欠如に対する危機意識は，西洋文明の危機を指摘したブルーム（Bloom, A.）の著作（『アメリカン・マインドの終焉』＝ブルーム，1988〔原著1987年〕をベストセラーに押し上げるほどでした。

以上の改革動向を集約するかたちで提起されたのが，G. H. W. ブッシュ大統領の1990年の一般教書演説で示された6つの国家の教育目標であり，その具体化としての「2000年のアメリカ——教育戦略」(1991年）でした。この改革方針は民主党のクリントン大統領にも継承され，教育改革に関する初の連邦法「2000年の目標——アメリカ教育法」（Goals 2000 : Educate America Act, 1994年3月）が制定され，さらに共和党のG. W. ブッシュ大統領も2002年に初等中等教育法としてのNCLB法（No Child Left Behind Act of 2001）を批准し，国家戦略としての教育改革が推進されます。ここでは，「2000年の目標——アメリカ教育法」で掲げられた8つの教育目標の要旨をあげておきましょう。

① すべての子どもは学習の態勢を整えた上で就学しなければならない。

② ハイ・スクール卒業率を90％以上に引き上げる。

③ 第4，8，12学年においてすべての生徒の学力をチェックする。また，すべての学校は生徒が責任ある市民，生産的な労働者となるように教育を行う。

④ すべての教員は，職能の向上を図り，教育・研修の機会を得る。

⑤　生徒は数学と理科で世界最高水準の学力を達成する。
⑥　すべてのアメリカの成人は読み書きのできる労働者と市民であるべきだ。
⑦　すべての学校は，暴力と薬物に汚染されず，子どもに規律ある学習環境を提供すべきである。
⑧　すべての学校は親の関与を増幅させるような連携協力体制を強化する。

2009年に発足したオバマ政権は，教育政策において「頂点への競争」（Race to the Top）政策を打ち出し，グローバルエコノミーにおける競争強化のカギとして教育を位置づけ，その教育イノベーションを実現するために各州は競争的資金を獲得するため熾烈な競争に追い込まれているといわれています（北野ほか，2012）。

なお，2017年に発足したトランプ大統領は，「アメリカファースト」のもとで，白人至上主義を擁護し，建国以来追究されてきたアメリカの理念（法の下の平等，あらゆる差別の撤廃）を揺るがしかねないという批判や不安が広がっています。

「教育的スタンダード」をめぐって

以上の「優秀性」を求める改革において，最も注目されているのが，教育的スタンダードの設定とそれに基づくアカウンタビリティ制度の導入です。教育の地方分権や多様性を重視してきたアメリカにおいては，そもそもスタンダード（モデルとか水準）という発想に乏しかったといえるでしょう。しかしながら，ここにきて各教科の専門団体による教育的スタンダードの開発とともに，各州においても教育的スタンダードの設定を行うようになりました（「スタンダード運動」といいます）。最近では，全米州知事協会と全米教育長協議会が開発を進める「コモン・コア（共通必修）・スタンダード」（Comon Core Standards）の設定に，連邦政府も積極的に支持しています。

ところで，教育的スタンダードは多様な視点から構成されています。全米研究審議会（National Research Council）が提案した「科学教育のスタンダード」によれば，「科学教授スタンダード」「科学教師のための専門性向上スタンダード」「アセスメント・スタンダード」「科学の内容スタンダード」「科学教育プログラムスタンダード」「科学教育システムスタンダード」を開発しています。日本の学習指導要領が基本的には「科学の内容スタンダード」に限定されているのとは対照的です。とりわけ，教科内容の到達の度合いを示す「アセスメント・スタンダード」（より一般的に「パフォーマンス・スタンダード」）が設定されていることは注目に値します。今後，学習指導要領が修得主義に転換し，その到達目標化が図られる場合には，アメリカの教育的スタンダードの開発は重要な示唆を提供するでしょう（第5章参照）。

さて，最後にこのような教育的スタンダードについて，例えばアイスナーの次のような批判に耳を傾けておきましょう（Eisner, 1991）。その1つは，このような改革は，教育の地方統制や文化の多様性を無視することにならないかというものです。また，比較目的や競争目的のために行う教育成果のアセスメントとそのアカウンタビリティは，測定可能で量化できる部分のみを対象にして，本当の知性の形成を危うくするのではないかというものです。教育課程編成における「共通化」が「画一化」に陥る危険を鋭く指摘したものです。私たちも，きわめてダイナミックに展開されている教育的スタンダードの開発を学ぶ際にも，このような批判を念頭におくことは大切なことです。

なお，NCLB法の改正法として提出された，2015年の「全ての児童・生徒が成功するための法律（Every Student Succeeds Act：ESSA）」では，NCLB法にあった，予算獲得のために熾烈な競争を煽る厳格な学力向上策は緩和され，各州の裁量に基づいて教育計画を策定することが可能となったとされています（文部科学省，2018）。

アファーマティブ・アクションの揺らぎ

アファーマティブ・アクションとは，「積極的差別是正措置」と訳され，ジョン・F・ケネディ大統領が最初に使用し，1960年代の公民権運動を背景（1964年公民権法，1965年投票権法の成立）として，「貧困との戦争」を打ち出したリンドン・B. ジョンソン大統領が1965年に行った演説おいて，「法の下の平等（機会の平等）」を堅固にするために「結果の平等」を志向しようとした積極的な諸施策を意味しています。大学入試においても，マイノリティである黒人（アフリカ系アメリカ人）に入学を優遇する「優先枠」の設定を行ったのは，1960年代末から70年代初頭に「法と秩序の回復」を掲げたニクソン大統領の時であり，以後アファーマティブ・アクションといえば，この「優先枠」の設定を意味するようになります（川島，2014）。

ところで，このアファーマティブ・アクションを象徴する「優先枠」設定に対して，2023年に連邦最高裁判所が違憲だとする歴史的な判断を下しました（『朝日新聞』2023年7月1日付，NHK「時事公論」高橋祐介解説委員2023年7月12日放送 https://www.nhk.or.jp/kaisetsu-blog/100/20230826 に確認）。訴訟を起こしたのは，民間団体である「公平な入学選考を求める学生たち（SFFA）」であり，人種を基準の1つにした入学選考によって「白人とアジア系の学生が差別を受けている」として，ハーバード大学とノースカロライナ大学を提訴し，最高裁は「人種を考慮した入学選考は，国民の平等な権利を保障する憲法修正第14条に違反する」という判断を示しました。判決文の中で，ロバーツ長官は，「人種が入学希望者の人格や能力に与えた影響については，大学が考慮することを禁じるものではない」として容認しつつも，「学生は人種ではなく個人の経験で評価されなければならない」と指摘しました。今回の事態には，保守派優位の最高裁の構成（保守派6人，リベラル派3人）やリベラル派政党である民主党支持者に比べて保守派の共和党支持者の大多数が「優先枠」を支持していないという政治的背景があり，民主党のバイデン大統領は今回の最高裁判決には即座に「まったく同意できない」と批判し，「多様性こそわれわれの強み」と反論しました。また，黒人などの少数派には今なお“構造的な差別”があるとして，そうした差別解消に向けて，民主党は，多様性（Diversity），衡平性（Equity），包括性（Inclusion）という3つの英語の頭文字から“DEI”の社会づくりをめざすとされています。

「優先枠」設定については，逆差別（reverse discrimination）であると提訴した「バッキ」判決（1978年）においても（バッキの入学不許可の取り消しを決定），また全米の9州でも公立大学の選抜で人種の考慮を禁止していることからもわかるように，「優先枠」を機械的に設定することに対しては，入試の「衡平性（equity）」を担保することに疑念が生じています（茂木，2023）。このような経緯の中で，「優先枠」設定の意味が「過去の差別の遺制の解消」

から「現在および将来の社会で増進する多様性への対応準備」へと変化したと指摘されています（川島，2014，pp.139–141）。

しかしながら，最新の統計（2021年U.S Census Bureau, Educational Attainment in the United States）でも，大学進学率では白人（ヒスパニックを除く）23.9%，黒人17.2%と歴然とした差があります。拡大する経済格差を背景とする「貧困の世襲化」が残存しており，より実質的で有効なアファーマティブ・アクションが求められています。「多様性こそわれわれの強み」とするアメリカ民主主義の真価が問われているといえるでしょう。

2 イギリス

学校制度

イギリス（ここではイングランドとウェールズ）の学校は，大きく初等教育（5〜11歳），中等教育（11〜18歳），高等教育（18歳以上）に分かれています（図9-2）。このうち義務教育は，5歳から16歳までです（ただし，イギリスでは，ホーム・スクーリングも法的に認められています）。学校の財源に着目すると，自己資金のみで運営を行う独立学校，地方教育局（local education authority）が維持管理している公営学校，民間資本を導入した学校の3種類に分けられます。

イギリスにおいて初等教育機関への就学が義務づけられるようになったのは1870年でした。中等教育の進学率は，第二次世界大戦期まで2割程度にとどまっており，選抜試験を経てのみ入学できるグラマー・スクールが中等学校のほとんどを占めていました。1944年教育法によって「すべての者に中等教育を」という

図 9-2　イギリスの学校系統図

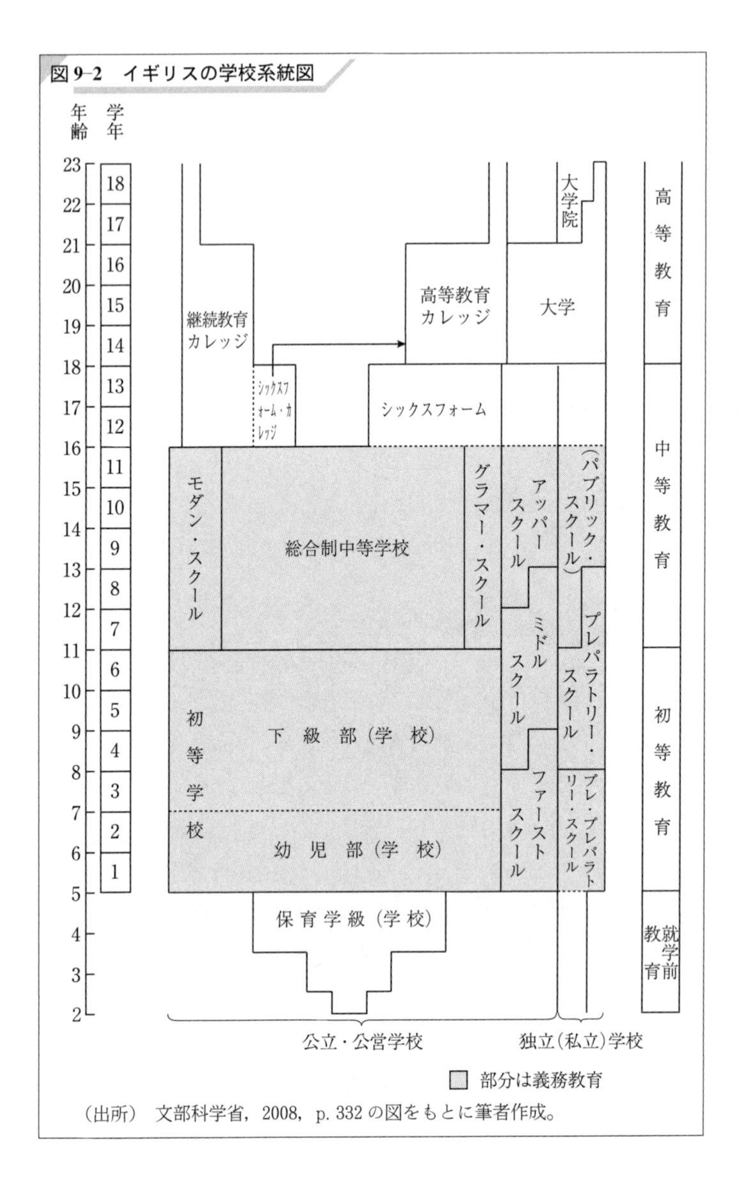

（出所）文部科学省，2008，p. 332 の図をもとに筆者作成。

原理が導入されましたが，保守党政府はそれを「三分岐制」によって実現しました。三分岐制とは，11歳時に受けるイレブン・プラス試験によって，グラマー・スクール（厳しい選抜のある進学校），テクニカル・スクール（技術系科目中心の選抜学校），モダン・スクール（選抜無しで誰でも入学できる学校）に子どもたちを振り分ける制度です。1960年代から70年代には，三分岐制における早期選抜に対する批判が広がり，コンプリヘンシブ・スクール（選抜を行わず多様な子どもたちを受け入れる学校）が普及しました。現在では，中等学校の生徒のうちの約9割がコンプリヘンシブ・スクールに通っています。

ナショナル・カリキュラム

イギリスにおいて教育課程は教師たちの「秘密の花園」として，長らく国家の立ち入らない領域だとされてきました。学校で行わなければならないと国家が定めていたのは，宗教教育だけだったのです。しかし，1988年教育改革法によって，日本の学習指導要領にあたるナショナル・カリキュラムが導入されました。ナショナル・カリキュラムは，公営学校に適用されます。

現行のナショナル・カリキュラムは，3つの中核教科と9つの基礎教科を必修教科として規定しています（表9-1)。また各教科について，学習プログラムと「到達目標」(attainment targets) を定めています。学習プログラムとは，各キー・ステージにおいて教えられるべき「内容，スキル，プロセス」を示すものです。「到達目標」はそれぞれのキー・ステージで達成されるべき目標を示しています。従来は「レベルの記述」(level descriptions) として9段階の長期的ルーブリックが用意されていましたが，現在

表 9-1　ナショナル・カリキュラムが定める教科等（2014 年 12 月現在）

		初等教育		中等教育	
キー・ステージ		1	2	3	4
年齢		5–7	7–11	11–14	14–16
学年（Year）		1–2	3–6	7–9	10–11
中核教科	英語	■	■	■	■
	数学	■	■	■	■
	理科	■	■	■	■
基礎教科	美術と設計	■	■	■	
	市民性（Citizenship）			■	■
	コンピューティング	■	■	■	■
	設計と技術	■	■	■	
	外国語／現代外国語		■	■	
	地理	■	■	■	
	歴史	■	■	■	
	音楽	■	■	■	
	体育	■	■	■	■
その他の必修	宗教教育	△	△	△	△
	性教育（sex and relationship education）			△	△

（注）△＝法的に指導が義務づけられているが，法定の学習プログラムはない。
（出所）GOV. UK, 2013 を踏まえて筆者作成。

はそれぞれのキー・ステージの最後までに「児童／生徒は，関連する学習プログラムに特定された内容，スキル，プロセスを知り，応用し，理解することが期待されている」という簡略な記述が示されるにとどまっています（GOV. UK, 2013）。なお，キー・ステージ 4 で，芸術（美術と設計，音楽，ダンス，ドラマ，メディア芸術），

表 9-2　全国共通に実施される主な評価活動

年齢	学年		キー・ステージ（KS）	全国共通的な評価活動
4〜5	R	初等学校	就学前基礎ステージ（EYFS）	「基礎ステージ評価ファイル」（EYFS Profile） 「初等教育基点評価」（2016年〜）
5〜6	1		KS1（キー・ステージ1）	「フォニックス・テスト」（2012年〜）
6〜7	2			「教員による評価」（英，数，理）
7〜8	3		KS2（キー・ステージ2）	
8〜9	4			「任意テスト」の利用不可（第3〜5学年）
9〜10	5			
10〜11	6			「全国テスト」及び「教員による評価」（英，数，理）
11〜12	7	中等学校	KS3（キー・ステージ3）	
12〜13	8			「任意テスト」の利用不可（第7〜9学年）
13〜14	9			「教員による評価」（全国的な結果の公表はなし）
14〜15	10		KS4（キー・ステージ4）	一部生徒が「中等教育修了一般資格（GCSE）」を受験
15〜16	11			ほとんどの生徒が「GCSE」，その他の資格試験を受験

（注）「基礎ステージ」（Early Years Foundation Stage: EYFS）は，0〜5歳児の学習・発達・保育に関する法令上の枠組み。「任意テスト」は学校の判断で利用できるテスト（英・数・理）で，第3〜5学年および第7〜9学年向けに提供されてきたが，2014年以降は提供されていない。

（出所）篠原，2016，p. 114 に一部加筆。

設計と技術，人文科学（地理，歴史），現代外国語は必修教科にはなっていませんが，生徒たちはこれら4領域のそれぞれについて1教科を学ぶ権利をもっています。

加えて，ナショナル・カリキュラムは，すべての学校に，「人格・社会・健康・経済教育（personal, social, health and economic education: PSHE)」を提供することを求めています。さらに，教育課程全体で，計算能力と数学，言語とリテラシーを発達させることが重視されています。

従来，キー・ステージ1, 2, 3の修了時には全国共通試験が実施されていましたが，現在，全国共通試験の実施はキー・ステージ2の修了時のみとなり，キー・ステージ1, 3の修了時には「教員による評価」が実施されています（表9-2)。全国共通試験や後述する資格試験における各学校の成績は，「パフォーマンス・テーブル」（通称リーグ・テーブル）として公表されており，学校選択の資料として用いられています。これについては，学校間格差を拡大するという弊害も指摘されています。

資格試験

キー・ステージ4と第6年級（シックス・フォーム）（16〜18歳）の成績は，資格授与団体が提供する資格試験（検定試験）に基づいてつけられます。学校は，ナショナル・カリキュラムに定められた教科に対応する資格のほか，資格授与団体が提供している様々な資格を選んで，教育課程を編成しています。イギリスの資格には，普通資格や職業資格などがあります。表9-3には，資格間のレベルを比較するために整理されている枠組みを示しています。

通常，キー・ステージ4の生徒たちは，GCSE（General Certificate of Secondary Education：一般中等教育修了証書）をめざして学習しています。ナショナル・カリキュラムによって定められた教科のほか，学校が提供する選択教科を選択して受験します。従来GCSEはほとんどがアカデミックな資格でしたが，2002年9月

表 9-3　資格のレベル

レベル	各レベルの資格例
レベル 8	博士，レベル 8 証書
レベル 7	修士，大学修了後証書，レベル 7 証書，NVQ レベル 7
レベル 6	優等学位，卒業ディプロマ，レベル 6 証書，NVQ レベル 6
レベル 5	高等教育ディプロマ，基礎学位，レベル 5 証書，NVQ レベル 6
レベル 4	高等教育証書，レベル 4 証書，NVQ レベル 4
レベル 3	GCE　A レベル・AS レベル，IB ディプロマ，レベル 3 証書，NVQ レベル 3
レベル 2	GCSE のグレード 9-4／A*-C，レベル 2 証書，NVQ レベル 2，機能スキルのレベル 1
レベル 1	GCSE のグレード 3-1／D-G，レベル 1 証書，NVQ レベル 1，機能スキルのレベル 1
入門レベル	入門レベル証書，入門レベルの人生スキル，外国語としての英語入門レベル

※　GCE：General Certificate of Education（一般教育修了証書）
GCSE：General Certificate of Secondary Education（一般中等教育修了証書）
NVQ：National Vocational Qualification（全国職業資格）
IB：International Baccalaureate（国際バカロレア）
（出所）GOV. UK, NA, を踏まえて筆者作成。

より「職業科目における GCSE」も行われています。資格授与団体は，GCSE で求められる試験内容や評価法，配点などを細かく明示した「科目明細」(specifications) を公表しています（AQA, n.a.; OCR, n.a.; Pearson, n.a.)。GCSE においては，多くの教科の筆記試験で 1〜数ページにわたる論述を求めるような問題が出題されています。また従来は，(学校の授業中に取り組み，教師によって採点される）課題（coursework, controlled assessment, non-exam assessment と呼ばれるパフォーマンス課題やポートフォリオ）が，多くの教科で採点対象に含まれていました。そのような課題は，教師にとって過剰負担だという批判や採点の信用性への疑義などから2015年の改革で大幅に削減された（Clark, 2014；鈴木, 2020）ものの，現在でもドラマ，美術，音楽，設計と技術，体育などの教科では採点対象に含まれています。また従来は，グレードA*－Gという総合評定がつけられていました。しかし，2017年から2020年にかけて，すべての教科についてグレード9–1で成績をつける仕組みへと移行しました。グレード4が「標準的な合格（Standard Pass)」，グレード5が「確固たる合格（Strong Pass)」と位置づけられています（BBC, 2023）。

第6年級の生徒たちは，大学進学をめざす場合，主にGCE（General Certificate of Education：一般教育修了証書）Aレベルを3教科以上受験します。「カリキュラム2000」では，1年目にGCE ASレベル（Advanced Subsidiary level：Aレベルの半分に該当するとされている）を4教科以上履修し，2年目にはその中から継続履修する3教科を選んで，A2レベルへと進むことが推奨されることとなりました。しかしながら2016年には，ASレベルの科目とA2レベルの科目を独立したものとして扱うかたちにするという改革が行われました。

このように，イギリスの学校教育と資格授与団体が提供する資格とは密接に関連しています。ただし，資格自体は学校で履修しなくても「科目明細」の基準を満たせば獲得することができます。学校外で身につけた能力で資格を獲得することもできますし，学校を出た後で資格の獲得をめざすこともできます。イギリスの学力評価制度では，修得主義が採用されているといえるでしょう。

3 中　国

中国は，2022年現在，人口14億1175万人（56民族），前年より85万人減少し，少子化に歯止めがかからない状況にあります。就業人口は，第一次産業7%，第二次40%，第三次53%で，中国は「世界の工場」（第二次）から外需主導型に移行しつつあります。経済成長率は，2021年の実質GDPが8.1%で，2022年は3.0%に落ちています。これを支える教育はどうでしょうか，日本の影響を色濃く受けた教育課程が展開されています。

義務教育制度

中国では，1986年，義務教育法によって，6歳から9年間の教育と定められました。2006年に改正され，初等教育の小学校は6歳から入学（9月1日）して6年制（全学級数の86%，2013年現在）が基本ですが，農村部では5年制もあり，これらのほか，9年一貫制，12年一貫制，さらに少数民族向けの学校が存在します。従来は7歳入学でしたから，そのまま継続している地方もあります。小学校の在籍率はほぼ100%に近いです。

中等教育は初級と高級とに分かれ，通常は3年+3年の構成ですが，5年制小学校に対応した4年制初級中学もあります。原則は6・3・3制で，農村部では5・4・3制もありますが，6・3・3制に統一する方向にあります。中等教育には，普通教育のほかに職業教育の課程があり，中等専門学校，技術労働者学校，農業中学等々の各種の職業中学がみられます。

これら初等・中等教育機関への教育行政は，中央政府の教育部の中に基礎教育への管轄部門がありますが，初等・中等教育機関の設置運営は，地方政府の教育委員会等が責任をもちます。

教育課程基準法

現行教育課程の基準は，「義務教育課程標準（2011年版）」によりますが，2001年の試案である義務教育課程標準を10年間試行したもので変更はありません。義務教育は入試選抜試験をしない原則で，その試験廃止をめざして，2013年の「三中全会」で，小中一貫の9年制が採用され，以後，これが拡大しつつあります。また，教育課程の基準は，「教学計画」から「課程計画」へと名称変更され，基準性と科学性が重視されるようになりました。

その根本には，1990年代後半から，「受験偏重の教育」を克服して「素質教育」を重視する教育方針の転換があります。これを受けて2001年の試案では「創造性と実践力の育成」や「全面発達」を志向する改訂がなされ，11年改訂に至っています。

国家で規定した教育課程は，必修の基礎的な科目を中心として全教育課程の約81%（学科のみ）を占め，地方・学校で裁量のある課程は6〜7%程度ですが，「活動課程」も入れると，その割合は，実際の裁量幅が19%程度になります。地方裁量の「地域課程」では，英語が入れられたり，地方の産業に合致した教育内容が入れられたりしています。

また，「活動課程」が明確に位置づけられたことで，少年先鋒隊の自治活動，科学・文芸活動，奉仕・体験学習などが重視されるようになりました。

そして，小学校段階で総合的な社会科が設置されたことも注目

図 9-3　中国の学校系統図

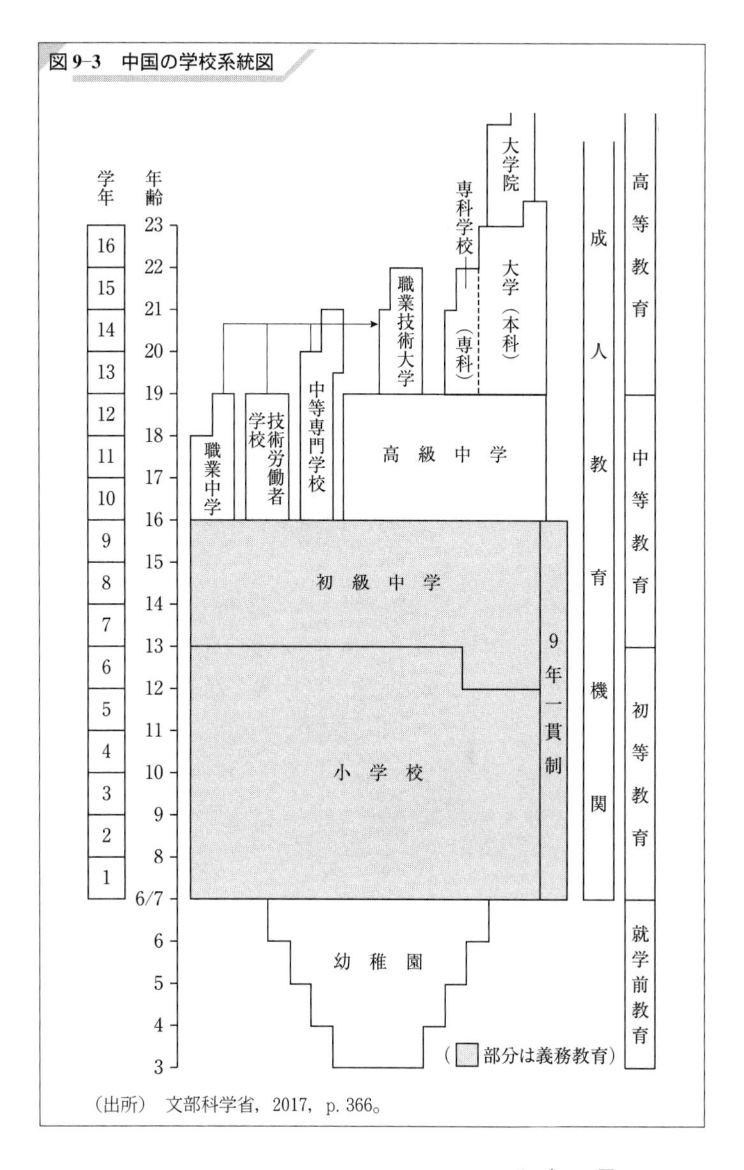

（出所）　文部科学省，2017，p. 366。

されます。地理と歴史の教育は初級中学に移され，社会常識と生活能力を育成する教育が中心となり，集団観念や社会的責任感が形成されようとしています。

「中国教育の改革と発展に関する要綱」

さらに，1993年2月13日，国務院によって「中国教育の改革と発展に関する要綱」が公布され，従来の教育観を一変する「素質教育」（資質教育）がはじめて提唱されました。従来の教育は「応試教育」（受験教育）として批判されました。

① 少人数のエリートのみを相手にして，多数の生徒を置き去りにしている。

② 知識教育に偏りすぎて，徳育・美育・体育などの発達を軽視している。

③ 注入詰め込みの教育方法で，生徒の主体性を阻害している。

という批判です。日本でもそうですが，過度の受験勉強は生徒の心を荒廃させます。1985年の北京で，12歳の女子中学生が親の期待する高得点をとれないために自殺した事件，87年の青海で，小学生が低い点数のために親に殴り殺された事件，そして97年の江蘇省で，小学生が数学コンテストで予選落ちのため自殺した事件など枚挙に暇（いとま）がないくらいです。

素質教育の提唱

そこで，「中国教育の改革と発展に関する要綱」では，従来の受験教育を改善するために，国民大衆が全面的資質を高めるような教育，すなわち「素質教育」が提案されたのです。

第1は，エリートだけでなく国民大衆全体の水準を引き上げる教育で，淘汰する教育ではなく発達をめざす教育です。

第2は，生徒の資質の全面的な発達を促す教育です。全面とは，生徒の思想政治的資質，文化科学の資質，労働技能の資質，心身の資質，審美的な資質などです。

第3は，生徒の創造的な精神と実践的な能力の教育です。基礎教育の段階では，すべての生徒が1人ひとり創造性を養うように，生徒たちの好奇心や知識欲を大切にします。

第4は，生徒の主体的な精神と個性を伸張します。生徒たちが自ら学び，自ら考え，主体的に判断し，問題を解決できる能力を形成して個性伸張を図ります。

第5は，生徒の生涯にわたる発達を促します。最も大切なことは生徒の自己教育力を養うことで，単に生徒に知識を与えるだけでなく，知識の宝庫を開ける「鍵」をもたせる教育が大切です。

という5点の特徴を有する「素質教育」が打ち出されましたが，従来の教育を大転換する考え方であるといえます。

「21世紀に向かう教育振興行動計画」

この「素質教育」を大々的に推進することになったのが，1999年2月公布の「21世紀に向かう教育振興行動計画」でした。中でも関係するのは「21世紀素質教育プロジェクト」です。

① 2000年までに非識字者を一掃する。

② 全体的に「素質教育」を推進し，教育課程の体系，内容，方法および評価を改革する。

③ 徳育を強化し，かつ，労働技能教育と心身の健康教育を実施する。

④ 体育と美育も重視する。

⑤　「素質教育」の実施は幼児教育から始める。

⑥　少数民族の教育を拡大し，資質を高める。

⑦　標準語を話し，正しい漢字を書けるようにする。

という7項目からなります。「素質教育」推進のため，2000年には基礎教育課程の基準素案を作成し，10年後には実施するという計画が具体的に進められました。

「課程標準」と新課程の実験

この後の改革は，「課程標準」を実験的に作成することによって，新課程の研究が進められています。刊行された「課程標準」は，「語文課程標準」「数学課程標準」「科学（3〜6学年）課程標準」「歴史課程標準」等々で，2004年7月段階で，17教科20種に及んでいます。基礎教育における教育課程の体系を確立し，教育課程の基準を明確に定めることがねらいです。新課程は，2001年9月から27省の38カ所，02年には約500カ所の小・中学でも進められ，本格的な実験を経て11年改訂に至りました。

新課程の目標については，「知識と技能」「プロセスと方法」「感情態度と価値観」等の視点から設定されました。要するに，知識・技能の習得にとどまらず，その方法とプロセスも理解させ，しかるべき態度や価値観も形成することがねらいです。内容は，「生徒の経験」と「教科の知識」そして「社会の発展」を関連づけることが企図されました。

総合実践活動

さらに教科の枠を超えた総合実践活動も取り入れられました。教育方針が，知識偏重から課題解決能力重視に転換され，個性伸張と協力意識の形

表 9-4　北京市における 6・3 制義務教育課程の設置（2004 年～）

<table>
<tr><td colspan="3">学年
科目名</td><td colspan="2">1</td><td colspan="2">2</td><td colspan="2">3</td><td colspan="2">4</td><td colspan="2">5</td><td colspan="2">6</td><td colspan="2">7</td><td colspan="2">8</td><td colspan="2">9</td><td colspan="3">9 年間の総時間数</td></tr>
<tr><td rowspan="15">教科</td><td colspan="2">品徳と生活</td><td colspan="2">2</td><td colspan="2">2</td><td colspan="2"></td><td colspan="2"></td><td colspan="2"></td><td colspan="2"></td><td colspan="2"></td><td colspan="2"></td><td colspan="2"></td><td colspan="3" rowspan="3">661～694</td></tr>
<tr><td colspan="2">品徳と社会</td><td colspan="2"></td><td colspan="2"></td><td colspan="2">2</td><td colspan="2">2</td><td colspan="2">2</td><td colspan="2">2</td><td colspan="2"></td><td colspan="2"></td><td colspan="2"></td></tr>
<tr><td colspan="2">思想品徳</td><td colspan="2"></td><td colspan="2"></td><td colspan="2"></td><td colspan="2"></td><td colspan="2"></td><td colspan="2"></td><td colspan="2">2</td><td colspan="2">3</td><td colspan="2">2～3</td></tr>
<tr><td rowspan="2">歴史と社会</td><td>歴史</td><td rowspan="2"></td><td></td><td rowspan="2"></td><td></td><td rowspan="2"></td><td></td><td rowspan="2"></td><td></td><td rowspan="2"></td><td></td><td rowspan="2"></td><td></td><td rowspan="2">3</td><td>3</td><td rowspan="2">3</td><td>2</td><td rowspan="2">3</td><td></td><td rowspan="2">309</td><td>175</td><td rowspan="2">309-315</td></tr>
<tr><td>地理</td><td></td><td></td><td></td><td></td><td></td><td></td><td>2</td><td>2</td><td></td><td>140</td></tr>
<tr><td rowspan="3">科学</td><td>物理</td><td rowspan="3"></td><td></td><td rowspan="3"></td><td></td><td rowspan="3">2</td><td></td><td rowspan="3">2</td><td></td><td rowspan="3">2</td><td></td><td rowspan="3">2</td><td></td><td rowspan="3">4</td><td></td><td rowspan="3">4</td><td>2</td><td rowspan="3">5</td><td>3</td><td rowspan="3">280</td><td>169</td><td rowspan="3">725-723</td></tr>
<tr><td>化学</td><td></td><td></td><td></td><td></td><td></td><td></td><td></td><td></td><td>3</td><td>99</td></tr>
<tr><td>生物</td><td></td><td></td><td></td><td></td><td></td><td></td><td>3</td><td>2</td><td></td><td>175</td></tr>
<tr><td colspan="2">語文</td><td colspan="2">8</td><td colspan="2">8</td><td colspan="2">6</td><td colspan="2">6</td><td colspan="2">6</td><td colspan="2">6</td><td colspan="2">5</td><td colspan="2">5</td><td colspan="2">5-6</td><td colspan="3">1915-1948</td></tr>
<tr><td colspan="2">数学</td><td colspan="2">4</td><td colspan="2">4</td><td colspan="2">4</td><td colspan="2">4</td><td colspan="2">4</td><td colspan="2">5</td><td colspan="2">5</td><td colspan="2">5</td><td colspan="2">5-6</td><td colspan="3">1390</td></tr>
<tr><td colspan="2">外国語</td><td colspan="2">2-3</td><td colspan="2">2-3</td><td colspan="2">3</td><td colspan="2">3</td><td colspan="2">3</td><td colspan="2">3</td><td colspan="2">3</td><td colspan="2">3</td><td colspan="2">3</td><td colspan="3">972-1042</td></tr>
<tr><td colspan="2">体育</td><td colspan="2">3-4</td><td colspan="2">3-4</td><td colspan="2">3</td><td colspan="2">3</td><td colspan="2">3</td><td colspan="2">3</td><td colspan="2"></td><td colspan="2"></td><td colspan="2"></td><td colspan="3" rowspan="2">939-1009</td></tr>
<tr><td colspan="2">体育と健康</td><td colspan="2"></td><td colspan="2"></td><td colspan="2"></td><td colspan="2"></td><td colspan="2"></td><td colspan="2"></td><td colspan="2">3</td><td colspan="2">3</td><td colspan="2">3</td></tr>
<tr><td rowspan="2">芸術</td><td>音楽</td><td rowspan="2">4</td><td>2</td><td rowspan="2">4</td><td></td><td rowspan="2">4</td><td></td><td rowspan="2">4</td><td></td><td rowspan="2">4</td><td></td><td rowspan="2">2</td><td>1</td><td rowspan="2">2</td><td>1</td><td rowspan="2">2</td><td>1</td><td rowspan="2">2</td><td>1</td><td rowspan="2">976</td><td>488</td><td rowspan="2">976</td></tr>
<tr><td>美術</td><td>2</td><td>2</td><td>2</td><td>2</td><td>2</td><td>1</td><td>1</td><td>1</td><td>1</td><td>488</td></tr>
<tr><td rowspan="6">総合実践活動</td><td colspan="2">労働技術</td><td colspan="4"></td><td colspan="8">110</td><td colspan="6">100</td><td colspan="2">210</td><td rowspan="6">630</td></tr>
<tr><td colspan="2">情報技術</td><td colspan="4"></td><td colspan="8">70</td><td colspan="6">70</td><td colspan="2">140</td></tr>
<tr><td colspan="2">研究的学習</td><td colspan="4"></td><td colspan="8" rowspan="2">140</td><td colspan="6" rowspan="2">140</td><td colspan="2"></td></tr>
<tr><td colspan="2">社会奉仕と社会実践</td><td colspan="4"></td><td colspan="2">280</td></tr>
<tr><td colspan="2">活動</td><td colspan="4"></td><td colspan="8"></td><td colspan="6"></td><td colspan="2"></td></tr>
<tr><td colspan="2">習字</td><td colspan="4"></td><td colspan="2">1</td><td colspan="2">1</td><td colspan="2">1</td><td colspan="2">1</td><td colspan="6"></td><td colspan="2">140</td></tr>
<tr><td>自主裁量課程</td><td colspan="2">地方と学校が自主的に編成する</td><td colspan="18">655-865</td><td colspan="3">795-1005</td></tr>
<tr><td colspan="3">週総時間数</td><td colspan="2">26</td><td colspan="2">26</td><td colspan="2">30</td><td colspan="2">30</td><td colspan="2">30</td><td colspan="2">30</td><td colspan="2">34</td><td colspan="2">34</td><td colspan="2">34</td><td colspan="3">9522</td></tr>
</table>

（注）①義務教育段階では，年間 39 週の教育活動，その内，授業 35 週（週 5 日），復習と試験で 2 週，文化活動，運動会，遠足等の学校活動を 2 週実施。

②1 単位時間は 40-45 分とし，週総時間数を参照し，各学校が調整。

③朝の会，学級活動，科学学術活動，文化活動などは週総時間数の範囲内で実施。

（出所）北京市教育委員会通知，2004（翻訳：周玨）。

表 9–5　2003 年国家頒布の高級中学教育課程設置表

学習領域	科目	必修単位	選択単位 I	選択単位 II
語言と文学	語文	10	社会的要請と生徒の個性と能力とによって，共通の必修科目に基づき，教育課程は様々な類別とレベルに分けられ，生徒が選択できる。	学校は地域の社会，経済，科学技術，文化状況を踏まえ，生徒の興味によって，若干の選択科目を設置できる。
	外国語	10		
数学	数学	10		
人文と社会	思想政治	8		
	歴史	6		
	地理	6		
科学	物理	6		
	化学	6		
	生物	6		
技術	技術（情報技術と通用技術）	8		
芸術	芸術と音楽，美術	6		
体育と健康	体育と健康	11		
総合実践活動	研究的な学習活動	15		
	地域奉仕	2		
	社会実践	6		

（注）1. 全学年 52 週間で，そのうち授業期間は 40 週で，社会実践は 1 週間で，休み（冬休み，夏休みと祝日・祭日と農繁期）は 11 週間である。

2. 研究的な学習活動は必修科目で，3 年間で，合計 15 単位である。研究的な学習活動を設置する目的は地域社会，経済，科学技術と生活の中での問題について生徒の興味を引き出して，生徒が自ら探求し，その実践過程の中で学んだ知識と積んだ経験を利用して問題を解決することによって，「学ぶではなく，学べる」ことを身につけさせるのである。このほか，生徒・学生は毎学年必ず 1 週間の社会実践を参加して，6 単位を得ることができる。3 年生は必ず 10 日以上の地域奉仕に参加して，2 単位を得ることができる。

3. 生徒の卒業単位：毎学年で，毎学習領域において必ず一定の単位を獲得しなければならない，3 年間で，必修単位は 116 単位を取らなければならない（そのうち，研究的な学習活動 15 単位，地域奉仕 2 単位，社会実践 6 単位を含む）。そして，選択 II の中で，6 単位以上を得なければならない，卒業単位は全部で 122 単位が必要である。

（出所）中華人民共和国教育部，2003（翻訳；簡春燕）。

表 9-6　中学生個人への「総合素質評価」例

評価者	道徳品性		公民素養		学習能力		交流協力		運動健康		審美表現		総点
教師	8	B	11	A	6	C	11	A	11	A	10	A	57
自己	12	A	12	A	12	A	12	A	12	A	12	A	72
相互	9	B	11	A	7	B	10	A	9	A	9	B	55
保護者	12	A	12	A	12	A	12	A	12	A	12	A	72

（出所）　胡ほか，2007。

成がねらいとされました。総合実践活動は，小学校から高校まで必修となり，その主な内容として，情報技術，研究的な学習，社会実践，労働と技術等々が取り入れられました。生徒たちが実践的で体験的な活動を追究することにより，研究方法を習得し，かつ「知識を総合化する能力」を形成することが期待されています。

そして，学校と社会とが密接に連携し合うことで，生徒の社会に対する責任感を涵養することや，情報技術を利用する意識と能力も育つこと，そして，生活の基礎・基本の技能も身につくことが期待されています。

中国では，2017 年 8 月現在,「義務教育課程標準（2011 年版）」による教育課程改革が進行し，さらには成績評価のあり方から入試改革まで,「素質教育」の理念で展開されているのです。

表 9-4 は，北京市で展開されている小学校と初級中学の 9 年間の教育課程であり，表 9-5 は高級中学の教育課程ですが,「品徳と社会」や「思想政治」(8 単位必修）そして総合実践活動の設定に中国独自の「社会主義」的志向がうかがわれます。中国でも 21 世紀向けのコンピテンシーを「核心的能力」として育成する研究が進行中で，その意味で総合化や実践的活動などを導入しています。表 9-6 は，その教育評価例です。

4 韓　国

日本に類似した教育課程改訂サイクル

韓国の学校教育は，教育部／教育科学技術部（日本の文部科学省）が作成する教育課程によって，教育内容等が規定されています。近年では，1998年3月に教育基本法とともに初等・中等教育法，高等教育法を改正・施行し，2000年3月の第7次教育課程改訂以降は，07年3月と09年12月に，そして2015年と2022年に教育課程が改訂されています（表9-7）。日本と同じような改訂・サイクルのように見えますが，日本で1992年度学習指導要領の全面実施に伴い新設した生活科は，それに類似した教科がすでに韓国にあることが紹介されてもいました。

当時，韓国で実施されていたのは，小学校低学年1～2年での「正しい生活」「賢い生活」「楽しい生活」という教科で，これら「生活」に関連する低学年の教科再編は1980年代から徐々に導入されていました。81～87年度に実施された第4次教育課程期では，「賢い生活」は小学校1年で「算数」と「科学」が統合された教科でした。87～92年度の第5次教育課程期では1～2学年での統合教科となり，92～97年度の第6次教育課程期では小学校1～2年の社会科と科学科を中心とした教科に再編成されたものでした。また，総合的学習に類似した「裁量活動」は第6次教育課程期に導入され，2009年からは「創意的裁量活動」と「特別活動」が統合され「創意的体験活動」となりました。小学校外国語（英語）もすでに3年生から導入されており，韓国の教育課程改

表 9-7　韓国の 2022 年改訂教育課程の時間（単位）配当基準

学校	初等学校（時間）				中学校（時間）		高校	共通科目	単位	
学年		1-2	3-4	5-6	7-9			10-12		
教科	国語	国語 482	408	408	国語	442	国語	共通国語 1・2	8	自律履修単位 90（学生の適性と進路を考慮して編成）
	数学	数学 256	272	272	数学	374	数学	共通数学 1・2	8	
	社会／道徳	正しい生活 144	272	272	社会（歴史を含む）／道徳	510	社会（歴史・道徳を含む）	韓国史 1・2	6	
								統合社会 1・2	8	
	科学・実科	賢い生活 224	204	340	科学・技術・家庭・情報	680	科学	統合科学 1・2,	10	
								科学探究実験 1・2		
	体育	楽しい生活 400	204	204	体育	272	体育		10	
	芸術（音楽・美術）		272	272	芸術（音楽・美術）	272	芸術		10	
	英語	—	136	204	英語	340	英語	共通英語 1・2	8	
					選択	170	技術・家庭／情報／第 2 外国語／漢文／教養		16	
創意的体験活動		238	204	204	創意的体験活動	306	創意的体験活動		18（288 時間）	
学年授業　時数（高校・単位）		1744	1972	2176		3366	総履修単位		192	

（注）授業時間は年間 34 週とし，1 時間は初等学校は 40 分，中学校は 45 分，高校は 50 分（1 単位）を原則としている。

（出所）「韓国教育部初等・中等学校教育課程総論」より作成（教育部告示 2022-33 号）。

訂が先行実施されている感もあります。そして2009年版以降では，共通性と多様性，自律性と創造性を強調し，次のような学校ごとでの弾力的・自律的な教育課程編成を志向しています。

教育課程の概要

では，2015年と2022年改訂版（2024年度学年以降実施）（表9-7）の教育課程をみてみましょう。

韓国の教育課程は，21世紀に入って小さくない改訂を行っています。教育課程全体の編纂方針をみると，暗記／注入主義教育ではなく未来社会が要求するために「自主的な人間」「創意的な人間」「教養ある人間」「ともに生きる人間」の育成をめざし，「核心力量」（キー・コンピテンシー）の涵養と「学習者の興味・関心」を重視し，「学習負担」を軽減するとしており，日本での教育課程の改訂動向と共通した側面もあります。

2009年改訂以降で特筆すべきことは，①小学校から高校1年までの10年間の「国民共通基本教育課程」を短くして9年間の「基本教育課程」とし，高校では選択制を基本としたこと，②「裁量活動」「特別活動」の領域を「創意的体験活動」に統合・変更したこと，③可変的な教育課程編成を可能とするために，授業時間配当を小学校では2学年分，中学と高校では3学年分の基準総時間数を示したこと，④少ない時間数の教科では授業を学期のどちらかに集中実施できる「集中履修制」を導入したこと，⑤複数の教科時間数を「教科群」として統合・「効率化」したこと，⑥小・中学校での外国語・英語は各340時間が必修であり，「創意的体験活動」では第二外国語を含む，漢文，コンピュータ，環境を選択できる「教養」重視型も編成可能とし，⑦授業時数は実技教科以外は教科別に学校裁量で20％まで増減できること，等々があげられます。

このような近年の改革は，学習者に即した弾力的な教育課程を学校裁量で編成できるとともに，授業時間数に対するOECD/PISA等の結果についての対費用効果の悪さ（非効率的）という見解等への対応策という側面をもつものの「教育現場の疲弊・混乱」という「深刻な副作用」（石川，2014）にも直面しているといいます。

義務教育学校での新しい取り組み

以上のように，韓国の教育課程改革では，学習者への配慮と学校としての裁量幅の拡大，弾力的な教育課程編成を取り入れていることが特徴といえます。これらの公的教育の制度と内容の変更は，韓国内の1980年代後半から取り組まれてきた代案学校（alternative school）から「革新学校」への展開，教育監（教育委員）公選制を導入したことと無関係ではないでしょう。「革新学校」とは，「民主主義的な教育共同体を学校の内に創造することを通して，競争主義が蔓延した韓国の学校文化に対抗するモデル」（申，2019）として，近年注目され増加している韓国の公教育の1つの動向です。

ここでは，学習者への配慮を教育課程編成上で保障している点，学校が学習者と地域の実態に即して教育課程を弾力的に編成できる余地を組み込んでいる点を見てみます。

学習者への配慮という点では，小学校での基礎学力改善プログラムの実施や中学校での「自由学期」制導入が教育課程編成上に位置づけられています。基礎学力改善のために，「各教科の基礎的，基本的要素が体系的に学習されるように教育課程を編成・運営する」「特に，国語使用能力と数理能力の基礎が不足している児童を対象に基礎学習能力改善のための別のプログラムを編成・運営することができる」としています。また自由学期制では，中学校の一学期に，生徒が「試験の負担から解放し夢と才能を探れるように，討論・実習など学生参加型で授業を改善し，進路探索活動など様々な体験活動ができるように教育課程を柔軟に運営する」という配慮をしています。

表 9-7 は韓国の 2024 年度から以降実施される教育課程概要です。ここには先にあげた，2〜3 学年分の授業時数での表示，中学と高校での選択科目の設定，その選択幅の多様性をみることができます。選択科目は表内にも記載されていますが，告示文書での中学校の外国語をみると，韓国語はもちろん，生活外国語として 9 カ国語（仏・独・露・西・中国・日本語等）が選択可能とされています。また，その他に，環境，健康，進路と職業等の選択科目があることも特徴の 1 つです。さらに，小・中学校でも学校設定科目を設けることが可能となっています。具体的には，教科や創意的体験活動と重ねながら実践されていると考えられますが，例えば小学校では，「地域連携・生態環境」「デジタル基礎素養」(3 年)，「持続可能な未来の私たちの課題を考える」(4 年)，「地域と市民」「地域の文化探訪」(5 年)，「人口知能とロボットの歴史でみる地域」(6 年) というような科目を設定し，低学年で 2 科目，3 年生以上では最大 8 科目まで可能としています。

韓国の高校入試と平準化政策

このような授業時間数20%内での自由裁量制が，韓国での入試競争に拍車をかけてしまう可能性もありますが，その入試競走激化への対応策をとってきた側面もみておく必要があるでしょう。それは2010年前後まで実施されていた高校1年生までの「国民共通基本教育課程」制と入試制度に関わることです。

実は，平準化政策をとっている全国約半分の地域では，韓国の高校入試（2000年に入ると高校進学率は95%以上で日本とほぼ同じ状況）は存在しません。平準化政策をとっている地域では，入試ではなく普通科希望の生徒を教育委員会が無作為に分配するシステムを採用しています。「平準化」の名の由来は，「学校間の教育条件を平準化して学校間の教育格差を解消して均等な教育機会を提供する」という目標のもとに，①原則的に居住地から近い学校に入学するのを基本要素とし，②それまでは学校別に学校長によって入学者を選考していたのを，学校群別教育監（教育委員）が抽選して生徒を地域の高等学校に配当する方式のことです（法的根拠は「初中等教育法施行令第77条第2項・第84条第5項」)。「〈平準化〉で知られている教育政策は正確に言えば〈学校別選抜〉の代わりに〈学群別配当〉を通じて高等学校へ進学すること〈生徒配当制度〉を意味します」と韓国の国立教育開発院・院長はいいます（韓国・国立教育開発院，2007)。

この政策実施は，1959年に義務教育制度化による中学校進学競争が起こり，その後1969年に中学校無試験制導入による中学校進学が拡大し高校進学競争が過熱していったことを背景としていました。そして1974年，ソウル市と釜山市で「平準化」制度を導入し，全国の約半数の公私立高校が適用を受けています。

図 9-4　韓国の学校制度

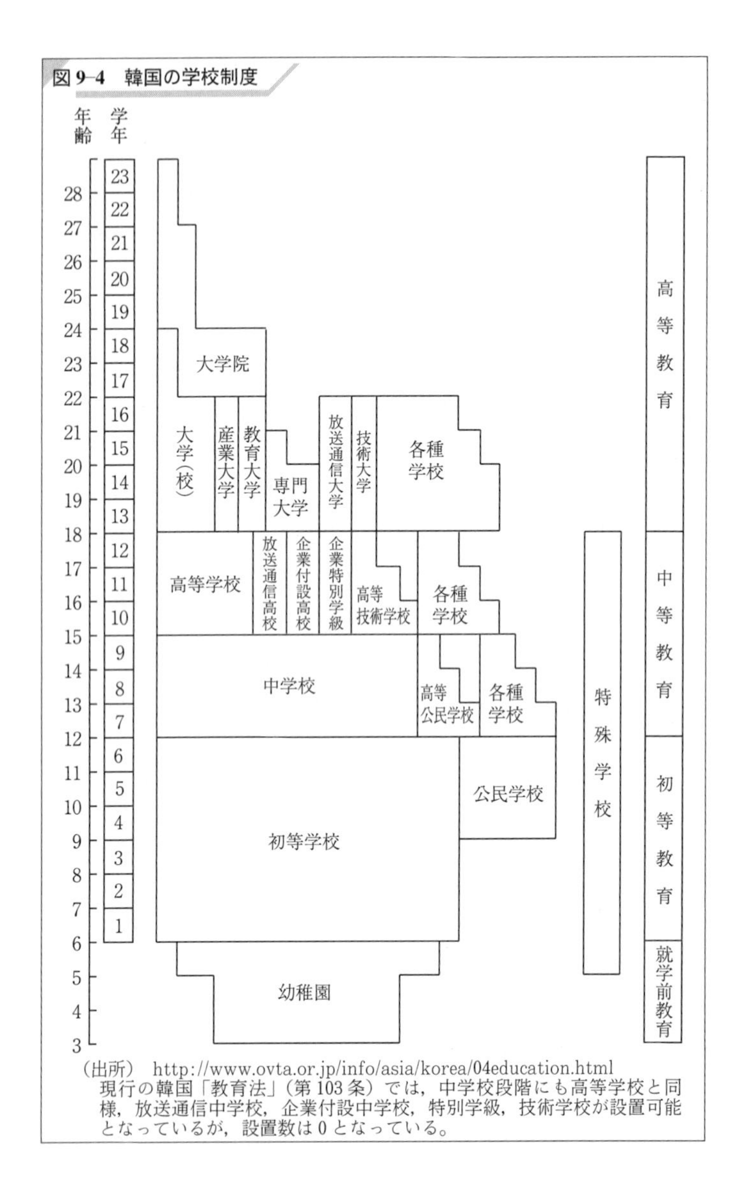

（出所）　http://www.ovta.or.jp/info/asia/korea/04education.html
現行の韓国「教育法」（第 103 条）では，中学校段階にも高等学校と同様，放送通信中学校，企業付設中学校，特別学級，技術学校が設置可能となっているが，設置数は 0 となっている。

平準化政策導入の約10年後1980年代中盤には，「優秀性教育」（英才的教育：excellence in education）推進と学校選択権を生かすという理由で，高校平準化政策の例外的学校制度を導入しています。例外的学校制度として設置されている特別目的の高校では，芸体技，外国語，科学などの専門教育を重点化しています。その募集方法は全国または一部地域を対象とした学校別募集（教育長承認）で，教育課程は総履修単位の10%内で専門教科のみ時間増を可能とし，登録教科を決定するのは市・道教育長で，私立高校は学校長が決定する，となっています。この特別目的の高校には，現在全高校生数の3%程度が在学しています。

高校平準化制度は，学群内抽選配当方式の導入と教育条件の平準化を主な内容としており，①立ち遅れていた劣悪な教育環境の平準化のための財政支援策の拡大，②公立・私立の公納金の同一化および平準化地域内の私立学校支援策の拡大，③教員資質向上および学校間教員の質差を解消する，という施策の柱により，構成されています。

他方，この高校平準化政策への批判もあります。主な反対意見は，①生徒と保護者の学校選択権が制限される，②高校平準化政策は私立学校の自律性を制約することになる，③生徒構成の異質性による授業指導の困難がある，④学群制の閉鎖的な運営は，居住地別教育の分離を生んでいる，等です。

「水準別」教育課程の導入

競争的環境が強く「効率化」を志向する文化の中では，教育活動の効果検証とその公平さの合理性・妥当性を問う必要性がでてきます。具体的には，「水準別」教育課程制を2007年改訂で導入し，評価方法の改善に取り組んだ事例です。「水準別」教育課程編成とは，日本の習熟度別指導あるいは能力別指導体制（発展的学習，補充的学習）に似た制度ですが，それは次のような視点から実施するよう求められています（韓国・教育部告示，1997）。

① 「水準別」教育課程は，段階別型，深化・補充型，科目選択型の3つの型に分類。

② 段階別型は国語や数学で習熟度別学級編成により実施。深化・補充型では「基本課程」は全員共習で，授業終盤に深化グループと補充グループに分かれる。科目選択型は選択教科の場合に実施。

③ 深化・補充型の区分けは，基本課程の終了期に形成的評価により判断し，同一教室内で1人の教師が同時に指導。

④ 補充グループでは基本課程での重要概念の未習得内容を補充し，深化グループでは追加的な課題型探究学習を行う。

この制度は，「水準別」の教育課程と授業編成ならびに教材開発そして授業運営を，各学年や学習状況に応じて授業者に要請するものでした。しかし，実際には，この授業形態は，1人の教師が2人役をせざるをえず，個に即した能力把握に基づく指導とはならず，定着はしませんでした。

また，これらの指導体制に関する学習成果を評価するにあたっては，評価対象に即した三側面，つまり科学的知識や基礎概念，探究活動能力そして意欲や態度の評価方法についての視点が提示されていました（韓国・教育部告示，1997）。

科学的知識や基礎概念については，事実・概念・一般化・原理・理論・法則に関して評価しますが，その他についてはループ

表 9-8　探究能力と意欲・態度の評価指標の事例

探究能力の評価	結果中心評価法	観察の多様性／記述の科学性／記述の事実性／観察の詳細性（点数化）
	過程中心評価法	観察／分類／観測／仮説設定する／資料解釈／実験遂行／手続き能力
科学的態度の評価	行動領域の設定	好奇心／自発性および積極性／率直性／客観性／開放性／批判性／判断留保／共同性／準備／継続性

リック評価指標を念頭においた評価方法が紹介・提唱されています。

例えば，中学校科学科の「探究能力の評価」については，表 9-8 のような評価指標を想定しています。

表 9-8 の各評価法はチェックリスト等の作成により実施するとなっており，「過程中心評価法」にはルーブリック評価尺度を用いる事例が紹介されています。

このように，ブルーム（Bloom，B. S.）らの学習心理学の成果を積極的に取り入れている様子をうかがうことができます。

以上のように，韓国の教育課程とその編成および評価方法については，日本との類似性と差異性が見られますが，そこには両国の歴史性と文化性が色濃く反映しています。共通していることは教師の仕事がより協働的総合的で高度で専門的な判断能力，それを支える研究・探索能力が要請されてきているということです。

●引用，参考文献

〈第 1 節〉

石井英真，2015，『現代アメリカにおける学力形成論の展開――スタン

ダードに基づくカリキュラムの設計』（増補版）東信堂，2015年〔再増補版，2020〕
エルモア，R. F.／神山正弘訳，2006,『現代アメリカの学校改革――教育政策・教育実践・学力』同時代社。
川島正樹，2014,『アファーマティヴ・アクションの行方――過去と未来に向き合うアメリカ』名古屋大学出版会
北野秋男・吉良直・大桃敏行編，2012,『アメリカ教育改革の最前線――頂点への競争』学術出版会。
現代アメリカ教育研究会編，1998,『カリキュラム開発をめざすアメリカの挑戦』教育開発研究所。
National Research Council／長洲南海男監修，2001,『全米科学教育スタンダード――アメリカ科学教育の未来を展望する』梓出版。
ハーシュ，E. D.／中村保男訳，1989,『教養が，国をつくる。――アメリカ建て直し教育論：アメリカの基礎教養5000語付き』TBSブリタニカ。
深堀聰子，2008,「現代アメリカの教育改革――公教育システムの官僚制化の流れへの挑戦」原清治・山内乾史・杉本均編著『教育の比較社会学』（増補版）学文社。
ブルーム，A.／菅野盾樹訳，1988,『アメリカン・マインドの終焉――文化と教育の危機』みすず書房。
松尾知明，2010,『アメリカの現代教育改革――スタンダードとアカウンタビリティの光と影』東信堂。
茂木洋平，2023,『アファーマティブ・アクション――正当化の法理論の再構築』尚学社。
文部科学省，2018,『諸外国の教育動向 2017年度版』明石書店。
文部科学省，2022,『諸外国の教育動向 2021年度版』明石書店。
Eisner, E. W., 1991, “Should America Have a National Curriculum,” *Educational Leadership*, October.
〈第2節〉
阿部菜穂子，2007,『イギリス「教育改革」の教訓――「教育の市場化」は子どものためにならない』岩波書店。
梶間みどり，2004,「現代イギリスの教育改革」原清治・山内乾史・杉本均編『教育の比較社会学』学文社。

木村浩，2006，『イギリスの教育課程改革――その軌跡と課題』東信堂。
佐貫浩，2002，『イギリスの教育改革と日本』高文研。
篠原康正，2016，「イギリス」文部科学省『諸外国の初等中等教育』明石書店。
志水宏吉，1994，『変わりゆくイギリスの学校――「平等」と「自由」をめぐる教育改革のゆくえ』東洋館。
鈴木秀幸，2020，「新しい教育評価の動向／主要論文の概説（第60回）A・チャイルズ（Childs, A），J・ベアード（Baird, J）『GCSE試験と科学の実験・観察活動：評価政策の歴史を振り返る』」『指導と評価』第66巻第11号，pp.49–51。
田嶋一・中野新之祐・福田須美子，1997，『やさしい教育原理』有斐閣。
日英教育学会編，2017，『英国の教育』東信堂。
文部科学省，2008，『諸外国の教育動向（2007年度版）』明石書店。
柳田雅明，2004，『イギリスにおける「資格制度」の研究』多賀出版。
AQA, n.a., Qualifications.＝https://www.aqa.org.uk/qualifications
BBC, 2023, GCSE grades 2023: The 9–1 boundaries explained.
Clark, L., 2014, "Coursework is axed as Gove toughens up GCSEs and A-Levels" in *Mail Online*.
Department for Education, 2014, National Curriculum in England Framework for Key Stage 1 to 4.
Gordon, P. and D. Lawton, 2003, *Dictionary of British Education*, Woburn Press.
GOV. UK, 2013, National Curriculum, School Curriculum.
GOV. UK, 2014, Press release: Setting standards for new GCSEs in 2017.
GOV. UK,（NA）, What Qualification Levels Mean.
OCR, n.a., GCSE.
Pearson, n.a., Pearson Edexcel GCESs.
〈第3節〉
胡新懿・吴慧颖・元效军，2007，『北京教育』
北京市教育委員会，2004，北京市教育委員会通知（翻訳；周珏）。
文部科学省，2016，『諸外国の初等中等教育』明石書店。
文部科学省，2016，『諸外国の教育動向』明石書店。

崔相禄，1999，『素質教育――中小学教育改革の主施律』山東教育社。
上海市小中学課程教材改革委員会編，1999，『上海小中学校課程教材改革』上海教育。
周珏，2022，『中国の基礎教育課程に関する研究――上海市・北京市における改革と学校での実践を中心に』（早稲田大学博士学位論文）
趙健偉，2003，『教育病――現代中国教育への質問』中国社会出版社。
中華人民共和国教育部，2003，『普通高中課程方案（実験）』人民教育。
中華人民共和国国家統計局編，2002，『中国統計年鑑（2002 年）』。
〈第 4 節〉
石川裕之，2014，「韓国における国家カリキュラムの革新とグローバル化」『教育学研究』第 81 巻第 2 号，pp. 214–26。
石川裕之，2017，「韓国における国家カリキュラムの構成と教育目的――初等教育段階に注目して」『畿央大学紀要』第 14 巻第 1 号，pp. 19–26。
韓国・教育部告示，1997，『小学校教育課程解説』各科編。
韓国・教育部告示，2015，『初等・中等学校教育課程総論』第 2015–74 号。
韓国・教育部告示，2022，『初等・中等学校教育課程総論』第 2022–33 号。
韓国・国立教育開発院，2007，『高等学校平準化制度――その真相と迷信』。
申智媛，2019，『韓国の現代学校改革研究』，東信堂。
文部科学省，2017，『諸外国の教育動向（2016 年版）』明石書店。
文部科学省，2022，『諸外国の教育動向 2021 年度版』明石書店。
文部科学省，2023，『諸外国の教育統計 令和 4（2022）年版』。

◉ 読 書 案 内 ◉

◆第1章に関するもの◆

①水原克敏，1997，**『近代日本カリキュラム政策史研究』**風間書房。

1872（明治5）年「学制」から1941（昭和16）年国民学校令までの教育課程政策について考察した専門書。

②海後宗臣・仲新・寺崎昌男，1999，**『教科書でみる近現代日本の教育』**東京書籍。

明治の小学読本，その後のハナハト読本，サクラ読本，戦後の検定教科書，そして学習指導要領まで，教科書を中心に扱ったわかりやすい解説書。

◆第2章に関するもの◆

①水原克敏，1992，**『現代日本の教育課程改革――学習指導要領と国民の資質形成』**風間書房（中国語版，2005，『現代日本的教育課程改革』中国・教育科学出版社）。

1947（昭和22）年の学習指導要領から1989（平成元）年改訂までの数次にわたる改訂について，その改革構想を考察した専門書。

②山口満，1995，**『教育課程の変遷からみた戦後高校教育史』**学事出版。

戦後改革期での高等学校の発足以来，学習指導要領改訂にそって教育の変遷をとらえ，今日までの高校教育を検証した専門書。

③水原克敏・足立佳菜・鈴木学，2017，**『増補改訂版 学校を考えるっておもしろい!!――教養としての教育学：TAと共に創るアクティブ・ラーニングの大規模授業』**東北大学出版会。

1872（明治5）年から2005（平成17）年までの学校の歴史について，学生たちの質疑応答から教員の講義内容まで収録した，読みやすい入門書。

④水原克敏・髙田文子・遠藤宏美・八木美保子，2018，**『新訂 学習指導要領は国民形成の設計書――その能力観と人間像の歴史的変遷』**東北大学出版会。

1872（明治5）年の小学教則から2017年の学習指導要領改訂まで，私たちの日本がどのような人間像を理想として国民形成を図ろうとしてきたのか，これを通史的に分析した解説書。

◆第 3 章に関するもの◆

①山口満編著，2005，**『現代カリキュラム研究』**（第 2 版）学文社。

近年の学校におけるカリキュラム開発の課題と方法に関して，学校教育実践にもふれながら考察している。

②安彦忠彦編，1999，**『新版 カリキュラム研究入門』**勁草書房。

教育課程の研究課題を，国際・情報・環境等も取り上げながら理論的に考察している。

③梅原利夫編，1995，**『カリキュラムをつくりかえる』**国土社。

わが国における戦後の教育課程の改革動向を歴史的原理的に考察している。

④田中耕治・西岡加名恵編，2008，**『「学力向上」実践レポート――実践の成果と舞台裏』**教育開発研究所。

様々な学校における教育課程改善の取り組みを紹介するとともに，それらの理論的位置づけを解説している。

◆第 4 章に関するもの◆

①民間教育史料研究会・大田堯・中内敏夫編，2022，**『民間教育史研究事典 新装版』**評論社。

日本において民間の側から生起し，提起された教育遺産を整理した事典で，教育課程の民衆史を知ることができる。

②日本カリキュラム学会編，2001，**『現代カリキュラム事典』**ぎょうせい。

日本カリキュラム学会が編集した事典で，現代の教育課程研究の動向や諸外国の教育課程改革を知ることができる。

③日本教育方法学会編，2004，**『現代教育方法事典』**図書文化。

日本教育方法学会が編集した事典で，教育実践における教育課程のあり方とともに，巻末の文献年表も参考になる。

④ C. クライデル編／西岡加名恵・藤本和久・石井英真・田中耕治監訳，2021，**『カリキュラム研究事典』**ミネルヴァ書房。

◆第 5 章に関するもの◆

① R. W. タイラー／金子孫市監訳，1978，**『現代カリキュラム研究の基礎――教育課程編成のための』**日本教育経営協会。

教育課程編成における目標と評価の位置づけを明らかにした「タイラー原理」が提示されている。教育課程編成論における古典。

②中内敏夫，1998，**『「教室」をひらく——新・教育原論』**（中内敏夫著作集 I）藤原書店。

教育，目標と評価，教材と教具，指導過程と学習形態といった，教育学における基本概念の理解に最適な1冊。

③西岡加名恵・石井英真・田中耕治，2022，**『新しい教育評価入門——人を育てる評価のために』〔増補版〕**有斐閣。

教育評価の立場・機能，教育目標と評価の関係，学力評価の方法，教育実践の改善，学校経営と評価など，教育評価に関する基本的な考え方や進め方が概観できる1冊。

④西岡加名恵編著，2016，**『「資質・能力」を育てるパフォーマンス評価——アクティブ・ラーニングをどう充実させるか』**明治図書出版。

各教科のパフォーマンス課題の事例を多数掲載しているほか，探究的な学習と協働的な学習の評価に関してもわかりやすく説明している。

◆第6章に関するもの◆

①田中耕治編，2018，**『よくわかる教育課程』（第2版）**ミネルヴァ書房。

教育課程に関する基本的な用語や考え方を，幅広く扱っている1冊。事典代わりに便利である。

②田村知子，2022，**『カリキュラムマネジメントの理論と実践』**日本標準。

カリキュラム・マネジメントに関する重要な概念が解説され，教科等横断，子ども参加といった多様な実践例が紹介されている。

③西岡加名恵，2016，**『教科と総合学習のカリキュラム設計——パフォーマンス評価をどう活かすか』**図書文化。

「逆向き設計」論に基づくカリキュラム設計，ポートフォリオ評価法，学校のカリキュラム・マネジメントについて論じている。

④中村高康編，2010，**『大学への進学——選抜と接続』**（リーディングス日本の高等教育①）玉川大学出版部。

高等教育の大衆化，進学率の動向と教育機会，受験競争の問題，入学者選抜制度，高校と大学の接続に関する重要論文集。

◆第7章に関するもの◆

① O. ルブール／石堂常世・梅本洋訳，1984，**『学ぶとは何か——学校教**

育の哲学』勁草書房（原著 1980 年）。

脱学校論に対する本格的な批判の書であり，あらためて学校の役割を明確に述べた好著。

②柴野昌山，1990，**『教育現実の社会的構成』**高文堂出版社。

教育課程を教育社会学の立場から論じた書であり，その社会的なパースペクティブには学ぶ点が多い。

③ P. アリエス／杉山光信・杉山恵美子訳，1980，**『「子供」の誕生——アンシァン・レジーム期の子供と家族生活』**みすず書房（原著 1960 年）。

近代社会の教育や学校を社会史の立場から批判的に解明したもので，いまや古典の 1 つにもなっている。その批判の書であるリンダ・A. ポロク／中地克子訳，1988，**『忘れられた子どもたち——1500–1900 年の親子関係』**勁草書房（原著 1983 年）とあわせて読まれたい。

④ D. A. ショーン／柳沢昌一・三輪建二監訳，2007，**『省察的実践とは何か——プロフェッショナルの行為と思考』**鳳書房。

省察－反省型の新しい教師像を提案している。

◆第 8 章に関するもの◆

〔第 1 節〕

①水原克敏編，2001，**『自分——私がわたしを創る』**，2003，**『自分——わたしを拓く』**，水原克敏監修／渡利夏子・八木美保子・渡邉紀子編著，2004，**『自分Ⅲ——わたしから私たちへ』**東北大学出版会。

生きるとは何か，人生はいかにあるべきか，「自分」をテーマに東北大学の教養教育で開設した授業の記録。生きることの意味を考える問題提起の書。

②金森俊朗，2003，**『いのちの教科書——学校と家庭で育てたい生きる基礎力』**角川書店。

人が自然にまっすぐにふれあう教育実践を展開，学校と家庭で育てたい生きる基礎力を提起，「いのちの授業」を収録するなど実践記録の書。

〔第 2 節〕

③折出健二，2003，**『市民社会の教育——関係性と方法』**創風社。

生活指導研究の蓄積を踏まえつつ，市民社会における関係性と，自立をもたらす教育のあり方を論じた 1 冊。

④嶺井明子編，2007，**『世界のシティズンシップ教育——グローバル時代**

の国民／市民形成』東信堂。

アジア，北米・オセアニア，旧ソ連，ヨーロッパの諸国の取り組みを解説するとともに，ユネスコや欧州評議会等の動きも紹介している。

〔第3節〕

⑤田中実・安藤聡彦編，1997，『**環境教育をつくる**』大月書店。

小学校における環境教育実践を10編収録するとともに，イギリス，アメリカ，ロシアの環境教育を紹介している。

⑥大森享，2004，『**小学校環境教育実践試論――子どもを行動主体に育てるために**』創風社。

都市部での小学校環境教育実践を，地域再生と重ねながら探究した実践の記録と実践的研究書。

⑦生方秀紀・神田房行・大森享 編著，2010，『**ESD（持続可能な開発のための教育）をつくる――地域でひらく未来への教育**』ミネルヴァ書房。

日本と世界のESDの取り組みが紹介されている。

〔第4節〕

⑧菅谷明子，2000，『**メディア・リテラシー――世界の現場から**』岩波書店。

メディア・リテラシーの先進地であるカナダ，イギリス，アメリカの現場に取材して，生き生きとした実践報告がなされている。

◆第9章に関するもの◆

〔第9章全般〕

①原清治・山内乾史・杉本均編著，2008，『**増補版 教育の比較社会学**』学文社。

いじめ，学歴社会といった興味深い視点で国際比較を行っているほか，英米，中国，シンガポールの教育改革を紹介している。

②文部科学省，2016，『**諸外国の初等中等教育**』明石書店。

諸外国（アメリカ合衆国，イギリス，フランス，ドイツ，フィンランド，中国）の教育動向を概観できる便利な1冊。

〔第1節〕

③赤星晋作，2007，『**アメリカ教育の諸相――2001年以降**』学文社。

急速に進むアメリカの教育改革を活写したもので，特にNCLB法の実態分析に学ぶことが多い。

〔第 2 節〕
④佐貫浩，2002,『**イギリスの教育改革と日本**』高文研。

1988 年教育改革法以降のイギリスにおける教育制度と教育課程の改革動向について，全体像を把握する上で格好の入門書。

⑤日英教育学会編，2017,『**英国の教育**』東信堂。

イギリスの社会的・文化的背景や教育の歴史，学校と教員，大学等について多角的に解説。Glossary や年表などの資料も充実している。

〔第 3 節〕
⑥馬越徹編，1985,『**現代アジアの教育——その伝統と革新**』東信堂。

中国，韓国，インドネシア，タイ，フィリッピン，マレーシア，インドなどアジアに関する比較教育学の書で，わかりやすく研究の手引きにもなる入門書。

〔第 4 節〕
申智媛，2019,『**韓国の現代学校改革研究——1990 年代後半の教師たちを中心とした新しい学校づくり**』東信堂。

韓国で急速に広まっている「革新学校」の成立背景と改革理念，実践動向についての紹介と分析がなされている。自律的学校改革を考えるヒントが盛り込まれている。

◆関連資料サイト◆

文部科学省　http://www.mext.go.jp/

・小学校，中学校，高等学校
　http://www.mext.go.jp/a_menu/01_c.htm
・学習指導要領（2017・2018・2019 年改訂）
　https://www.mext.go.jp/a_menu/shotou/new-cs/1384661.htm
・指導要録（2019 年改訂）
　https://www.mext.go.jp/b_menu/hakusho/nc/attach/1415204.htm
・全国的な学力調査（全国学力・学習状況調査等）
　https://www.mext.go.jp/a_menu/shotou/gakuryoku-chousa/
・文部科学統計要覧（令和 5 年版）
　https://www.mext.go.jp/b_menu/toukei/002/002b/1417059_00008.htm

◉資　料◉　戦後学習指導要領の特徴（小学校を中心にして）

	基本方針	特　徴
1947（昭和22）年（試案）	○この書は，……これまでの教師用書のように，1つの動かすことのできない道をきめて，それを示そうとするような目的でつくられたものではない。新しく児童の要求と社会の要求とに応じて生まれた教科課程をどんなふうにして生かして行くかを教師自身が自分で研究して行く手びきとして書かれたものである。 ○児童や青年は，現在ならびに将来の生活に起こる，いろいろな問題を適切に解決して行かなければならない。そのような生活を営む力が，またここで養われなくてはならないのである。	○「試案」の明記――教師の研究のための手引き書の性格 ○「学習指導」としての教授――児童の発達・経験を重視（経験主義） ○「社会科」「家庭科」「自由研究」の新設 ○教育評価への新しい提起――学習指導のための学習結果の考査
1951（昭和26）年（試案）	○学習指導要領は，どこまでも教師に対してよい示唆を与えようとするものであって，決してこれによって教育を画一的なものにしようとするものではない。 ○教育課程は，……経験の再構成を有効にさせるように，学習経験を組織することでなければならない。	○「試案」としての性格を強化――学校での教育課程の編成手続きを具体化 ○問題解決学習の強調――児童生徒の経験の組織が教科であるとする ○「教育課程」の使用――教科と教科外の活動（特別教育活動――中高）の二領域でもって編成 ○「自由科」の廃止
1955（昭和30）年 社会科のみ	○地理，歴史の改善 ○道徳教育の強調（社会公共のために尽くすべき個人の立場や役割を自覚し，国を愛する心）	○安藤社会科――従来の社会科が社会的性格に偏していたとして，個人的心情や愛国心を重視 ○「試案」の削除
1958（昭和33）年	最近における文化・科学・産業などの急速な進展に即応して国民生活の向上を図り，かつ，独立国家として国際社会に新しい地歩を確保するためには，…… ①道徳教育の徹底については，……その徹底を期するため，新たに「道徳」の時間を設け， ②基礎学力の充実については，特に，小学校における国語科および算数科の内容を充実し， ③科学技術教育の向上については，……算数科，数学科，理科およびその他の関係教科の内容を充実し，特に，中学校においては，……技術科を新たに設けて，……	○「官報告示」――法的拘束力の強調 ○「道徳時間」の特設 ○教育課程の編成――教科・道徳・特別教育活動及び学校行事等の四領域 ○基礎学力の充実および科学技術教育の重視――「系統学習」の強調 ○中学校で選択教科の種類が増える（進路指導に応じて）

戦後学習指導要領の特徴（続き）

1968（昭和 43）年	①日常生活に必要な基本的な知識や技能を習得させ，自然，社会および文化についての基礎的理解に導くこと ②健康にして安全な生活を営むに必要な習慣や態度を身に付けさせ，強健な身体と体力の基礎を養うこと ③正しい判断力や創造性，豊かな情操や強い意志の素地を養うこと ④家庭，社会および国家について正しい理解と愛情を育て，責任感と協力の精神をつちかい国際理解の基礎を養うこと	○教育課程の編成――教科・道徳・特別活動の三領域 ○「教科の現代化」の進行――高度な教科内容の低年齢化 ex. 算数科に集合（←高 1）・確率（←高 1）・負の数（←中 1）・文字式（←中 1） ○のぞましい人間形成の上から調和と統一の教育課程――「期待される人間像」（1966 年）→社会科で神話の復活 ○生徒の能力・適性に応じる教育の徹底――能力主義の登場（1963 年）→後期中等教育の多様化の進行
1977（昭和 52）年	自ら考え正しく判断できる力をもつ児童生徒の育成ということを重視し…… ①人間性豊かな児童生徒を育てること ②ゆとりのあるしかも充実した学校生活が送れるようにすること ③国民として必要とされる基礎的・基本的な内容を重視するとともに児童生徒の個性や能力に応じた教育が行われるようにすること	○ゆとりの教育――教科の時間数の削減，教科内容の削減，ゆとり時間（勤労生産学習等） ex. 集合削除・確率計算，負の数は中学へなど ○人間性の教育――人物中心の歴史・道徳の重視（道徳的実践力の養成）・君が代の国歌化 ○高校教育課程の改訂――小・中・高一貫，習熟度別学級編成
1989（平成元）年	今日の科学技術の進歩と経済の発展は，……情報化，国際化，価値観の多様化，核家族化など，社会の各方面に大きな変化をもたらすに至った。 ①豊かな心をもち，たくましく生きる人間の育成を図ること ②自ら学ぶ意欲と社会の変化に主体的に対応できる能力の育成を重視すること ③国民として必要とされる基礎的・基本的な内容を重視し，個性を生かす教育の充実を図ること ④国際理解を深め，我が国の文化と伝統を尊重する態度の育成を重視すること	○臨教審答申の影響――国際化・情報化・高齢化の社会，個性重視の教育，生涯学習社会の構想，評価の多元化 ○生活科の新設――低学年社会科，理科の廃止 ○高校社会科の再編成――地歴科と公民科そして世界史必修 ○道徳の強調――日の丸，君が代の取り扱い強化，生活科・国語科・特別活動でも ○中学への選択制の拡大――中学を中等教育として位置づける ○六年制中等学校，単位制高等学校
1998（平成 10）年	各学校が「ゆとり」の中で「特色ある教育」を展開し，子どもたちに自ら学び自ら考える「生きる力」をはぐくむ。 ①豊かな人間性や社会性,国際社会に生きる日本人としての自覚の育成 ②多くの知識を教えこむ教育を転換し，子どもたちが自ら学び自ら考える力の育成 ③ゆとりのある教育を展開し，基礎・基本の確実な定着と個性を生かす教育の充実 ④各学校が創意工夫を生かした特色ある教育,特色ある学校づくり	○授業時数の縮減――年間 70 単位（週当たり 2 単位）縮減 ○教育内容の厳選 ○「総合的な学習の時間」の創設 ○選択学習の幅の拡大 ○情報化への対応――高校で「情報」科新設

戦後学習指導要領の特徴（続き）

2003（平成15）年一部改正	1998年指導要領のねらいを一層実現することをめざし，また「学力低下」への対応として「確かな学力」の向上をめざして一部改正を行う。	○学習指導要領の「基準性」の一層の明確化――「はどめ規定」の見直し ○「個に応じた指導」の一層の充実――「習熟度別指導」「発展的な学習」
2008（平成20）年	改正教育基本法等を踏まえ，「生きる力」をはぐくむという理念の実現をめざす。 ①基礎的・基本的な知識・技能の習得 ②基礎的・基本的な知識・技能の活用を通じて思考力・判断力・表現力等の育成 ③確かな学力を確立するために必要な授業時間数の確保 ④学習意欲の向上や学習習慣の確立 ⑤豊かな心や健やかな体の育成のための指導の充実	○小学校（国・算・理・外）の授業時数約12%増，中学校（国・数・理・外）の授業時数約19%増 ○小学校では総合的な学習（週2コマ），中学校では総合学習的な学習（週3コマ程度），選択教科は標準授業時数の枠外化 ○国語力の育成――小中学校を通じ教科横断で対話，記録，要約，説明，論述などの国語力の育成 ○理数教育の重視――計算力や基礎概念の確実な定着と活用力 ○小学5・6年において，外国語活動を週1コマ実施 ○伝統や文化に関する学習の充実
2017（平成29）年	知識基盤社会を背景として，「主体的・対話的で深い学び」を通じて，汎用性のある能力（学校外でも通用する「資質・能力」，コンピテンシー）の育成をめざす。以下の3つの柱に基づいて教育目標と評価の在り方を整理する。 ①知識及び技能 ②思考力・判断力・表現力等 ③学びに向かう力，人間性等	○自校の教育目標を実現するための時間配分，人的・物的条件を整えるために，PDCAサイクルによるカリキュラム・マネジメントを強調する ○道徳の「教科化」（「特別の教科　道徳」の設置*） ○英語教育を小学校高学年より「教科」とする ○プログラミング教育の提唱

（*）　2015年の一部改訂の際に設置。

（田中耕治作成）

●その他各種資料を，有斐閣HP内の本書誌情報ページにて提供いたします
https://www.yuhikaku.co.jp/books/detail/9784641222281
（右のQRコードからもご覧いただけます）

◉ 事項索引 ◉

アルファベット

AI 技術　2
AO 入試　239
ESD　288
ESSA（全ての児童・生徒が成功するための法律）　315
GIGA スクール構想　122, 139
ICT（教育）　2, 122
——活用状況　300
IEA（国際教育到達度評価学会）　6, 11, 15
IT　139
MDGs（ミレニアム開発目標）　293
Mikuma "PAS" System　280
NCLB 法　312, 315
OECD　6, 72, 98, 108, 172, 184, 227, 300
PDCA サイクル　13, 220, 230
PISA（国際学習到達度調査）　6, 100, 184, 227, 300
——ショック　2
SAT（大学進学共通試験）　310
SDGs（持続可能な開発目標）　288, 293
SELHi　→スーパー・イングリッシュ・ランゲージ・ハイスクール）
SFFA（公平な入学選考を求める学生たち）　316
SSH　→スーパー・サイエンス・ハイスクール
STEAM　143
TIMSS（国際数学・理科教育動向調査）　6, 15, 100
WWL　→ワールド・ワイド・ラーニングコンソーシアム

あ　行

愛国心　80, 96, 102, 162
アカウンタビリティ（説明責任）　241, 311, 313
アクティブ・ラーニング　107, 112, 173, 232
アセスメント　311
アーティキュレーション　→接続
アファーマティブ・アクション（積極的差別是正措置）　315
アフリカ中心主義　262
安全（指導）　65, 112, 144, 273
生きる力　87, 96, 161, 274
意思決定　278, 294
異質な集団　98, 172, 184
ウッヅ・ホール会議　156
英語教育　→外国語活動
永続的理解　193
落ちこぼれ　160

か　行

外国語（科）　53, 62, 80, 90, 100, 110, 114, 122
外国語活動（英語教育）　102, 110, 113, 122, 131, 135, 140
階層（社会階層）　9, 63, 259, 263
開発主義　23, 31
課外活動　13
科学（技術）　56, 137, 140, 145, 155, 160, 166, 169
——教育　59, 62, 134, 140, 156

——と生活をめぐる学力論争　5
教育と——　181
学業不振児　66
学習意欲　11
——の格差　264
学習観　125, 183
学習形態　161, 190, 216
学習コミュニティー　253, 262
学習指導要領　2, 4, 14, 48, 56, 72, 78, 95, 96, 117, 122, 138, 150, 162, 167, 175, 185, 216, 314
——編成権　56
高等学校（——）　54, 60, 67, 76, 83, 87, 92, 104, 115, 133, 144, 235, 278
小学校（——）　50, 64, 73, 79, 82, 89, 101, 124, 131, 141, 275
中学校（——）　53, 59, 66, 75, 78, 82, 90, 100, 107, 112, 133, 161, 274
学習遅滞　9
学習ネットワーク　247
学習論　127
革新学校　337
学　制　282
学籍簿　229
学年制　23
学　力　4, 58, 63, 72, 99, 161, 172, 295
——格差　2, 9, 256, 267
——構造　9
——水準　6, 8, 10, 258
——低下　2, 5, 9, 87, 95, 100, 129, 175, 239
——テスト（検査／調査）　63, 225, 235
——の 3 要素　186, 239
——評価　182, 190, 194, 216, 224, 227, 229, 324
——保障　174, 191, 200, 221, 240, 255
——モデル　156, 172
——論争　5
基礎——　5, 12, 56, 58, 60, 153, 229, 240, 337
高次の——　181
新（新しい）——観　5, 78, 124, 132
真正の——　183
確かな——　95, 119, 171, 257
豊かな——　132
仮説実験授業　155, 156
課題研究（探究）　86, 92, 94, 115, 140, 143
学　級　66, 77, 129, 285
学級集団づくり　164, 285
学区制　235
学　校　2
——批判　250
効果のある——　267
学校階梯の再編　137
学校間接続　→接続
学校教育法　48, 56, 96, 142, 172, 186, 216
学校教育法施行規則　60, 82, 106, 235
学校教育目標　188, 232
学校群制　238
学校経営計画（学校マニフェスト）　231
学校知　9
活　用　5, 99, 108, 171
家庭科　50, 59, 126, 129
課程主義　174, 215
カリキュラム　1, 15
——の適切性　160
学問中心——　157, 167, 310

隠れた――　14, 214, 231, 267
顕在的――　14, 268
ナショナル・――　1, 175, 311, 319
人間化――　72, 130, 160, 310
カリキュラム評価（教育課程評価）　224
カリキュラム・マネジメント（教育課程経営）　108, 113, 122, 214, 209, 217, 230
カリフォルニア・プラン　153
環境教育　78, 139, 144, 288
鑑識眼　224
観点別学習　109, 217
機会の平等（均等）　9, 48, 97, 254, 256, 263, 315
記号科　126
キー・コンピテンシー　→コンピテンシー
儀式化　171
キー・ステージ　303-06
規制緩和　4, 99, 138, 142
君が代　59, 63, 67, 69, 74
義務教育　26, 32, 97, 104, 239, 317, 325, 337
逆向き設計　192, 195, 227
キャリア教育　135, 139, 205, 277, 278
キャリア・パスポート　205
教育委員会法　48, 56
教育改革　122, 139, 235, 281, 308
教育課程　1
――における平等と質　255
――の原理　125, 173
――の構造　144, 166, 188
――の次元　15
――の自由化　4, 45
――のポリティックス　253
――の３つの次元　15
――編成の構成要件　214
機能的――論　127
教育課程経営　→カリキュラム・マネジメント
教育課程審議会　14, 70, 78, 81, 88
教育課程評価　→カリキュラム評価
教育課程編成特例校制度　→特例校制度
教育基本法　48, 78, 96, 102, 142, 216
教育行政　4, 56, 138
教育経営　13
教育勅語　107
教育特区　138
教育内容　73, 193, 230, 277
――の現代化　67, 70
教育評価　14, 161, 180, 190, 221, 231
教育目的　96, 190, 214
教育目標　96, 145, 160, 172, 174, 180, 190, 195, 216, 230, 312
――の分類学　181, 220
教　科
――構成　53
――再編　42, 88, 126, 129
教科外教育（活動）　69, 163, 192, 201
教科学習　168, 172, 186
教科課程　13
教科カリキュラム　→系統主義の教育課程
教科書検定　56, 123, 217
教　具　158, 190, 216
教　材　72, 125, 158, 190, 196, 215, 216, 254
教師―生徒関係　250
教職員の配置　215
「行」的活動　44
協働的な学び　117, 123

教　養　55, 295
教練（兵式教練）　35
銀行型教育　248, 261, 268
近代学校　20, 150, 246
　——批判　250, 268
グレード　174, 324
訓　育　164
群集性　268
経験主義　5, 42, 48, 56, 128, 150, 174, 216
　実験的——　152
　はいまわる——　58, 154, 169
系統学習　155, 166
系統主義　42, 56, 60, 150, 154, 159, 167, 174, 216
　——の教育課程　56, 150, 154, 158
系の学習　136
研究開発課題　133, 138
研究開発学校　122, 126, 134, 138
原級留置　23, 176
言　語　82, 98, 106, 112, 127
　——コード　264
現代化　2, 64, 70, 72, 155, 156, 168, 181
コア・カリキュラム　53, 153, 154, 167
合科（学習）　39, 45, 51, 73, 81, 88, 109, 125
工学的接近（アプローチ）　222
高学歴社会　263
高校生のための学びの基礎診断　239
皇国民錬成　40
高次の認知能力　135, 142, 184
構造改革特別区域研究開発学校制度　138
構造改革特別区域法　138
　——のセグメント化　240
高等学校（高校）　54, 60, 67, 76, 83, 87, 92, 104, 115, 133, 144, 235, 278
高等学校基礎学力テスト　239
高等学校設置基準　54
高等小学校　27, 32, 40
校内研修　232
校風（エートス）　14, 143, 216
公平な入学選考を求める学生たち　→SFFA
公民権運動　220, 256, 310
国語（教育）　20, 29, 31, 37, 50, 58, 66, 74, 81, 99, 116
国際学習到達度調査　→PISA
国際教育到達度評価学会　→IEA
国際数学・理科教育動向調査　→TIMSS
国際理解　79, 102, 131, 282
国民科　42
国民皆学　20, 175
国民学校　32, 40
国民教育　28, 35
国民形成（創出）　20
国民性陶冶　59
国連人間環境会議（ストックホルム会議）　293
国家語彙　260
国歌斉唱　74, 76, 80
国旗掲揚　67, 69, 74, 76, 80
子ども集団づくり　285
子どもの権利　286, 293
子どもの貧困問題　286
個別最適な学び　117, 122
コミュニケーション能力　90, 100, 136, 184, 278, 294
コミュニティ・スクール　139
コモン・コア・(共通必修) スタンダード　314
コンピテンシー　5, 107, 113, 171,

184
キー・——　98, 172, 184, 336

さ 行

災害安全対策　274
再学習権の保障　175
再生産（理論）　251, 268
最低基準　175
裁量活動　334
桜田プラン　53
産業社会と人間　95, 118, 280
三層四領域論　154, 167
資格試験　241, 322
時間配分　26, 215
識字　→リテラシー
非——　310, 329
シーケンス　153, 189
思考力・判断力・表現力　3, 8, 78, 99, 108, 137, 185, 196, 232
自己教育力　78, 329
自己評価（力）　171, 201, 204
自　殺　276
自殺予防教育　277
資質・能力　3, 107, 136, 142, 171, 172, 186, 188, 201
持続可能な開発目標　→SDGs
実業教育　26, 37, 40
実質陶冶論　31
シティズンシップ　→市民性教育
指導過程　182, 190, 216
児童中心主義　38
指導要録　14, 176, 217, 229, 237, 241
自分知　132
市民宗教　260
市民性（シティズンシップ）教育　262, 281, 283, 300
社会科　51, 60, 69, 81, 124, 126, 156, 162, 196
社会階層　→階層
自由学期制　337
習熟度別学級編成　77
習熟度別指導　80, 95, 135, 342
修　身　23, 26, 38, 50, 162
習　得　99, 108, 144, 169, 171, 191
修得主義　173, 174, 216, 314
授業研究　6, 122, 233
授業時数　73, 79, 83, 89, 91, 100, 103, 110, 113, 143, 311, 336
授業時数特例校制度　143
儒教主義　23, 26
授業評価　107, 224
受験学力　11, 248
受験競争　11, 237
主体的・対話的で深い学び　108, 122, 171
商業科　32, 37, 54, 86
情報科　94, 131
情報活用能力　80, 112, 128, 137, 144, 278
情報教育　86, 134
食　育　98, 134
職業教育　77, 84, 133
女子教育　37
しらうめ活動　130
思慮深さ　120
新教育　2, 39, 60, 151
人権（教育）　286, 293
新自由主義　283
真正（性）　183, 192
新制高校　235
新制大学　235
進歩主義　151, 155
推薦入学（入試）　238
水道方式　155, 156
スキル学習　136
スコープ　153, 189, 215

スタート・カリキュラム　109
スタンダード　188, 211, 313
　——運動　160, 313
　アセスメント——　314
　パフォーマンス・——　314
スーパー・イングリッシュ・ランゲージ・ハイスクール（SELHi）　136, 137, 139
スーパー・グローバル・ハイスクール　140
スーパー・サイエンス・ハイスクール（SSH）　136, 137, 139, 142
全ての児童・生徒が成功するための法律　→ESSA
生活科　81, 88, 109, 122, 124, 126, 151
生活指導　163, 185, 286
生活準備説　152, 155
生活綴方　155, 163, 206
生活と科学　133, 150, 183
政治教育　48, 97
生成テーマ　262
生徒指導　115, 234
積極的差別是正措置　→アファーマティブ・アクション
接続（アーティキュレーション）　97, 109, 126, 136, 143, 189, 215, 234
　高大——　2, 239
　幼小——　109
全国生活指導研究協議会　164
全国中学校学力一斉テスト　63
選択性（選択学習）　75, 129
選抜（試験）　63, 239, 241
　学校推薦型——　240
　総合（型）——　240
　総合——制　238
全米教育協会　73
専門学科　92, 118
総　合　125
総合学習　38, 126, 132, 167, 171, 186, 201
総合学科　87, 92, 118, 280
総合実践活動　330
綜合授業　44
総合性　168
総合的な学習（の時間）　12, 88, 92, 94, 103, 111, 122, 126, 137, 151, 166, 168, 201, 278, 285
総合的な探究の時間　115, 140, 143, 161
素質教育　326
ソーシャルメディア　300

た　行

対応理論　251
大学進学共通試験（アメリカ）　→SAT
大学入学共通テスト　240
体験目標　190
大正自由教育　39, 154
態度（形成／育成）　11, 78, 89, 97, 127
態度主義　164
タイラー原理　180, 220, 231
対話的教育　250
卓越（性）　155, 160, 255, 308, 310
多元的な評価　239
脱学校論　246
たのしい授業論争　5
多様性　111, 216, 254, 259, 313, 316
ダルトン・プラン　38
探　究　83, 98, 108, 115, 140, 161, 169, 171, 183, 195, 201, 240, 289, 342
単　元　107, 130, 153, 189, 192, 216, 221, 227, 230

——群　129
男女共学制　235
知　識　11, 20, 39, 56, 98, 124, 144, 152, 171, 181, 193, 245, 261, 328
優先的（公的な）——　253
知識及び技能　99, 108, 172, 185
知識様式　267
知的卓越性　155, 160
知的な気付き　124
知・徳・体　20, 73
知の構造　193
知の総合化　87
地方学区　308
地方教育行政の組織及び運営に関する法律　56
地方分権（化）　4, 48, 138, 308, 313
チャーター・スクール　311
調和と統一　64
沈黙の文化　248
通信制　119
定時制　119
適格者主義　235, 238
等級制　22, 175
東京師範学校　25
等質化原理　205
到達目標　182, 190, 221, 314, 319
道徳（教育）　23, 35, 58, 60, 64, 74, 79, 83, 90, 102, 106, 125, 161, 283
陶　冶　59, 69, 164
形式——　31
読解力　6, 141
特別活動　65, 73, 115, 119, 128, 161, 186, 206, 225
特別教育活動　54, 60, 67, 164
特別支援教育　106, 135, 234
徳目主義　163, 284
特例校制度（教育課程編成特例校制度）　122, 142

な　行

内申書　63, 237, 241
内容知　132
にっぽんご　155, 156
日本教職員組合　60, 63, 70, 78
日本国憲法　216
入　試　2, 234, 339
——の衡平性　316
人間化（人間性）　72, 92, 108, 130, 144, 160, 185, 188, 310
認識指導　124, 127
年間指導計画　189, 192, 233
年数主義　173, 175, 215
能　力　20, 25, 62, 72, 107, 127
——主義　66, 237, 255, 267
——論争　63
育成すべき4つの——　278

は　行

バージニア・プラン　153
発達段階　158, 189, 278, 290
ハビトゥス　265
パフォーマンス課題　195, 197, 323
パフォーマンス評価　171, 183, 199, 239
班・核・討議づくり　164, 285
東日本大震災　272
非認知能力　141, 142
批判的教育学（ラディカル・パラダイム）　250, 294
批判的思考力（スキル）　136, 297, 301
批判的リテラシー　261
批評力　224
評　価
学習——　109
学力——　182, 190, 194, 216, 224,

227, 229, 324
形成的——　187, 220, 225, 229, 258, 342
個人内——　229
ゴール・フリー——　225
集団に準拠した——　229
真正の——　183, 192
診断的——　221, 229, 242
絶対——　229
相対——　229, 237, 241
到達度——　182, 221, 241
パフォーマンス——　171, 183, 199, 239
目標に準拠した——　176, 204, 228, 229, 241
評価指標　→ルーブリック
評価方法　10, 125, 171, 182, 192, 199, 204, 227, 232
表現科　126, 130
フィルターバブル現象　301
フェイクニュース　300
普通科改革　117
普通教育　28, 54, 84, 94, 117, 258
不登校　2, 135, 139, 234
ブルーナー仮説　158
プログラミング教育　111
文化資本　265
文化多元主義　262
ペアレントクラシー　9
兵式教練　→教練
兵式体操　26, 36
平準化　238
——政策（韓国）　339
ヘゲモニー　252
ヘルバルト主義　31
方向目標　190
防災教育　274
方法知　132, 169
ポートフォリオ評価　171, 204, 239
ホームルーム　69, 205
本質的な問い　195

ま　行

マスタリー・ラーニング　220, 258
学びに向かう力　108, 144, 185, 188
未分化　125
未来の学校　139
ミレニアム開発目標　→MDGs
民間教育研究団体　53, 154, 156
民主主義　45, 48, 60, 96, 151, 163, 254, 259, 283, 300, 317, 337
民主的な学校　253
目指せスペシャリスト　140
メタ認知スキル　184, 186, 188
メディア教育　295
メディア・リテラシー　262, 294
目的原理主義　42, 44
モラル　161, 283
情報——　106, 112
問題解決（学習）　86, 100, 137, 141, 152, 167, 181, 188, 201, 275
——論争　5, 153
問題提起教育　249

や　行

谷口ドリーム学習　201
『山びこ学校』　155
優秀性教育　341
優先枠設定　315
ゆとり（教育）　2, 72, 75, 78, 122, 160, 172
幼稚園教育要領　97
読・書・算　12, 23, 58
読み書き能力　294

ら 行

羅生門的接近（アプローチ）　72, 222
ラディカル・パラダイム　→批判的教育学
リヴィジョニスト（再解釈派）　251
理　解　74, 99, 158, 181, 194, 298
　永続的――　193
　深い――　108, 183
リーグ・テーブル　322
履修主義　173, 215, 216
理数探究　140, 143
リテラシー（識字）　6, 100, 141, 248, 259, 262, 294, 310
　批判的――　260
　文化的――　259, 312
領　域　161, 166, 171, 203
臨時教育会議　35, 37
臨時教育審議会　78
ルーブリック（評価指標，評価基準）　196, 199, 239
　長期的――　196, 199, 319
令和の日本型学校教育　117
レジリエンス　286
連携（学校間）　122, 133, 141, 189, 215
6・3・3制　214, 235, 308
6年制　32, 325
ワールド・ワイド・ラーニングコンソーシアム（WWL）　140

◉ 人名索引 ◉

あ　行

アイスナー（Eisner, E. W.）　224, 314
東　洋　64
アーチボールド（Archbald, D.）　183
アップル（Apple, M. W.）　251, 261
アトキン（Atkin, J. M.）　222
石山脩平　154
板倉聖宣　155, 156
イリッチ（Illich, I.）　246, 250
ウィギンズ（Wiggins, G.）　192, 195
梅根悟　154
エドモンド（Edmonds, R.）　267
大田堯　64
小川太郎　163

か　行

片田敏孝　276
勝田守一　64
木下竹次　39
ギンタス（Gintis, H.）　251, 254, 255

さ　行

澤柳政太郎　38
柴田義松　156
ジャクソン（Jackson, P. W.）　267
シュレージンガー（Schlesinger, Jr., A. M.）　262
ジョホノット（Johonnot, J.）　23
白井毅　25
城丸章夫　167
スキルベック（Skilbeck, M.）　231

た　行

タイラー（Tyler, R. W.）　160, 180, 220, 231
ダンカン（Duncan, B.）　295
續有恒　173
デューイ（Dewey, J.）　38, 48, 150, 157, 181, 254
遠山啓　155, 156

な　行

ニューマン（Newmann, F.）　183

は　行

パーカースト（Parkhurst, H.）　38
ハーシュ（Hirsch, Jr., E. D.）　259
バッキンガム（Buckingham, D.）　295
バーンスティン（Bernstein, B.）　264
広岡亮蔵　64, 127, 164
フィエン（Fien, J.）　289
ブルデュー（Bourdieu, P.）　265
ブルーナー（Bruner, J. S.）　70, 155, 160
ブルーム（Bloom, A.）　312
ブルーム（Bloom, B. S.）　181, 220, 257, 343
フレイレ（Freire, P.）　246, 248,

250, 261
ペスタロッチー（Pestalozzi, J. H.）
23, 31
ボウルズ（Bowles, S.）　251, 255
ボビット（Bobbit, J. F.）　160

ま　行

マクタイ（McTighe, J.）　192
マスターマン（Masterman, L.）
295, 299
宮坂哲文　163
森有礼　25
森田英嗣　298

や　行

山内祐平　298

ら　行

ローレン（Rohlen, T.）　237

わ　行

若林虎三郎　25

【有斐閣アルマ】
新しい時代の教育課程〔第5版〕
Curriculum in the New Era, 5th ed.

2005年4月10日 初　版第1刷発行
2009年4月15日 改訂版第1刷発行
2011年2月10日 第3版第1刷発行
2018年3月25日 第4版第1刷発行
2023年12月25日 第5版第1刷発行

著　者　田中耕治・水原克敏・三石初雄・西岡加名恵
発行者　江草貞治
発行所　株式会社有斐閣
〒101-0051 東京都千代田区神田神保町2-17
https://www.yuhikaku.co.jp/
装　丁　デザイン集合ゼブラ＋坂井哲也
印　刷　株式会社理想社
製　本　大口製本印刷株式会社
装丁印刷　株式会社亨有堂印刷所

落丁・乱丁本はお取替えいたします。定価はカバーに表示してあります。

Printed in Japan. ISBN 978-4-641-22228-1